韓國에 전하는 中國 국가급 문물『永樂大典』

石梧 역사연구자료 시리즈 1

韓國에 전하는 中國 국가급 문물 『永樂大典』
- 傳存 경위와 내용 -

초판 1쇄 인쇄 | 2018년 3월 8일
초판 1쇄 발행 | 2018년 3월 15일

편저자 | 이태진(한국역사연구원 원장)
편집·교열 | 오정섭(한국역사연구원 상임연구원)
펴낸이 | 지현구
펴낸곳 | 태학사
등   록 | 제406-2006-00008호
주   소 | 경기도 파주시 광인사길 223
전   화 | 마케팅부 (031)955-7580~82 편집부 (031)955-7585~89
전   송 | (031)955-0910
전자우편 | thaehak4@chol.com
홈페이지 | www.thaehaksa.com

값은 뒤표지에 있습니다.

ISBN 978-89-5966-938-7 (세트)
ISBN 978-89-5966-939-4   94900

石梧 역사연구자료 시리즈 1

〈中國 국가급 문물〉

韓國에 전하는

永樂大典

一傳存 경위와 내용

韓國歷史研究院 편

태학사

간행사

『永樂大典』은 중국 명나라 초기 永樂帝 成祖(재위 1402~1424) 때 편찬된 문헌 백과사전이다. 대영백과사전이 이 책을 인류 역사상 최대의 백과사전이라고 평가하였다. 본문 22,877권, 목록 60권을 1책 당 2권으로 묶어 10,095책, 글자 수가 약 3억 7천만에 달하였다고 한다. 필사본으로 당초 1질이던 것을 嘉靖帝 世宗(1506~1566) 이 화재로 인한 소실을 우려하여 1질을 더 필사하여 만들도록 하였다. 그런데 이렇게 큰 거질이 현재 겨우 800여 책만 전하고 있다. 청나라의 국운이 기울어 내우외환이 거듭하던 중에 그 많은 책들이 흩어지고 없어져 버렸다. 중국 국내에 남은 것들은 '국가 급 문물 2등'으로 지정되어 소중하게 보존되고 있다. 이렇게 귀중한 책 하나가 서울에 남아 있다. 서울대학교 중앙도서관 소장의 도서 중에 경성제국대학 부속도서관 때 수집된 책들을 구간도서(舊刊圖書)라고 부르는데 그 중에 포함되어 있다. 편찬자는 2000년대 초반에 우연히 이 책을 발견하였지만 소장 경위를 확인하는 데 많은 시간이 소요되었다. 이 책에 실린 해설 논문의 내용을 요약하여 간행사로 대신한다.

이 책은 1914년 11월 조선총독부 산하의 李王職圖書室이 일본 京都帝國大學의 內藤湖南 교수의 추천으로 매입한 것이다. 당시 이왕직도서실의 일본인 관계자들은 이 기관의 예산으로 중국 고서인 이른바 唐板圖書를 대량으로 매입하고 있었다. 이 『永樂大典』을 산값은 200圓으로 다른 매입가에 비해 격단의 차이가 있다. 권 8782, 8783 두 권이 한 책으로 묶어진 것이다. 1986년 北京 中華書局에서 간행된 張忱石의 『永樂大典史話』에 위 권수를 밝힌 1책의 소재지를 "南朝鮮 舊京 李王職文庫"라고 명기하였다. 중국의 서지학자들은 이 책이 서울에 있다는 것은 알고 있었던 것이다. 편찬자는 2010년 9월 말에 국사편찬위원장으로 임명되어 이 기관이 소장하고 있는 中樞院 및 朝鮮史編修會의 작업 자료들을 서고에서 접할 수 있었다. 어느 날 그 수장고의 한 서가에서 우연히 뽑아 든 책자에 「永樂大典 殘闕本에 대하여(永樂大典 殘闕本に就いて)」(4B6B 44)(본서 I. 해설 수록)란 제목이 붙어 있었다. 거기에 이 책의 매입 경위가 자세히 밝혀져 있었다. 매입 당초에 '僞物'(僞作)이란 말이 있었지만 관계자들이 검토 끝에 가정제 때 필사된 진본이란 판정을 내린 내용이었다. 이왕직도서실로 하여금 이 책을 사도록 추천한 사람이 경도제국대학의 저명한 역사학자 內藤湖南란 것도 밝혀져 있었다.

조선총독부 산하의 이왕직 도서실의 책들은 현재 한국학중앙연구원의 '왕실도서관' 藏書閣에 보관되어 있다. 그래서 위 논문을 읽은 뒤에 급히 이 쪽의 정보를 뒤진 결과, 이왕직도서실의 도서 구입 장부인 「唐版財産目錄」에 1914년에 『永樂大典』 1책을 매입한 사실이 기록되어 있었다. 1910년 10월부터 1914년 11월까지 唐板圖書 680여 종(2만여 책) 가운데 포함되어 매입한 사실을 확인할 수 있었다. 뒤이어 서울대학교 중앙도서관이 보관하고 있는 경성제국대학 부속도서관의 '圖書原簿'를 통해 1935년에 경성제국대학 부속도서관이 이 책을 이왕직도서실로부터 빌려 '謄寫'를 한 사실도 확인할 수 있었다. '도서원부'에 따르면 1935년(昭和 10년) 3월 22일 '謄寫' 작업에 대한 결제가 이루어지고 6월 11일에 등사가 이루어 진 것을 '製本'하여 도서로서 '생산'되어 비치하게 되었다. 한편 이 '등사본'의 뒤표지 안쪽에는 "昭和 10년 2월 李王職 소장 寫本으로부터 謄寫함"이란 기록이 있었다. 종합하면 1935년 2월에 이왕직으로부터 원본인 필사본을 빌려서 3월 22일에 '등사'를 마친 뒤 6월 11일에 제본을 완료했던 것이다. 그런데 이렇게 조사가 완료된 순간에 '등사'의 대상이었던 원본이 존재하지 않는다는 사실이 드러났다. 절차상, 경성제대 부속도서관은 등사를 마친 뒤 원본을 이왕직도서실로 반납했겠지만, 현재 한국학중앙연구원의 장서각 도서에 이 책은 소장되어 있지 않다. 경성제대 부속도서관이 이를 반납하는 과정에서 실종되었다고 추정할 수밖에 없다. 결국 서울대학교 중앙도서관이 소장하고 있는 '등사본'은 현재로서는 내용상 유일본이 되어 있는 상황이다. 이 책을 영인본으로 출간하는 뜻도 여기에 있다.

영인본 『永樂大典』 卷之八千七百八十二, (卷之八千七百八十三) 1책은 비록 1935년에 생산된 등사본이라고 할지라도 학술적으로는 현 중국의 '국가급 문물 2등'에 준하는 귀중본이다. 내용은 '僧'자 韻에 해당하는 명나라 이전의 불교 서적들의 기록들을 모은 것이다. 이 영인본이 중국뿐만 아니라 전 세계 불교학 연구자들에게 사료로서 활용되는 기회를 제공하려는 것이 출간의 뜻이다. 그리고 이 책에 대한 추적에서 얻은 중요한 소득은 일제 강점기에 소장 또는 정리 대상이 된 고서적들은 서울대학교 중앙도서관의 구간도서, 한국학중앙연구원의 장서각 도서, 국사편찬위원회의 중추원 및 조선사편수회의 작업 자료 사이에 존재하는 횡적 연결에 대한 인식이 필요하나는 사실이다. 국내 고문헌 자료에 대한 총합적 정리의 필요성을 느끼게 하는 정보가 아닌가 싶다.

이 영인본이 나오기까지 많은 사람들의 도움이 있었다. 우선 서울대학교 중앙도서관이 이 책의 영인을 허락해준 것, 한국학중앙연구원의 왕실도서관 장서각의 관계자들이 이왕직 도서실이 매입한 당판도서들의 수장 상태를 확인할 기회를 제공해 준 것 등에 대해 고마움을 표한다. 국사편찬위원회가 「殘闕本」 필사원고의 사용을 허용해 준 것에 대해서도 감사한다. 그리고 경성제대 구간도서의 '도서원부'를 찾아 제공해준 고문헌 자료실의 宋志螢 연구사의 성의에 대해서도 감사한다. 관련 기초 조사를 도와 준 서울대학교 국사학과 박사과정의 金信會 씨, 동양사학과 박사과정의 柳鐘守 씨, 두 사람의 노고에도 감사한다. 김신회는 이왕직 도서실에서 작성한 매입 당판도서 리스트를 현재의 장서각 도서에서의 수장 상태와 비교하여 일람표를 작성해 주었고, 유종수는 매입 당판도서 중 쉽게 접하기 어려운 도서들에 대한 해제를 맡아주었다. 2015년에 대한민국 학술원으로부터 지원받은 연구비는 이런 공동작업을 수행하는 데 매우 유용했다. 영인본을 내면서 해설 논문이나 해제 등을 중국학자들과 공유하기 위해 중국어 번역을 함께 싣기로 하였는데 중국어 번역은 崔桂花 씨가 수고해 주었다. 徐相文 박사가 중국어 번역을 한 차례 읽어 준 것에 대해서도 감사한다. 2013년 9월 일본 東京大學 東洋文化硏究所를 방문했을 때 이 연구소의 圖書室에서 所藏 唐版圖書들을 견학하게 해 준 平勢隆郎 교수에게 특별한 감사를 표한다.

한국역사연구원은 앞으로 공공기관이 쉽게 하기 어려운 주요 자료집 출간을 기획하여 '石梧 역사연구자료 시리즈'를 내기로 하고 『永樂大典』 영인본 간행을 제1호로 삼았다. 尹東漢 재단이사장의 지원에 감사한다. 이의 출판을 맡아준 태학사의 지현구 사장, 편집 작업을 맡은 최형필 이사, 이보아 디자인부장 여러분의 노고에도 감사한다.

2017년 12월
韓國歷史硏究院長 李泰鎭

한국역사연구원(韓國歷史研究院)

2010년 설립.

2016년 3월부터 石梧문화재단의 지원을 받으면서 부설 연구소로 재편됨.

이태진(李泰鎭) 원장. 서울대학교 명예교수, 대한민국학술원 회원. 한국사 전공.

오정섭(吳定燮) 사무국장 겸 상임연구원. 서울대학교 국사학과 박사과정 수료.

주소: 서울시 강남구 언주로 79길 33, 은석빌딩 305호

homepage: www.koinhistory.co.kr

석오문화재단(石梧文化財團)

한국콜마 윤동한(尹東漢) 회장이 우수인재 양성과 교육 소외계층의 교육기회 제공을 목적으로 2010년 설립하였다. 미래를 책임지고 이끌어나갈 인재 육성을 위한 장학사업, 소외계층에 대한 교육기회 제공 지원 사업을 주로 수행하다가, 2016년 한국역사연구원(韓國歷史硏究院, 원장 李泰鎭)의 학술활동에 대한 지원도 함께 하게 되었다. 재단은 개인 간, 지역 간, 계층 간 교육격차를 해소하여 사회통합에 기여하는 한편, 국가발전을 위한 학술 사업에도 관심을 가지고 지원을 아끼지 않고 있다.

차례

I. 해설

『永樂大典』, 어떤 책인가?

李泰鎭

(서울대학교 명예교수)

명나라 초기의 황제 계승은 嫡長孫 원칙의 형식을 취했다. 태조 朱元璋은 장자가 일찍 죽어 제2자 朱標를 태자로 삼았다. 그런데 이 태자도 태조 재위중인 1392년(洪武 25)에 사망하였다. 뿐더러 주표의 장자인 朱雄英은 주표보다 먼저 사망하여 어머니가 다른 제2자 朱允炆(1377~1402)이 주원장으로부터 적장손으로 인정받았다. 1398년 태조 주원장이 붕어하여 주윤문이 즉위하였다. 그가 바로 惠帝이다.

혜제는 建文이란 연호를 쓰고 『大明律』을 改修할 정도로 '寬政'을 지향하면서 지방의 藩鎭을 없애는 개혁을 추진하였다.[建文改制] 태조대의 武治를 文治로 바꾸어 가기 위한 것이었다. 그런데 이 정책이 주원장의 제4자 朱棣(1360~1424)의 반발을 샀다. 燕王으로 외방에 나가 있던 그는 1402년 병력을 동원하여 南京으로 내려가 조카 建文帝를 공격하여 폐위시키고 황제의 위에 올랐다. 이 사람이 永樂帝이다. 조선왕조 초기의 왕자의 난 끝에 李芳遠(태종)이 집권하던 과정을 방불케 하는 역사이다.

영락제 成祖의 집권은 건문제의 문치를 지지하던 方孝孺 등 사대부들로부터 저항을 받았다. 영락제는 이를 진정시키기 위해 사대부들의 기반이 강한 남경을 떠나는 일과 함께 사대부들의 불평 분위기를 해소하는 사업을 계획하였다. 1403년(영락 1) 7월에 翰林學士 解縉을 비롯해 胡廣, 胡儼, 楊士奇 등에게 역대의 典籍을 類書(사전)의 형식으로 한 자리에 모으는 사업을 추진하게 하였다. 해진은 주원장으로부터 학식을 높이 평가받던 당대의 대표적 문인이었다. 해진 등은 문사 147인을 선발하여 이듬해 11월에 사업을 완성하고 그 결과를 『文獻大成』이라고 이름 붙여 올렸다. 이 사업은 짧은 기간에 이루어진 만큼 결함이 많았다. 황제 역시 '미비한 점'이 많을 뿐더러 자신의 뜻과 부합하지 않다고 하여 1405년(영락 3)에 姚廣孝, 鄭賜, 劉季箎, 해진 등에게 '重新修纂'을 명하였다. 요광효는 승려 출신의 詩人으로 알려지며 영락제의 策士로서 靖難의 거사를 도운 공을 세운 인물이었다.[1]

중수사업의 책임자가 된 요광효는 조정의 문사를 비롯해 각지의 宿學 老儒 2,169명을 모아 편집, 교정, 繪圖, 圈點 등의 일을 나누어 맡겼다. 편찬의 형식도 크게 바꾸어 전례가 없는 편찬사업으로 진행되었다. 즉, 『洪武正韻』의 韻目을 활용하여 "韻을 이용하여 統字하고, 字를 써서 系事하는" 편찬방법을 사용하여, 經, 史, 子, 集, 釋藏, 道經, 北劇, 南戱, 平話(민간 설화), 工技, 農藝, 의학, 志乘 등의 항목을 분류하였다. 예컨대 권 8782의 경우, "十九 庚 僧 褧錄諸僧 四"란 목차가 앞에 세워지고 그 아래 '齊朗 續廬山記'를 비롯한 역대의 관련 記文들의 全文이 필사되었다. "十九 庚"이 韻의 분류이고 "僧 褧錄諸僧 四"가 字의 분류 부분이다. 이렇게 해서 字로 나누어진 것이 7~8천 종에 달한다고 한다. 이 방대한 편찬사업은 1407년(영락 5)에 일단 원고가 완성되어 요광효가 표문을 지어 황제에게 올렸다. 성조는 이 결과에 대해 크게 만족하고 친히 서문을 짓고 『永樂大典』이란 이름을 내렸다. 이어 전국 각지로부터 善書人을 모아 정서 작업을 시작하여 2년 뒤 겨울에 완성하였다. 본문 22,877권에 목록 60권을 책으로 묶으니 그 수가 10,095책에 달하였다. 역대에 『藝文類聚』『太平御覽』『冊府元龜』 등이 있었지만 규모에서 5배를 넘는 것이었다.(張忱石 『永樂大典史話』, 4면) 후대의 중국 최초, 최대의 백과전서란 평은 과장이 아니었다.

방대한 규모의 『영락대전』은 전승 과정에서도 특별한 역사를 가지고 있다. 영락제의 편찬사업은 남경에서 이루어졌다. 그 후 북경으로 도읍을 옮겨 궁궐을 새로 지으면서 이곳으로 옮겨 文淵閣의 文樓에 안치되었다. 1557년 궁중에 큰 불이 났을 때 다행히 화재를 피했지만 嘉靖帝 세종(1506~1566)은 불행한 사태에 대비하여 重錄本 편찬사업을 일으켜 5년 만에 완성하였다. (본문에 편찬 경위 설명) 이로써 『영락대전』은 永樂鈔本과 嘉靖鈔本 두 가지가 있게 되었다.

---

1 『永樂大典』 편찬 사업의 전후 경위에 대한 서술은 앞 張忱石의 『永樂大典史話』와 후술하는 국사편찬위원회 소장 「永樂大典 殘闕本에 대하여(永樂大典 殘闕本に就いて)」(4B6B 44)에 주로 의존함.

명나라가 자랑하는『영락대전』은 중록본을 만들어 傳承의 안전을 강화했지만 국운의 쇠퇴에 따른 액운은 막을 수 없었다. 가정제 사후 萬曆 연간(1573~1620)에는 안전하였다. 그러나 이후 이른바 明末·淸初의 혼란기에 크게 '秩失'하여 책들의 소재를 잘 알지 못하는 상황이 되었다. 청나라 초기의 유명한 학자 顧炎武조차 "전부 없어졌다"고 기록하는 상황이 되었다. 그러나 이는 正本(永樂鈔本)에 해당하는 표현이며, 副本인 가정초본은 康熙 연간에 온전하게 수장되어 있었던 것이 확인되었다. 중록본인 가정초본은 隆慶 이후 150여 년간 새로 지은 皇史宬에 안전하게 수장되어 있었다. 하지만 1772년(乾隆 37) 四庫全書 편찬 사업 때 1천여 책(2422권)의 결본이 생긴 것이 확인되었다. 그새 관리에 문제가 생기고 있었던 것이다.

　　1840년 아편전쟁을 계기로 서양 열강 세력이 중국에 발을 들여놓으면서『영락대전』의 전승은 위기에 처했다. 청나라 관리들이 부패하여 서양인들의 요구에 따라 매 책 당 10兩의 고가로 암중 거래가 성행하였다. 이런 분위기는 서양인들의 공공연한 약탈 행위를 조장하였다. 1880년(咸豊 10) 영국, 프랑스 연합군이 北京에 진입하였을 때, 영국인들이 다수 가져갔다. 그리하여 1875년(光緖 1) 翰林院 중수 때는 5천 책 정도 밖에 남지 않았다고 한다. 20년 뒤인 1894년(광서 20) 6월에는 800책 정도가 확인되었다. 마지막으로 1900년(광서 26)에 영국, 미국, 독일, 프랑스, 러시아, 일본, 이태리, 오스트리아 등 8개국의 연합국 군대가 북경에 진입하였을 때, 남은 책들이 보관되어 있던 敬一亭이 훼손되어 궁중에 남은 것은 거의 없게 되었다.(『永樂大典史話』제4장『영락대전』의 액운)『영락대전』은 현재 400여 책이 중국 내에, 나머지는 有力國家들의 도서관에 수장되어 있다. (해설의 〈부표〉및 '영락대전 현존본 일람표' 참조)

'李王職' 소장의 『永樂大典』 1책 매입 경위 추적
- 朝鮮總督府의 中國 古文獻 대량 매입의 의도 -

李泰鎭
(서울대학교 명예교수)

Ⅰ. 머리말

『永樂大典』은 명나라 초기에 편찬된 古文獻 대백과사전이다. 개국 초기인 성조(成祖, 재위 1402~1424) 때 당시까지 전해지던 역대의 문헌을 모아 韻 별로 분류하여 내용을 필사한 역대 典籍 총합으로 그 분량이 무려 22,877권 10,095책(대체로 2권을 1책으로 묶음. 목록 60권)에 달하고 글자 수는 3억 7천만 자로 추산된다. 그러나 앞에서 서술한대로 약 450년의 세월이 흐르면서 800여 책 밖에 남아 있지 않다. 중국 안에는 현재 400여 책 정도가 남아 있고 나머지는 해외 각국 도서관, 연구기관에 흩어져 있다.

중국 국내에 전하는 『영락대전』은 현재 '國家級 文物 2등'으로 지정되어 있다. 중국의 문화재는 문물이란 용어아래 국가급과 省級으로 나뉘고 각 급은 다시 3등으로 분류된다. 한국의 국가 문화재와 지방 문화재 분류와 같은 구분아래 중요도에 따라 각 3등으로 나눈 체계이다. '국가급 문물 2등'이라면 한국으로 치면 '국보' 또는 그 다음의 '보물'에 해당한다. 이 귀중 문헌이 한국에도 1책(2권)이 서울대학교 중앙도서관에 소장되어 있다. 이 사실은 중국 측에서는 파악하고 있지만,[1] 국내 학계는 잘 알지 못하는 상태이다. 아래에

---

[1] 張忱石의 『永樂大典史話』(中華書局, 1986, 北京) 부록 2 「現存 『永樂大典』 卷目表」에 권 8782, 8783(1책)이 "南朝鮮 舊京 李王職文庫"로 조사되어 있다(133면).

소개하듯이 필자는 서울대학교에 재직하던 2000년대 초반에 이 도서관에서 우연히 이 古書를 발견하여 그 유입 경위를 알고자 노력하던 끝에 10여 년의 세월이 흐른 2012년에 국사편찬위원회 소장 中樞院·朝鮮史編修會 자료 가운데서 단서를 찾아, 1914년 2월에 조선총독부가 '李王職'의 자금으로 매입한 사실을 알게 되었다. 뿐더러 이 책은 1935년에 京城帝國大學 附屬圖書館이 이왕직 소장의 원본(필사본)을 '등사'(원본대로 베낀 것을 뜻함)하여 소장한 것으로 판명되었다. '등사본'이라면 가치가 떨어지는 것은 분명하지만 등사 후 그 원본이 현재 없어진 상태에서는 이 등사본이 해당 책자의 내용을 '유일'하게 전하는 것이 되므로 학술적 가치는 유지된다.

Ⅱ. 서울대학교 중앙도서관 「舊刊圖書」 書庫에서 발견한 『永樂大典』 1책 '등사본'

필자는 1992년 초에 奎章閣 도서 중에서 일본이 大韓帝國의 國權을 빼앗기 위해 조약을 강제하는 가운데 남겨진 여러 증거 문서들을 발견하여 수년간 이에 관한 연구에 열중하였다. 그 때, 중앙도서관 6층 서고도 수색(?) 대상이었다. 이곳은 경성제국대학 때 수집한 서적들이 모여 있는 이른바 舊刊圖書들이 있는 곳이다. 여러 날 이곳에 와서 이 도서들 가운데 내 주제에 참고가 될 만한 자료들을 찾고 있었다. 조사가 거의 끝나가던 어느 날, 한 서가 높은 곳에 古書 한 권이 洋裝本 책들 위에 가로로 얹혀 있는 것을 보고 궁금증이 생겼다. 발 받침대를 가져와 그 위에 올라서서 책을 내려 봤더니 뜻밖에 표지에 『永樂大典』이라고 쓰여 있었다. 놀라움을 금치 못하였다. 말로만 듣던 『永樂大典』이 아닌가. 〈사진 1〉 바로 옆에 大英圖書館 소장의 같은 이름의 다른 책 한 권의 印畵 사진이 함께 놓여 있었다. 경성제국대학의 어느 교수가 이 책을 검증하기 위해, 런던의 大英圖書館에 의뢰해 그곳에 소장되어 있던 『永樂大典』의 다른 1책의 사진을 입수하여 사용한 다음, 원본과 함께 놓아두었던 것 같다. 나는 얼른 이 책을 대출하여 연구실로 가져왔다. 시간이 걸리더라도 연구실에 두고 이 책이 과연 『영락대전』의 진본의 하나인지, 그렇다면 이 귀중한 책이 경성제국대학 부속도서관에 어떻게 들어오게 되었는지를 밝혀보려고 하였다.

이 책의 앞뒤 표지에 써져 있는 書誌 사항은 다음 〈사진 1〉과 같다.

〈사진1〉

〈표지〉

(1) 『永樂大典』 卷之八千七百八十二,
    (卷之八千七百八十三)

〈속표지〉

(2) 도서번호: 大 017? 43 [?는 마멸된
    부분-필자]
(3) 등록번호: 京城帝國大學圖書章 165623

〈뒤쪽 속표지〉

(4) 昭和十年二月 李王職 所藏 寫本으로부터 謄寫함
(5) 校正濟 (둥근 도장 날인-필자) / (6) L3659 製本

〈사진 1〉을 설명하면 다음과 같다. (1)의 권수 표시는 곧 이 책이 『永樂大典』의 卷 8782 란 뜻이다. 그런데 앞에서 보았듯이 『永樂大典』은 대체로 2권을 1책으로 묶었다. 이 책도 56면까지는 권 8782이며, 57면부터 권 8783으로 되어 있다. 57면에 卷之八千七百八十三이 표기되어 있다. (2)와 (3)은 경성제국대학 부속도서관 소장으로 등록되면서 부여된 도서 번호와 등록번호이다. (2)는 표지에 붙인 도서 번호로서, 딱지가 반 정도 손상되어 온전하게 번호를 읽을 수 없다.

(4)는 뒷면 속표지에 기록된 것으로, 이 책이 1935년(昭和 10) 2월에 이왕직 소장의 '寫本'을 '謄寫'한 것이며, (5)는 그 '등사' 작업에 대해 '교정을 마쳤다'는 것을 표시한 것이며, (6)은 등사본에 부여된 제본 표시이다. 『永樂大典』은 본래 필사본이다. '영락초본'이든 '가정초본'이든 모두 善寫人들이 쓴 것으로 인쇄본이 아니다. (4)에서 이왕직이 소장한 '사본'이란 것은 곧 필사 원본을 의미한다. 그 원본을 경성제국대학 부속도서관이 1935년 2월에 '등사' 즉 그대로 베껴 1부 연구용으로 소장하게 되었다는 뜻이다. 이에 관한 경성제대 부속도서관의 「圖書原簿」가 현재 서울대학교 중앙도서관에 보관되어 있다. 〈사진 2〉가 그것이다. 이를 정리하면 다음과 같다.

〈사진 2〉

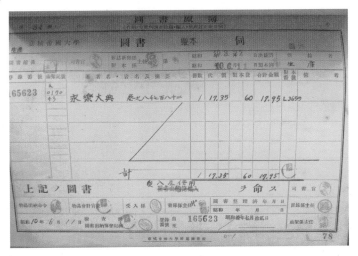

(가) 昭和 10년 3월 22일 決濟 昭和 10년 6월 11일 製本濟
(나) 供給者 生産 / (다) 등록번호 165623, 函架記號 大 0170 43
(라) 代價 17(圓) 35(錢), 製本 60(錢) 合計金額 17(圓) 95(錢)
(마) 製本番號 L3659

위와 같은 기재 사항은 이왕직 소장의 원본을 등사한 경위에 대한 자세한 정보이다. 공급 관계를 '생산'으로 기재한 것으로 보면 이 소장본이 등사본인 것이 확실하다. 등사에 소요된 비용까지 기록되었으면 앞에서 마멸된 도서 번호도 '함가기호'(大 0170 43)로 온전하게 읽을 수 있다. 등사본이라면 가치가 떨어지는 것인가?

『永樂大典史話』(張忱石 著, 中華書局, 1986, 北京)는 현재 『영락대전』에 관한 정보를 제공하는 주요 저술이다. 이 책에는 『영락대전』의 편찬 과정 외에 19세기 중반 이후 이 거질의 편찬물이 세계 각지로 흩어진 경위를 밝히고, 나아가 현전 殘闕本 880여 책의 소재지를 권수 순차로 정리한 표까지 실었다. 서울대 소장의 卷 8782, 8783이 이 표에 분명히 표시되어 있고 소장하고 있는 곳으로 "南朝鮮 舊京 李王職 文庫"로 밝혀 놓았다. 이로써 이왕직 소장의 원본 1책은 분명하게 확인이 되지만, 현재 이 원본은 행방이 묘연한 상태이다. 등사 후에 경성제대 부속도서관은 소장처인 '이왕직' 도서실로 반환했겠지만, 그 도서실의 후신인 한국학중앙연구원의 왕실도서관 藏書閣에는 이 원본이 소장되어 있지 않다. 현재로서는 『영락대전』 卷 8782, 8783의 내용은 서울대 중앙도서관 소장의 등사본으로만 알 수 있는 상황이다. 따라서 서울대 소장 등사본은 원본이 아니지만 내용을 전하는 유일본이란 점에서 학술적 가치는 견지된다.

Ⅲ. 國史編纂委員會 소장의 中樞院·朝鮮史編修會 자료에서 만난 '『永樂大典』 殘闕本' 해설문

필자는 2009년 2월 말에 서울대학교를 퇴임한 후 1년 반이 지나 2010년 9월 말에 國史編纂委員會 委員長으로 부임하였다. 업무 파악 중 이 기관의 '史料館'에 소장되어 있는 일제 강점기의 中樞院 및 朝鮮史編修會 자료가 비치되어 있는 곳에서 아주 우연하게 「永樂大典 殘闕本에 대하여(永樂大典 殘闕本に就いて)」(4B6B 44)란 일본어로 쓴 원고를 발견하였다.〈사진 3〉

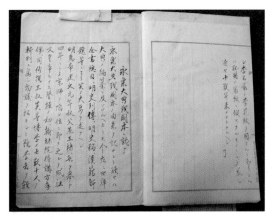

〈사진 3〉

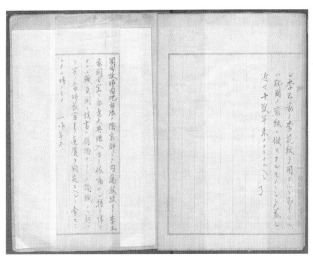

〈사진 4〉

　　이 원고는 곧 이왕직 도서실에서 구입한 上記의 『영락대전』 1책에 관한 것으로, 나의 근 20년간의 의문이 이로써 모두 풀리게 되었다. 肉筆로 쓰여진 이 책자는 '朝鮮總督府中樞院'이란 기관명이 인쇄된 괘지에 종서로 쓴 15면의 해설문으로, 표지의 제목 아래 괄호를 치고 '記述'이라고 표시해 놓았다. 원고의 첫 머리에 이 '기술'의 작성 경위를 아래와 같이 밝힌 별지 添記(노트)가 붙어 있었다.〈사진 4〉

　　"岡田技師 內地 출장 때, 京都에서 內藤 교수로부터 李王家 도서실에서 永樂大典을 구입하는 방법(購入方)을 依囑받아 (이를) 가지고 돌아오니 직원 간에 該書는 僞物이라는 論이

심하게 일어나 그 당시 長官(閔丙奭-필자)이 진짜와 가짜[眞贋]를 판정하라고 명했을 때의 것. 재작년(一昨年) 겨울"

이 첨부 글에서 확인해야 할 사항은 다음과 같이 정리된다.

(1) 岡田技師는 누구인가?
(2) 재작년(一作年)은 언제인가?
(3) 京都의 內藤교수는 곧 나이토 코난(內藤湖南)으로 보이는데 그가 『永樂大典』의 구입을 이왕직 도서실에 추천한 경위는 무엇인가?

이왕직에 근무한 '오카다(岡田) 기사'는 『純宗皇帝實錄』의 「부록」(1910년 8월 강제 병합 후 순종 곧 '李王'에 관한 기록)을 통해 쉽게 확인이 된다. 1914년 5월 27일 조에 아래와 같은 기사가 있다.

"이왕직 기사(李王職技師) 오카다 노부토시(岡田信利)를 도쿄제국대학(東京帝國大學) 및 교토동물원(京都動物園)에 파견하여 동물원에서 기르는 동물의 질병 원인 및 생육과 사육 방법을 조사 연구하도록 명하였다."

이왕직에 同名異人이 있지 않는 한, 오카다 노부토시(岡田信利)가 곧 해당 인물 '오카다 기사'인 것은 의심의 여지가 없다. 1914년 5월 27일에 일본의 東京帝國大學과 京都 동물원 출장을 명받은 사실도 위 노트의 내용과 일치한다. 그가 교토로 갔을 때, 京都帝國大學의 나이토 코난(內藤湖南) 교수가 그에게 『永樂大典』 1책을 내놓고 이를 이왕직 도서실에서 구입하기를 부탁(依囑)하여 가지고 오게 되었던 것이다. 따라서 添記의 "재작년(一作年) 겨울"은 1914년 겨울이 된다. 첨기는 2년 뒤에 써서, 교토에서 가져온 『永樂大典』에 대한 진위 조사 결과서인 「記述」의 표지에 붙이게 되었던 것이다.
『순종황제실록』의 「부록」에는 오카다 노부토시에 관한 기사가 세 가지가 더 있다. 1911년 2월 1일에 그가 처음으로 이왕직 기사(李王職技師)에 임용된 것, 1914년 5월 7일에 경기도 내에서 1년간 야생 조수(鳥獸)와 새집, 새알 등을 수집해서 이왕직 동물원에서 키워 일반인의 관람 및 학술연구 자료로 삼도록 명령을 받은 사실, 그리고 5월 27일의 일본 출장 후, 9월 15일에 '동물원 기사(動物園技師)' 자격으로 水原郡 花山에 파견되어 이곳이 이왕직 동물원의 야수(野獸)를 키우는 데 적합한 땅인지를 알아보는 임무를 띠고 수시로 이곳에 출장하였다는 기사 등이 실려 있다. 종합하면, 그는 昌慶園 이왕직 동물원 설립에 중심 역할을 한 기사로서 이 일과 관련하여 1914년 5월 27일에 일본의 東京, 京都 방문의 길에 오르고, 9월 15일 현재로 이왕직으로 돌아와 本務를 수행하고 있었다.

첨기에 따르면 오카다 기사가 나이토 코난 교수의 부탁을 받고 가져온 『영락대전』에 대해 이왕직의 도서실 관계자들 가운데 '僞物' 곧 가짜라는 의견이 많아 李王職 長官의 명령으로 진위 검토가 시작되었고, 그 결과를 정리한 것이 곧 「記述」의 글이다. 이에 따르면 판정 결과는 "隆慶 원년의 重錄本으로 진본이다"라는 것이다.

『영락대전』의 편찬사업은 남경의 文淵閣에서 이루어져 같은 곳에 수장되었지만, 1421년(永樂 9) 북경에 新宮이 건설되어 천도하게 되면서 1441년(正統 6) 이곳에 지어진 文淵閣에 모두 이관하여 文樓란 곳에 수장되었다. 『영락대전』을 실제로 즐겨 찾은 황제는 弘治帝 효종(재위 1488~1505)과 嘉靖帝 세종(1506~1566)이었다. 효종은 醫書를 특별히 찾았지만 세종은 독서를 즐겨 이를 가까이 하였다. 1557년(가정 36) 궁중에 큰 화재가 발생하였다. 이때 세종은 『영락대전』을 우선적으로 피난시켜 保全에 성공하여 크게 기뻐하면서 여러 차례 重錄(복본 만들기)을 생각하던 끝에 1562년(가정 41) 가을에 정식으로 중록사업을 결정하였다. 예부 시랑 高拱, 左春坊 左諭德 兼侍讀 瞿景淳을 總校官으로 삼고, 한림원의 張居正 등 10명이 부문을 나누어 맡아 善寫人 109인을 선발하여 6년을 소요하여 1567년(隆慶 1, 穆宗) 4월에 사업을 끝냈다. 중록본은 정본의 격식과 장정이 완전히 같았다. 이로써 『영락대전』은 정본과 부본 두 가지가 있게 되었다. 전자는 永樂鈔本, 후자는 嘉靖鈔本이라 불리기도 하였는데 후자는 새로 지은 皇史宬에 비치되었다.[2]

위 「記述」의 글에서 말하는 융경 원년은 곧 重錄인 嘉靖鈔本이 완성된 해이다. 「기술」의 본문인 「영락대전 잔궐본에 대하여(永樂大典殘闕本に就いて)」는 중록본의 완성 시기

---

2 위 『永樂大典史話』, 11~13면.

인 융경 원년(1567년)을 "지금으로부터 347년 전"이라고 밝혔는데 이를 역산하면 이 글을 작성한 시기는 1914년이 된다. 첨기 끝에 적은 '재작년 겨울'은 곧 1914년 겨울로서, 오카다 기사가 9월 15일에 서울로 돌아와 책의 진위 판정이 전문가들에 의해 진행되어 1914년 말에 중록본 진본이란 결론이 내려졌던 것이다. 다만 이 판정이 일본어로 작성되었으므로 판정단의 대표로 이 글을 쓴 사람은 분명히 일본인이겠지만 구체적으로 누구인지는 밝혀져 있지 않다.

본문 중에 "일본에 입수된 다른 10책(『永樂大典』의 다른 잔궐본을 뜻함)이 같은 嘉靖隆慶 간의 重錄本이 틀림없다는 것이 나이토 코난(內藤湖南) 教授의 來翰에 의해 밝혀진 바 있다"고 언급한 것으로 보아 이왕직 도서실에서 일하던 사서 가운데 일본 역사학계와 긴밀한 연계가 있던 사람이 정리한 것으로 보인다. 그러나 자료의 표지에 굳이 「記述」이라고 표시한 것으로 보아 몇 사람의 검토 결과를 한 사람이 종합하여 작성했을 가능성이 높다. 나이토 코난 교수는 오카다 기사에게 문제의 『永樂大典』 1책을 보내면서 일본에 이미 입수된 다른 10책에 대한 소견을 밝힌 편지를 써서 참고하게 했던 것으로 보인다.[3]

Ⅳ. 韓國學中央硏究院 藏書閣 소장 「唐版財産目錄」과 『永樂大典』 1책 구입 증서

국사편찬위원회 所藏의 중추원 및 조선사편수회 자료를 통해 위와 같은 추적 결과가 나옴에 따라, 필자는 곧 '이왕직 도서실'의 상황을 살피는 순서에 들어갔다. '이왕직 도서실'의 소장 도서들은 현재 한국학중앙연구원의 '왕실도서관 장서각'에 수장되어 있다. 필자는 우선, 한국학중앙연구원의 홈페이지 '한국학 디지털 아카이브' 電子 검색을 통해 이 도서관에 소장되어 있는 「唐版財産目錄」(도서번호: 142 33 1-1)에 『永樂大典』에 관한 직접적인 정보가 들어 있는 것을 발견하였다.[4] 검색 창에 오른 「唐版財産目錄」은 「大正3年度

---

3 일본에 입수된 『永樂大典』에 대해서는 표1 참조. 나이토 교수가 그 가운데 어느 것에 관계했는지는 현재 알 수 없다.

4 원고를 재정리하던 2013년 8월 24일 현재 다시 '영락대전'을 검색하였지만 검색결과가 나오지 않았다.

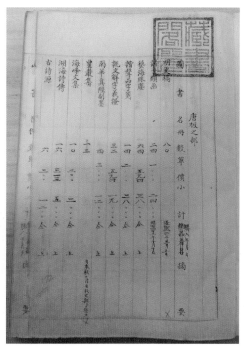

〈사진 5〉

唐版財産目錄」「法帖之部」「大正三年度法帖之部」 셋으로 구성되어 있는데, 첫 번째 목록
곧 1914년(大正 3년)에 구입한 당판(중국 고서적)의 목록 가운데 이해 11월 13일에 『永樂
大典』 1책을 200圓을 주고 산 것으로 기록되어 있었다.

필자는 위의 사실을 확인한 후, 이 목록의 원본을 직접 보기 위해 장서각을 찾았다. 그
런데 장서각 관계자들에게 방문 목적을 미리 알렸더니 수장고에서 미리 인출해 내놓은
목록 원본을 보여 주면서 '한국학 디지털 아카이브'에 올려 있는 것은 열람의 편의를 위
해 최근에 따로 표로 만든 것으로 전체가 아니라고 하였다. 원본 『唐版財産目錄』(〈사진
5〉)은 '이왕직'이란 기관명이 인쇄된 붉은 선의 괘지에 쓴 것으로 분량이 훨씬 많았다.

원본을 받아 펼쳐보니 위 세 항목 앞에 「唐板之部」란 목록이 하나 더 들어 있었으며,
이는 26쪽 분량으로 위의 3항목 11쪽의 배가 넘는 분량이었다. 이 원본에 따르면, 「唐版
財産目錄」(도서번호: 142 33 1-1)은 「唐板之部」「大正3年度 唐版財産目錄」「法帖之部」「大
正三年度法帖之部」 등으로 구성되어 있는데 '한국학 디지털 아카이브'의 「唐版財産目錄」

은 분량이 많은 「唐板之部」를 빼고 나머지 셋만 표로 작성하여 올려놓은 것이었다. 『永樂大典』 매입 사실은 디지털 아카이브 검색으로 「大正3年度 唐版財産目錄」을 통해 확인할 수 있었지만, 1914년 11월 이전에 동일한 漢籍 도서 구입 사업이 있었다는 것을 「唐板之部」로 확인하면서 원본 확인을 위해 장서각을 찾은 것이 천만다행으로 여겨졌다.

「唐板之部」의 내용은 필자로 하여금 놀라움을 금할 수 없게 하였다. 이에 따르면 朝鮮總督府는 대한제국 강제 병합 직후인 1910년 10월 10일부터 1914년 3월 31일까지 3년 5개월간 무려 620종의 중국 漢籍 도서들을 이왕직 資金으로 매입하도록 하였다.[5] 「大正3年度 唐版財産目錄」「法帖之部」「大正三年度法帖之部」 등은 이에 이은 1914년 4월 11일부터 1915년 2월 3일까지의 후속 매입 건에 관한 것이다. 아래 〈표 1〉은 네 가지를 함께 정리한 것으로 총 구입 도서 건수는 811종이며 구입비는 무려 13,142圓 362錢에 달하는 것으로 집계된다.

〈표 1〉 '이왕직 도서실'의 중국도서(唐板) 구입 상황 (1910.10.~1915.2.)

항목	구입기간	서적 종수	가격 (圓)
「唐板之部」	1910.10.10.~1914.3.31.	620종	8,539.562 (8,539.492)
「大正3年度 唐版財産目錄」	1914.4.10.~1915.2.5.	108종	2,882.570
「法帖之部」	1911.1.31.~1914.3.	70종	1,207.730
「大正三年度法帖之部」	1914.4.10.~1915.2.3.	13종	512.500
합계		811종	13,142圓362錢

〈표 1〉에 따르면 1910년 10월부터 1915년 2월까지 4년 10개월간 이왕직은 중국 고문헌으로서 唐板 서적을 13,142圓 362錢을 들여 구입하였다. 이 가운데 『永樂大典』 1책은 200圓으로 최고가였다. 일정한 기간에 한 분야의 도서가 집중적으로 매입된 것은 '李王家'의 독자적 의사에 의한 것이 아니라 朝鮮總督府의 지시에 따른 것이란 점은 말할 것도 없다. 강제 병합 후 대한제국의 황실을 '왕가'로 격하하여 명맥만 유지시키는 상황에서 당판 도

---

5 제일 첫 머리에 1910년 3월 5일에 구입한 '明史稿' 80책이 적혀 있지만 이 책은 다른 책과 달리 가격이 적혀 있지 않다.

서를 독자적 의사로 매입했을 가능성은 거의 없으며 이왕직도서실은 사실상 총독부의 통제아래 들어 있었다.

1910년 10월 이래의 이왕직 자금을 이용한 漢籍圖書의 대량 구입이 무엇을 목적으로 한 것인지는 따로 확인할 문제이다. 이 도서 구입 건은 규모에 비추어 보아 단순한 희귀 장서 확보 목적으로 보이지 않는다. 어떻든 1914년 가을 京都帝國大學의 內藤湖南 교수는 이 도서 구입 프로젝트를 알고 교토에 온 岡田信利 기사에게 자신이 입수하여 가지고 있던 『永樂大典』을 내놓고 구입 사업의 일환으로 이 귀중본 도서를 매입하도록 요청한 것으로 판단된다.[6]

Ⅴ. 맺음말 - 나이토 코난(內藤湖南)의 식민주의 역사학

조선 총독부가 강제 병합 직후 1910년 10월부터 근 5년간 구입한 중국 고문헌은 현재 한국학중앙연구원 藏書閣 도서 중 "李王職圖書之章"이란 藏書印이 찍힌 상태로 대부분 보존되어 있다. 다만 가장 고가로 매입된 『永樂大典』1책만은 행방이 묘연하다. 〈唐版〉으로 불리는 중국 고문헌은 동경제국대학, 경도제국대학에도 큰 규모로 수장되어 있지만 이왕직 쪽이 매입 시기가 앞선다는 점에서 주목할 점이 많다.

일본 외무성은 중국 연구를 위해 義和團 사건의 배상금을 모태로 1929년 4월에 東方文化學院을 창설하고 東京研究所(현 東京大學 東洋文化研究所)와 京都研究所(현 京都大學 人文科學研究所)를 창설하여, 연구 자료로 上海, 江蘇의 장서가로부터 〈唐版〉 고서를 각각 4만여, 2만 7천여를 사들였다. 이왕직 도서실의 '唐版財産' 795종 22,262책은 규모에서도 이에 비해 손색이 없을뿐더러 시기적으로 이보다 앞선다는 점에서 주목된다. 조선총독부가 한국에 대한 식민지배 체제를 구축하는 초기에 이렇게 많은 도서를 집중 매입한 데는

---

6 이 중국문헌의 대량 매입 자체가 內藤湖南 교수의 지휘아래 진행되었을 가능성도 배제할 수 없다. 『永樂大典史話』의 저자 張忱石은 '『영락대전』의 厄運'이라고 한 부분에서 "民國 3년(1914) 個叫董康의 관리가 17책의 (영락)대전을 휴대하고 일본으로 건너가 판매한" 사실을 밝히고 있다(20면). 그 시기가 우연치 않게 나이토 코난이 오카다 기사에게 책을 건네준 1914년이다.

나름대로 어떤 목적이 있었을 것이다. 이 관점에서 일본 역사학자들이 1880년대 후반부터 '東洋史'란 학문 영역을 새로이 설정한 사실을 주목할 필요가 있다.

　明治 초기에 일본의 지식인들은 서양 문명에 관한 지식의 수용과 이해에 열중하였다. 이 思潮를 대표하는 것이 福澤諭吉의 「文明開化論」인 것은 다 아는 사실이다. 그런데 1880년대 후반에 이르러 '西洋' 일변도에서 벗어나 '東洋'을 의식하기 시작하였다. 慶應義塾에서 후쿠자와 유키찌에게 직접 가르침을 받은 나가 미찌오(那珂通世, 1851~1908)가 1894년 東京의 高等師範學校 敎授 과목에 관한 연구 모임에서 歷史科의 외국역사를 '서양역사'와 '동양역사'로 구분할 것을 처음 제안하였다. 청일전쟁이 일어나는 시점에서 있었던 이 제안이 곧 일본에서의 '동양사' 성립의 始原으로 알려져 있다.[7] 그의 중국사에 대한 이해는 停滯性을 강조한 점에서 후쿠자와 유키찌의 脫亞論의 영향을 받고 있었다.[8] 그는 長州의 하기(萩) 藩 출신으로 「幽囚錄」(1854)을 통해 '征韓'을 넘어 아시아 雄飛論을 부르짖은 요시다 쇼인(吉田松陰)으로부터도 영향을 받았다.[9] 청일전쟁을 계기로 등장한 '동양사'는 곧 일본 천황이 지배할 '문명의 동양'을 새로이 구축하는 데 일본 역사학이 기여할 방향을 제시한 것으로 처음부터 침략주의 요소를 강하게 지닌 것이었다. 그러면서도 그러한 동양사가 중국과 조선에서 발달한 漢學에서 발흥하고 있었다는 것은 역설적이다.

　1914년 가을 조선총독부 산하의 李王職 圖書室에 『영락대전』의 구입을 추천한 나이토 코난(1866~1934)도 漢學 출신이기는 마찬가지이다. 아키다겐(秋田縣. 본래는 盛岡藩 소속이었으나 戊辰戰爭의 패배로 소속이 바뀜)의 한 武士 집안에서 태어난 그는 어려서부터 조부의 영향으로 한학 소양을 닦았다. 나이토 코난과 나가 미찌오(那珂通世)의 집안은 父代에서 서로 학문적 교류를 가지면서 吉田松陰에 傾倒하는 경향을 가졌다는 지적은 주목된다.[10] 나이토 코난은 아키다 縣立師範學校를 나와 교사로 사회생활을 시작하였다. 그러다가 1887년에 東京으로 올라가, 불교운동 단체인 明敎社에 투신하면서 몇 년간 잡지 편

7　田中正美,「那珂通世」, 江上波夫 編著, 『東洋學の系譜』, 大修館書店, 1992, 2면.

8　앞의 책, 5면.

9　앞의 책, 9면. 李泰鎭,「요시다 쇼인(吉田松陰)과 도쿠토미 소호(德富蘇峰)-근대 일본 한국 침략의 사상적 基底-」 (2014년 1월, 한일양국 지식인 2010년 공동성명 기념 학술회의 발표문; 2017년 4월 간행 『끝나지 않은 역사』, 태학사 수록).

10　앞 『東洋學の系譜』, 8~9면.

찬에 종사하다가 臺灣 총독부 직속의 『臺灣日日新報』의 기자가 되었다. 그 뒤 東京으로 돌아와 『万朝報』(1898)를 거쳐 『大阪朝日新聞』에서 健筆을 휘둘렀다. 그가 타이완에 관해 쓴 신문 논설들은 고타마 겐타로(兒玉源太郎)나 고토 신페이(後藤新平) 등 관료 지도부보다도 더 침략적인 성향을 보였다. 1899년의 중국 여행은 지금까지의 '雜學'에서 벗어나 중국문제에 전념하는 계기가 되어 역사학에로 가까이 가기 시작하였다.[11]

1902, 1905년에 만주를 중심으로 한 중국 현지시찰 때 淸朝史 관계의 史蹟과 史料를 조사하였다.[12] 1906년 大阪朝日新聞社를 퇴사하고, 外務省 촉탁으로서 조선・만주에서의 「間島問題」 및 淸朝史 관계 자료수집에 종사하였다. 이해 京都帝國大學 文科大學이 신설되면서, 나이토 코난은 '官學' 경력이 없는 저널리스트 출신으로 이례적인 초청을 받아 1907년 史學科 강사를 거쳐 1909년 교수가 되었다. 이후 동료인 우찌다 긴조(內田銀藏) 등과 함께 '교토(京都) 제국대학의 文化史學'의 기초를 세웠다. 문화사학이란 정치사보다 문헌을 통한 사상사의 추이를 중시하는 역사학을 의미한다. 唐宋 변혁기를 문화사적 관점에서 '발전'을 논한 그의 『支那論』(1914)은 중국사에 관한 가장 큰 담론이란 평을 받고 있듯이 그는 근대 일본 역사학을 대표하는 한 사람인 것이 틀림없다.[13] 그러나 그의 중국사에 대한 긍정적 평가는 반드시 정치사적 미래까지 중국을 인정하는 것은 아니었다. 중국의 미래는 어디까지나 일본이 주도하는 '동양' 속에 있었다. 일본 동양사학은 이후, 과거 중국의 역사적 중심성을 부정하려는 의도에서 '中國'이란 표현보다도 '支那'라는 지칭을 즐겨 사용하였다.

內藤湖南은 1902년 이래 중국, 특히 만주 지역에서 古書를 널리 접하였고, 많은 중개상들이 그를 찾았을 것이 분명하다. 1914년에 조선에서 출장 온 岡本 技師에게 추천해 보낸 『永樂大典』 1책도 이 과정에서 접한 것으로 간주된다.[14] 그리고 한국에 대해서는 일본이 1905년 11월 「제2차 日韓協約」을 강제하여 대한제국의 외교권을 빼앗고 통감부를 설립하

---

11 小山正明, 「內藤湖南」, 永原慶二・鹿野政直 編著, 『日本歷史家』, 日本評論社, 1976, 103면.

12 이하 內藤湖南의 경력에 관한 서술은 위 田中正美, 小山正明 등의 글에 의한다.

13 江上波夫 編著, 『東洋學の系譜』, 大修館書店, 1992.

14 나이토 코난이 중국의 역대 史書, 經典에 밝았던 것은 그의 저술 『支那史學史』(東京 弘文堂, 1949)를 통해 널리 알려진 사실이다. 이 책은 그의 강의록을 제자들이 다듬어 출판한 것으로 알려진다.

여 間島에 대한 대한제국의 기반까지 인수하고자 했을 때, 이에 관한 조사를 담당하여 일본제국의 한국 침략에 학술적으로 一助하였다.[15] 內藤湖南의 한국과의 관계는 여기서 끝나지 않았다. 그는 후술하듯이 1910년 강제병합 이후 京都帝國大學 교수이면서 조선총독부의 '조선 통치'의 기반 구축 목적으로 진행된 '半島史' '朝鮮史' 관련 사업에 영향력을 행사하였다.

1910년 9월에 출범한 조선총독부는 '조선' '조선인' 통치를 위해 총독부 산하에 取調局과 中樞院을 두고 '舊慣' 곧 한국의 관습 조사를 시작하였다. 이 조사는 실지 조사와 典籍, 즉 고도서의 정리, 수집, 해제를 통해 수행되었다. 고도서 정리는 홍문관, 규장각, 시강원, 3대 사고(적상산, 태백산, 오대산)의 장서 및 '이왕가' 역대의 기록 등을 대상으로 진행되었다. 1913년 1월 무렵에는 圖書館 설립을 목표로 弘文館, 奎章閣, 史庫 등의 官府 所藏本 외에 민간의 고도서 買收, 결본도서 채우기, 寺院 및 鄕校 보관의 도서목록 조사, 兩班儒生 소장 도서의 빌려 등사하기 및 기부 받기를 추진하였다. 그 결과로 1916년 3월까지 각 도서의 카드, 분류별 목록 및 카드 작성 등을 완료하였다.[16]

이러한 대규모적인 典籍의 조사와 정리 사업에 중국 漢籍에 조예가 깊은 나이토 코난이 무관할 수 없다. 실제로 도서관 설립과 관련하여 그의 京都帝國大學 史學科의 제자로서 文部省 주최의 '圖書館 講習所'를 수료한 오기야마 히데오(荻山秀雄, 1909년 졸업)가 1914년 조선에 건너와 李王職의 囑託이 되었다. 그가 오카다 기사를 통해 『영락대전』 1책을 보낸 것은 바로 이 때였다. 오기야마는 1922년에 朝鮮總督府 圖書館 설립을 주도하여 1945년까지 館長 직을 혼자서 계속 수행한 특별한 존재이다.[17] 조선총독부가 중국 고문헌인 唐版 도서를 대규모로 구입한 것은 구관 조사를 위한 대규모적인 도서 정리 사업 시기와 겹치고 있어 주목된다.

---

15 그는 북경사변 후, 러시아에 대한 견제책으로서 「韓廷借款問題」(1901.4.23) 「韓廷을 징벌해야한다」(1901.4.26) 「한국에서의 (일본) 이익의 防護」(1901.4.29) 「한국의 열국공동보호에 대하여」(1901.5.2) 등 매우 과격한 침략적인 글을 써서 일본정부 당국자들을 자극하였다(『內藤湖南全集』 제3권, 1971, 筑摩書房).

16 정상우, 「朝鮮總督府의 '朝鮮史' 편찬사업」, 서울대학교 국사학과 박사학위논문, 2011, 59면.

17 앞의 논문, 59면, 108면의 표 참조. 內藤湖南은 今西龍의 『百濟史研究』에 서문을 썼다(「『百濟史研究』 序」 1934, 『內藤湖南全集』 제6권, 1972, 筑摩書房).

조선총독부는 總督 데라우찌 마사타케(寺內正毅)의 지도 아래 조선의 내치 기반을 확보하는 것이 일차적인 과제였다. 그러나 조선 다음의 목표인 만주, 나아가 중국에 대한 관심 또한 매우 강하였다. 1908년 滿洲歷史調査部 창설 이래 東京帝國大學의 연구자들의 관심은 朝鮮史를 넘어 滿鮮史, 滿蒙史 연구로까지 확대되고 있었다. 이왕직을 통한 〈唐版〉 도서의 대량 확보는 곧 조선 통치를 넘어 일본 천황이 지배하는 '동양'의 건설을 위한 연구 기반 구축의 일환이 아니었을까? 앞으로 이에 대한 정밀한 추적이 요망된다.

나이토 코난은 1926년에 발족하는 朝鮮史編修會에도 관계하고 있었다. 그에게는 1926년부터 1933년까지 이 편수회로부터 顧問의 지위가 계속 부여되었다. 이 기구는 東京帝國大學의 구로이타 가스미(黑板勝美)가 중심 역할을 수행하였다고 하지만, 內藤湖南, 今西龍 등 京都帝國大學 관계자가 다른 한 축을 이루고 있었다. 나이토 코난은 南滿洲鐵道株式會社의 調査室 근무를 통해 滿洲史 연구에 경력을 쌓은 이나바 이와키치(稻葉岩吉)를 조선사편수회 구성원으로 추천하여 이 조직에 대한 영향력을 높였다. 그의 제자인 이왕직 도서실의 오기야마 히데오는 1923년에 朝鮮總督府 圖書館이 설립되었을 때 초대 관장이 되었을 뿐더러 조선사편수회 사업에도 계속 관여하였다. 1930년부터 1933년까지 촉탁으로 이마니시 류우(今西龍) 아래서 『朝鮮史』 제3편, 제4편의 고려시대 부분을 담당하였다. 조선사편수회는 지금까지 한국사 왜곡을 목적으로 조직된 것으로만 이해되었다. 그런데 이 조직을 통한 일본 역사학자들의 실제 활동은 그 목적만으로 이해하기에는 규모나 범위가 크다. 이에 대한 심층적 이해를 위해서는 '반도사', '조선사' 연구를 '동양사' 연구의 큰 테두리에서 再考察 할 필요가 있다.

〈부표〉『永樂大典』 현존본 所藏機關別 책수

국가	소장기관, 소장자 (책수)	합계
중국	中國國家圖書館(舊 北京圖書館) 280 上海圖書館 3 四川大學圖書館 1	284
대만	中央圖書館 14 歷史語言研究所 7	21
월남	하노이 遠東學院 8	8
한국	'李王職文庫' 1	1
일본	東洋文庫 62 京都大學 人文科學研究所 2 京都大學 附屬圖書館 5 天理大學圖書館 16 小川廣己 2 靜嘉堂文庫 15 國會圖書館 3 武田長兵衛 2 大阪府立圖書館 2 石黑傳六 2 佐藤文庫 1	112
영국	옥스퍼드大學(圖書館) 31 大英博物館 41 런던大學 SOAS 9 런던圖書館 2 케임브리지大學 5 Marden 基金(香港) 2	53
독일	베를린 民族學博物館 5 함부르크大學圖書館 6 獨逸聯邦 퀼른基莫 3	14
미국	하버드大學 圖書館 6 國會圖書館 82	88
		581

* 張忱石의 『永樂大典史話』(中華書局, 1986, 北京) 附錄 2 「現存『永樂大典』卷目表」에 파악된 것을 기관별(개인별)로 집계함.

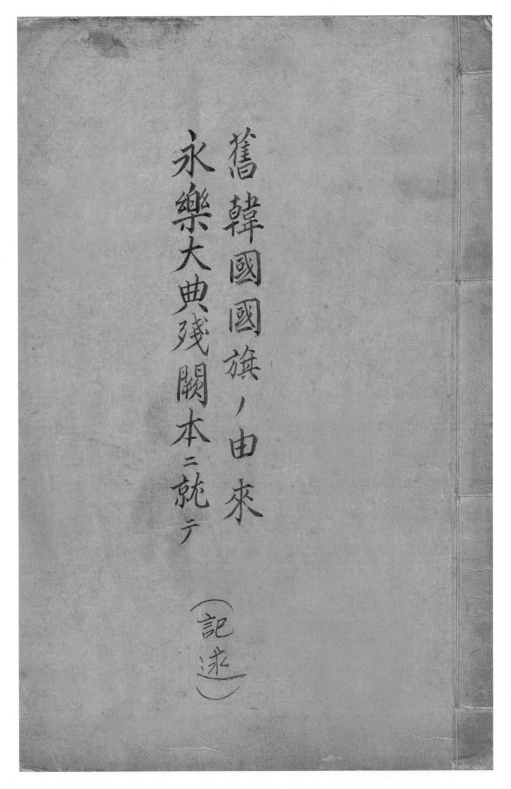

舊韓國國旗ノ由來

永樂大典殘闕本ニ就テ

（記述）

舊韓國國旗ノ由來

永樂大典殘闕本ニ就テ

岡田技師内地出張ノ際京都ニテ内藤教授ヨリ李王

家圖書室ニ邪樂大典購入方ヲ依囑サレ持チ帰リ

タルニ職員間ニ該書ハ偽物ナリトノ論議ニ起リ

其ノ當時長官ヨリ眞贋ヲ判定スルコト命セラ

レタル時ノモノ　一昨年矣、

永樂大典殘闕本ニ就テ

永樂大典殘闕本ノ由來ヲ記サントシ欲セハ

大典ノ編纂ニ及ツサ（カ、ラス今ヨリ四庫

全書總目、明史列傳、明史稿、漢籍解

題等ニヨリ其ノ大要ヲ述ヘン

明惠帝建文元年叔父燕王様、兵ヲ擧ケ

四年ニシテ京師ヲ陷レ位ニ即ク之レヲ成祖

文皇帝トナス登極ノ初、翰林院侍講方孝

儒、同修撰王叔英等博學ノ士數十人ヲ

斬刑ニ處シ物議ヲ招キント雖些學者ヲ輕

翰林総裁庶吉士院

ンシタルニアラス侍讀解縉、編修侍
讀胡廣、修撰楊榮、編修楊士奇等文筆
ノ臣ヲ窒用シテ内閣ニ直シ概務ニ預ラシム
ルノ先例ヲ開キ大ニ文教後興ニ志シ次テ
羅部百家ノ書ヲ蒐集シテ萬世不
朽ノ一大典ヲ作ラント欲シ永樂元年七月
總裁解縉以下一百四十七人ヲシテ之ニ興ラ
獻大成ト賜フ然レトモ成書ニ急ナルノ餘リ
二年十一月完成奏進ス帝大ニ喜ヒ名ヲ文
編纂ノ期間僅カニ十七閲月ニ過キス且ツ

材ノ範圍頗ル廣汎ニ亙リタルヲ以テ踈漏
紕繆多ク父太祖洪武帝ガ元史二百十巻
篡修ニ六月ノ久ニテ脱稿セシメ誤謬百出
セルト共ニ好一對ノ話柄トナレリ章更ニ太子
少保姚廣孝、刑部侍郎劉季篪ヲシテ
解縉ト同ジク監修セシメ翰林學士王景、侍
讀學士王達以下當代ノ博識鴻儒ヲ網羅
スルコト二千一百七十九人、月ヲ経ルコト三十
有五、永樂五年十一月（距今五百○七年前）
二万二千八百七十七巻目録六十巻ヲ完成

ト陛メノ永樂大典ノ名ヲ賜ヘリ所謂永

樂大典原本是也、如此大典ハ再度ノ刪定

ニ由リ漸ク成ヲ告ケルト雖モトシテ洪武正

韻ヲ綱トル顔毎術ノ韻海鏡源ノ例ヲ用

廿一字一句或ハ篇名ヲ以テ韻ヲ分チ或ハ一

書ヲ全録シ前後錯雜條理一貫セス若シ

キハ巻首ノ凡例ト相應セサルモノアリ然レト

モ元朝以前ノ珍本奇籍ノ或ハ傳ハサン

モノ本書中ニ採録セラレ復世ニ見ハレヽ至

リレハ實ニ斯界ノ慶事ニシテ此書ノ尊重

せうん、所以也

永楽七年帝令シテ大典ヲ剞劂ニ附セシメ
ントセシカ巻帙浩繁、工費鉅萬ニ上リシノ以
テ中止シ十九年都ヲ南京ヨリ北京ニ遷スニ
及ヒ文楼（後世宏義閣）ニ秘藏スルコトヽナレ
リ後一百三十六年ヲ經、壽靖三十六年大
内回祿ノ際、世宗書ヲ救いシメ幸ニ完キヲ得
タリシカ泯亡センコトヲ憂ヒ嘉靖四十一年
禮部儒士程道南等一百人ヲ選ヒ正副二
本ヲ重録セシム毎人日ニ三葉ヲ摸鈔シタ

ルニ過キス、髙拱、張居正等之レヲ校合シ

六年ヲ経テ隆慶元年（距今三百四十七年

前）後ヲ告クルニ及ヒ原本ヲ南京ニ帰シ

重錄本正副二部ヲ北京ニ留メ正本ノ文

淵閣、副本ヲ皇史宬（考ニ宮廷ノ図書

庫）ニ藏セり　於是乎大典ハ計三部六

万八千八百十一巻ヲ算セラカ明末清初ノ

大乱ニ南京ノ原本ハ皇史宬ノ副本ト共

ニ全部楗燼セうレ僅カニ文淵閣ノ正本

中、其十分ノ一、二千四百二十二巻ヲ残シ後

乾隆三十五年紀
明ニ余シク流國
ニ害アル圖書ヲ
破棄セシ日知
録ハ抽燬書目
中ニ散見スレバ
形栗大典ノ條
ハ蓋シコノ時抽
出セシメタルモノ
ナラム

清朝ニ至リ翰林院ニ藏本トナリ碩學

顧炎武カ日知録ノ「大典ハ全部皆佚セリ」

トノ語ハ傳聞不確ノ説ナルコト四庫全書

既ニ之レヲ論駁セリ（余ハ他数氏ト日知録

ヲ閲讀シタレトモ未タコノ記事ヲ發見セス）

明治三十三年北清事變ノ際北京宮城ハ

列國軍ニ蹂躪セラレ稀觀ノ珍籍ハ秘庫

ノ財寶ト共ニ掠奪ノ厄ニ遭ヒタルモノ多ク

永樂大典モ亦散佚セントシ僅カニ免カルヽ

ヲ得タリシカコレヨリ漸々其ノ名支那研究

者間ニ喧傳セラルヽニ至レリ清祚既ニ傾キ

明治四十四年第一次革命乱起ルヤ北京

宮廷ノ重寶市井ニ出ルモノ夥ク大典モ亦

大部分歐人ニ購買セラレ大英博物館、巴

里東洋學院、佛領安南河内博物館等

ニ分藏セラレタリ董康氏ニヨリテ我國ニ將來

セラレタル十冊ノ大典ハ紙質、筆伝及ヒ装

岡本ノ体裁ヨリシテ嘉靖隆慶間ノ重錄

本ニ相違ナキコトハ内藤教授ノ來翰ニ讓

リ更ニ記錄上ヨリ立證スル所アル（）

岡田技師ノ介シテ目下當王家ニ談合中ノ

永樂大典ハ第八千七百八十二及三ノ二巻一冊

（枚數四十九）ニシテ禳錄諸僞ノ部ナリ其ノ

内容ノ價値ハ未タ研究セサレトモ巻末ニ各

自擔當書冊ノ責任ヲ明カニスル為重錄總

校官以下ノ名ヲ列記セリ即チ

　　　重錄總校官侍郎臣高拱

　　　　　学士臣胡正蒙

　　　　分校官侍讀臣姜金和

　　　　書寫士員臣曹嘉賓

閣臣監修　臣　馬兼志

臣　岑琢

卜今之レヲ奉諫堂所藏、皇明實錄第三
百三十二冊穆宗莊皇帝實錄卷五隆慶
元年四月條卜參照スルヽ永樂大典重錄
成ヲ告ケ總裁以下數十名ニ爵祿官位ヲ
進メラル、ノ記事中、書寫生員ノ名ノ缺クト
雖高撲、胡正蒙、姜奎和三氏ノ名ヲ發見
スルコトヲ得可シ高撲ハ明代知名ノ士ニシテ
明史ニ其ノ列傳アリ然レトモ大典ノ重錄官

タリシコトヲ記サス胡正蒙、姜金和ノ如キ

今日ハ其ノ傳記スラ明カナラス況ンヤ大典ノ

重錄分校官タリシコトヲヤ而シテ皇明實錄

ハ稀代ノ珍本ニシテ四庫全書總目ニモ其ノ

目ヲ存セス且上梓シタルモノナク完全ナルモ

ノ二部ハ清廷ノ秘襟ニ藏セラレ関係者ト雖

容易ニ閲讀ヲ許サルルモノナレハ後世永樂大

典ノ僞書ヲ作リタルモノアリト似定スルモ重

錄總校官以下ノ姓名ヲ知レ由ナレハ本

書ハ唯一無二ノ永樂大典ノ一部ナリト断定

スルコトヲ得ヘシ

〔因曰。明代帝王ノ左右ニ侍スル史官ノ

起居注ニヨリ帝王崩御ノ後實錄ヲ編

纂シ其ノ草ヲ大液池ニ焚キ實錄一部

ノミヲ皇史宬ニ秘藏シ太祖号ヨリ起リ十

六代熹宗ニ終ヲ總稱シテ皇明實錄

ト云フ明代史乘ノ最モ正確且詳細ナル

モノナリ太祖以下数代ノ實錄ハ祖宗ノ

鴻業ヲ知悉セレメント欲シ明末葉ニ

於テ特ニ一部ヲ民間ニ出サ／然レトモ

顧亭林集ニコレハ其ノ價ノ尊キコト珠玉

モ啻ナラス士太夫ニシテ謄写本ヲ入手

スルコト能ハスノ誌アリ況ンヤ嘉靖隆慶

間天下漸ク騷擾タル記事ノ如キ外間

ニ公表スルヲ欲セサリシモノナラム

當王家所藏(荘奉謨堂)皇明實錄

四百六十四冊ハ李朝開國以来明ノ正朔

ヲ奉シ特ニ壬辰再造ノ恩誼ニ感シ明

朝滅亡ノ後、大報壇ヲ宮殿後苑ノ西ニ

設ケ太牢ヲ以テ明朝歴代ノ霊ヲ祀リ

ニカ驚宗代理ノ時（距今九十餘年前）

家力、貨ノ清ノ内廷ニ散シ皇明實錄

一部ヲ謄寫シ大報壇ニ安置シタルモノ

ナリ後隆熙二年實錄ハ掌礼院ヨリ

奎章閣ニ引継ギテ奉護堂ニ藏

スルコトヽナレリ内地ニ旅ゲ皇明實錄ハ

日露戦争後間島問題ノ起ルヤ外務

省ハ韓地ノ明代ノ歴史調査ノ為ニ資シ

投シ夫那ニテ實錄謄寫ニ着手シ後

某氏コレヲ継續シ二千餘圖ヲ貸シ未

ヲ完成スルニ至ラスシテ京都帝國大学

附属図書館ニ貴却シタルモノ一部アル

ヘシ又以テ皇明實錄ガ稀有ノ貴重

本ミシテ外間者ノ繙読セラル〳キモノニアラ

ス隆慶元年四月條ト邓栄大典末尾

ノ記名ト符合セルハ大典ガ嘉靖隆慶

間ノ重錄本タル証左トナスニ足ラム

『永樂大典』 현존본 일람표 (현존 권수와 소장기관)

* 이 집계는 張忱石의 『永樂大典史話』(中華書局, 1986, 北京) 附錄 2 「現存 『永樂大典』 卷目表」가 卷次 순으로 조사한 것을 소장기관별로 새로 편성한 것이다. 본문 끝에 붙인 〈부표〉는 이 일람표의 책 수를 합계한 숫자를 제시한 것이다.

* '北京圖書館 B'는 미국국회도서관 소재로서 臺灣中央圖書館으로 移存. '產權'은 북경도서관.

국가	소장 기관	책 수 (권수)	반환 책 수	비고
中國	北京圖書館 A	220 *		表 外 提示
	北京圖書館 B	60 *		〃
	上海圖書館	3 (7322, 7323, 7324)		1983. 10. 美國 國籍 中國人 寄贈
	四川大學圖書館	1 (19791)	1	華西協和大學圖書館
臺灣	中央圖書館	14 (485, 486, 3579, 3580, 3581, 6700, 6701, 10309, 10310, 15897, 15898, 20478, 20479, 20572)	8	
	歷史語言研究所	7 (1310, 2400, 2401, 3584, 1585 7327, 14912)	3	3584-5, 14912 北京人文科學研究所 院長
越南	河內遠東學院	8 (2260, 2261, 2266, 2267, 2404, 2405, 8628, 8629)		
韓國	"서울大學校 中央圖書館"	2 (8782, 8783)		"南朝鮮 舊京 李王職文庫"
日本 112	東洋文庫	62 (554, 555, 556, 849, 850, 851, 1056, 1188, 1192, 1200, 2254, 2255, 2282, 2283, 2610, 2611, 5199, 5200, 5201, 5202, 5203, 5204, 5205, 5268, 6826, 6827, 7237, 7238, 7511, 7512, 9561, 10539, 10540, 10812, 10813, 10814, 11412, 11413, 11598, 11599, 11602, 11603, 11615, 11616, 11848, 11849, 13019, 13139, 13140, 14947, 15948, 15949, 19416, 19417, 19418, 19419, 19420, 19421, 19422, 19423, 19424, 19425, 19426)		13139: 北京圖書館

	京都大學 人文科學硏究所	2 (665, 666)	2	
	天理大學圖書館	16 (908, 909, 2398, 2399, 2737, 2738, 5453, 5454, 7303, 7304, 13451, 13452, 14124, 14125, 14628, 14629)	2+2	
	京都大學 附屬圖書館	5 (910, 911, 912, 12929, 12930)		谷村順藏 原藏
	小川廣己	2 (2236, 2237)		
	靜嘉堂文庫	15 (2256, 2337, 2338, 2339, 2806, 3582, 3583, 6697, 6698, 6699, 6828, 6829, 6830, 17084, 17058)		
	國會圖書館	3 (2279, 2280, 2281)	1	上野圖書館 原藏
	武田長兵衛	2 (2608, 2609)		內藤乾吉 原藏, 內 藤虎次郎 影印
	大阪府立圖書館	2 (8647, 8648)		
	石黑傳六	2 (9765, 9766)		
	斯道(佐藤)文庫	1 (8094)		僅存 제11면
英國	牛津(옥스퍼드) 大學圖書館	31 (807, 808, 1036, 1037, 5244, 5245, 6641, 7515, 7516, 7677, 8021, 10135, 10136, 10460, 13872, 13873, 13874, 13875, 14385, 14607, 14608, 14609, 14622, 14627, 15073, 15074, 15075, 16217, 16218, 19735, 20139)		
	大英博物館	41 (913, 914, 3002, 6850, 6851, 7389, 7390, 8022, 8023, 8024, 8089, 8090, 8268, 8269, 8275, 11887, 11888, 11903, 11904, 13340, 13341, 13496, 13497, 13498, 1349, 13876, 13877, 13878, 13992, 13993, 15955, 15956, 18244, 18245, 19740, 19741, 19789, 19790, 20181, 20182, 20850, 20851)		
	倫敦(런던)大學 東方語言學校	9 (3944, 3945, 10115, 10116, 11312, 11313, 13193, 13194, 13629)		

	倫敦(런던)大學	2 (11368, 11369)		
	劍橋(케임브리지)大學	5 (16343, 16344, 19737, 19738, 19749)		
	英國 馬登 (Marden)	2 (19865, 19866)		
獨逸	栢林(베를린) 人種博物館	5 (903, 904, 1033, 4908, 4909)		
	漢堡(함부르크) 大學圖書館	6 (975, 976, 10483, 10484, 13189, 13190)		
	德意志(독일)聯邦共和國科隆(퀼른)基莫	3 (7078, 7079, 7080)		
美國	哈佛(하버드)大學 圖書館	6 (981, 7756, 7757, 8841, 8842, 8843)		哈佛(하버드)燕京學舍 圖書館
	國會圖書館	82 (6831, 6832, 10934, 10935, 10949, 10950, 10998, 10999, 11000, 11001, 11076, 11077, 11618, 11619, 11951, 11952, 11953, 11954, 11955, 11956, 11957, 11958, 11959, 11960, 11980, 11981, 12013, 12014, 12015, 12016, 12017, 12018, 12043, 12044, 12071, 12072, 12148, 12269, 12270, 12272, 12273, 12274, 12275, 12276, 12306, 12307, 12308, 12399, 12400, 12428, 12429, 12507, 12929, 12930, 12960, 12961, 12962, 12963, 12964, 12965, 12966, 12967, 12968, 12969, 12970, 12971, 13344, 13345, 13589, 13590, 14055, 14056, 14131, 15142, 15143, 15950, 15951, 19742, 19743, 19785, 19786, 19792)		
	康乃你(카네기)大學	13453, 13879, 13880, 15868, 15869, 15870		
	波士敦(보스턴) 圖書館	14949		
未詳		1187, 1191, 13991		

480, 481, (489, 490), 538, 539, 540, 541, 551, 552, 553, 623, 624, (661, 662), (782, 783, 784), 821, 822, 823, 895, 896, 899, 900, 901, 902, 905, 906, 907, 917, 918, 919, 920, 921, 922, 978, 980

2190, 2191, 2217, 2218, (2257, 2258, 2259), 2262, 2263, 2264, 2265, 2270, 2271, 2275, 2276, 2277, 2278, 2340, 2341, 2342, 2343, 2344, 2345, 2346, 2347, 2367, 2368, 2369, 2406, 2407, 2408, 2535, 2536, 2537, 2538, 2539, 2540, 2603, 2604, 2605, 2606, 2607, 2739, 2740, 2741, 2742, (2743, 2744), 2754, 2755, 2807, (2808, 2809), (2810, 2811), (2812, 2813), (2948, 2949), (2959, 2951), (2952, 2953), (2954, 2955), 2972, 2973, 2978, 2979, 2980, 2999

3000, (3001), 3003, 3004, 3005, 3006, 3007, 3008, 3009, 3010, 3133, 3134, (3143, 3144), 3145, 3146, (3147, 3148, 3149), 3150, 3151, 3155, 3156, (3507, 3508), 3518, 3519, 3525, 3526, 3527, 3528, (3549), (3586, 3587), 3614, (3615)

4923-4940(18권)

5248, 5249, 5251, 5252, 5296, 5297, 5343, 5345, 5453, 5454, 5769, 5770, (5838, 5839, 5840)

6504, 6505, 6523, 6524, 6558, 6559, 6564, 6565, (6584), (6764, 6765), (6766, 6767), 6837, 6838

(7104, 7105), 7159, 7213, 7214, 7235, 7236, 7239, 7240, (7241, 7242), 7325, 7326, 7328, (7329), (7378, 7379), 7385,7386, 7387, 7388, 7393, 7394, 7449, 7450, (7453, 7454), 7455, 7456, 7457, 7458, 7459, 7460, 7461, 7462, 7506, 7507, 7510, 7513, 7514, 7517, 7518, 7543, 7602, 7603, (7650, 7651), (7701, 7702), (7856, 7857), 7889, 7890, 7891, 7892, 7893, 7894, 7895, 7960, 7961, 7962, (7963)

8020, (8025, 8026), 8091, 8092, 8093, 8164, 8165, 8199, (8339), 8413, 8414, 8506, 8507, (8526, 8527), (8587, 8588), 8706, (8844, 8845), (8908), (8909, 8910), 8978, 8979, (8980, 8981)

9762, 9763, 9764

10286, 10287, 10309, 10310, 10458, 10459, (10876, 10877), 10888, 10889

11127, 11128, 11129, 11130-11141(12권), 11620, 11905, 11906, 11907

13017, 13018, 13019(23면 이전, 이후는 일본 동양문고), (13020) (13074, 13075), 13082, 13083, 13084, 13135, 13136, 13450, 13494, 13495, 13506, 13507, (13822, 13823, 13824)

14046, 14049, 14050, 14051, 14052, 14053, 14054, (14217, 14218), 14380, 14381, 14382, 14383, 14384, 14461, 14462, 14463, 14464, 14536, 14537, 14544, 14545, 14574, 14575, 14576, 14620, 14621, 14624, 14625, 14626, 14707, 14708, (14837), (14838), 14948, 14998, 14999

15138, 15139, 15140, 15141, 15873, 15874, 15875

(16841, 16842)

(18207, 18208, 18209), 18222, 18223, 18224, 18402, 18403, 18764~18771(7권)

(19636, 19637), (19931)

(20121, 20122), (20197), 20204, 20205, (20308, 20309), (20310, 20311), 20353, 20354, 20424, 20425, (20426, 20427), (20428), 20648, 20649

21029, 21030, 21031, 21983, 21984

22180, 22181, 22536, 22537, 22570, 22571, 22572, 22576, 22577, 22578, 22749, 22750, 22760, (22761),

⟨1~2면 현전 본⟩

760 제16면 북경도서관
8094 제11면 일본 佐藤文庫
10787 제4~5면 북경도서관
20675 제11면 북경도서관

II. 원본 (사진)

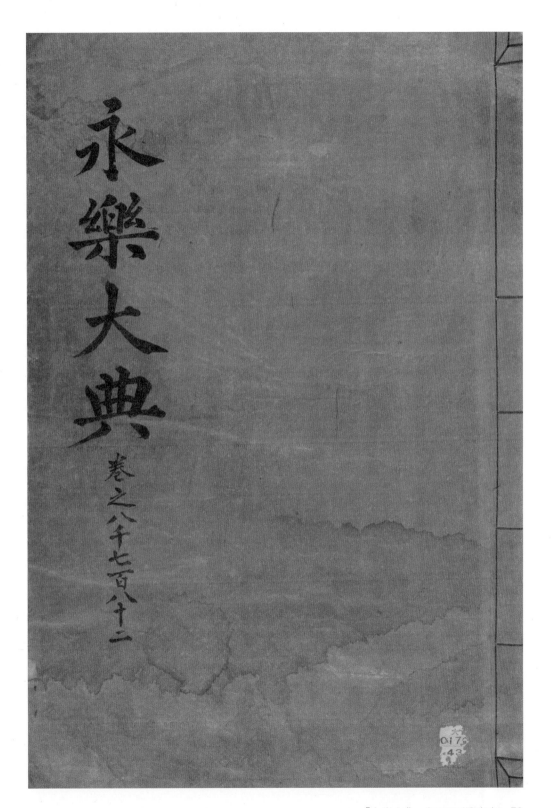

永樂大典 卷之八千七百八十二

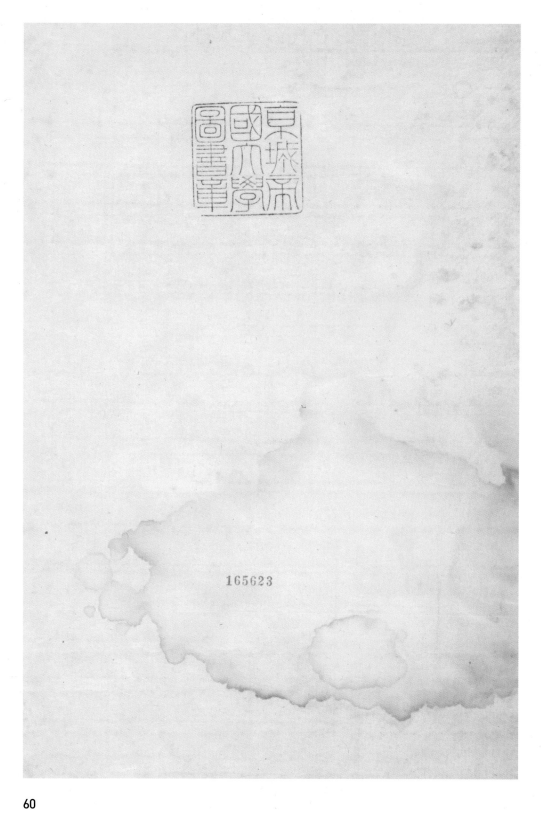

60

永樂大典卷之八千七百八十二 十九庚

僧 褋録諸僧四

齊朗續廬山記西林寺水閣院律大德齊朗和尚碑并序大師號齊朗生

報身于尋陽陶氏承大司馬侃之後侃捨宅作西林寺其孫累有人繼前

志故大師紉有覺心事峯頂寺律大德法真為和尚出家受具皆目其下

傳七支四分學精進勇猛所治如官之輿憲法其徒蕭而不敢犯故自山

發其風行諸道流苦到衡繩墨所化之慶無不斷斷水閣院水閣

之稱天下知重長講律業黌通無量壽淨名等經復手自為義記以示後

學貞元三年從峯頂本大師陪荆州慶門寺靈裕台州國清寺法裔同受

廬使李公魚龍興壇塲之請泊七年賴史崔公行置方等於當州開元寺

請東林大德熙怡大林法簜興果神清同赴壇會十四年郡守李公康興

其露之會請宣州開元寺大德慧庄撫州景雲寺上弘吉州靖居寺道華

當州寶稱寺智滿同東鞨磨至元和初鄂岳觀察使郇公士美建法會于

頭陀寺又命簡奉迎曰鵠珠在冰雪之中鶴貌出風塵之外其感搢紳大

人相知之深如此享年七十有三法歲四十有九示寂寂威于長慶二年十
月十六日用是年閏月二十一日奉葬于峯頂大師靈塔之右恭遺命也
嗚呼凡與大師遊者自童年及暮齒未嘗以言色高下用戕于人人之聰
明覩此知教雖庭戶之近必撿跡而後行式餓寒之來必審分而後取所
謂聲為律身為度其殆庶于或人來以持律相難者對之曰吾聞四十不
惑以至無邪正當師之我法只尓聞者降伏狀知言要理深自洪州升龍興
寺壇轉至廿靈頭陁恧一十有四會承羯磨者數盈十萬計故江西以為
佛法鐘鼓省自水閣出考功郎李公渤中書舍人白公居易嘗視郡
事得之精微每至道場膜拜起敬門人元超元膺元誥元皓清銳元
惣智明等懼先師之德光不留於金石乃以本際實行付雲皋此立草具
狀藉門茅子大德大師建如達沖契宗一等慶請碑銘于滎陽鄭氏子素卿
辭不能免乃強起筆應之曰釋之徒有持律猶官之徒有持法二者謹嚴
則教立而道尊惟大師以惠覺心以心治身東佛憲書爲佛翰垣調馭諸
根不生一塵提導孺孩出離火燼昇我便門慈覆軒軒法灑醨
醵膏去聲之清濡長之茂蕃故自匡廬散吳楚間受教比立知慶玄闡或
坐道場或登戒壇景我之山沠我之川珠貫大千印可無邊來也不羈去

之偶然吁嗟乎西林佛日嘗在此芳已爲大和六年歲次壬子三月甲午

朔六日己巳門人元諫等樹

志忠唐黃御史集龜洋靈感禪院東塔和尚碑三教之垂萬古也咸以

師弟子授獨釋氏之師弟子削姓以名別爲父子之流葉東塔和尚葉真

身大師其道偕極不可思議以父子言克盡弓裘之善和尚法彌志忠俗

姓陳世居仙遊祖諱瑤父諱節繼以好尚山水崇佛支僧生和尚自于乳

抱鼻逆膻辛九歲詰真身大師爲童子一見之兩如宿契年十五落髮初

太師之卜龜洋也雲木之深藤蘿如織狼虎有穴樵採無逕俄值六眸之齋

巨龜足蹣跚四龜俯仰其首如作禮者三逡巡而失遂駐錫卓菴名其地曰

龜洋爲龜洋之泊也孟不及村舍不及舊山產菜号苦益以之克卯而齋

惟大師與和尚俱歲後月更名馳迹漏檀信尋而施澳獵投而事時謂之

二菩薩僧其地或来人之稍幸嚴潔則立有蛇虎驚吼之怪及武宗皇帝

乙丑之否稟之而條帽潛匿大師兀檀信之迎隱於救家和尚棲於岩穴

之內不離茲山相伍者麋鹿馴伏者虎狼既而靡耕當杜施弓還取苦益

之卯至今兹院之逸歟歲一卯之風不泯宣宗皇帝復寺之始議者以靈

巖之奇勝非戎菩薩僧不可以宏就由是郡人環乞大師以居故和尚獨

荐龜洋之址焉松堂揭而覺路喧天金磬敲而道花滿地誡以上昇道士
不受籙戒佛沙彌不具戒和尚且不之然旋將西遊受具足戒於襄州龍
興寺大中十二年東還由廬陵與草菴和尚值草菴曰来自何山曰六聨
山曰六通乎曰惠非重瞳和尚盖行高而言寡是日對答如流既及本山
大師返于茲八年大師坐亡法身不壞南北歸敬圓然無時和尚以之煩
人地愈盛院落則不營而竣供捨則不化而来咸通三年靈岩力圓乃迎
十三年遂南五步里之山得峯之秀室而禪焉即今南畲也廣明元年茅
子智朗惠朗玄鑒藏輝景閒弘幹鴻超悉以植性祇園分光惠炬以謂我
大師承法焉祖親得心印則和尚焉令以宿曉而晦辭煩即靜不可使六
眹靈感之地留形示藏之異葉其葉而不之大于於是迄歸于院將以
弘張法論式救迷津其如感通雖然現沒有教中和三年龍集壬寅三月
十日示滅壽年六十有六僧夏二十有五後二句之一日建宰堵波於東
岡焉烏乎和尚之道不粒而午不宇而禪與虎狼雜居所謂菩薩僧信矣
其三月之朔語其衆曰至道之有顯晦師弟子不欲雙立昔大師之去也
留形焉之顯今吾之行矣速藏為之晦故將儀貌若生然盖棺晦朔不逾
而啓土從付囑也其上足景閒弘幹以九紀道名須資詞筆懇費行實扣

愚求文某早訪蓮扃今悲松塔敢辭抽思用刻貞銘爲之銘曰六脚獻山

二葉開蓮号及菩薩正真自然雲林匿迹猿虎桑禪仙花撲地智月懸天

示滅之滅顯晦岐焉布金左岡建塔開阡實歸上界寧日下泉松風栢雨

空悲歲年。

大明和尚唐栁宗元集　大明和尚碑　儒以禮立仁義無之則壞佛以律

持定慧去之則衰是故離禮於仁義者不可與言儒異律於定慧者不可

與言佛達是道者惟大明師師姓歐陽氏號曰惠開唐開二十一年始

生天寶十一載始爲浮圖大曆十一年始登壇爲大律師貞元十三年十一

月十一日辛元和九年正月其茅子懷信道嵩尼無染等命高道僧輿

爲行狀列其行事願刊之茲碑宗元今授其大者言曰師先因官世家渾

州爲大姓有勳烈爵位令不言大浮圖也下序其宦莫所以尊大浮圖之

道凡浮圖之道衰其徒心小律而去經大明恐焉於是從峻洎偘以宪戒

律而大法以立又從秀洎昱以通經教而奧義以脩由是二道出入隱顯

後學以不惑來求以有得廣德二年始立大明寺于衡山詔選居寺僧二

十一人師爲之首乾元元年一本作某年盖乾元在廣德前恐誤又命衡

山立毗尼藏詔選講律僧七人師應其數凡其衣服器用動有師法言語

行止皆為物軌執巾匜童云捧之挨爾二切左傳奉匜沃盥奉杖屢為侍
者數百剪髮髡破教戒為學者數萬得泉若獨居尊若甲晦而光介而大
灝灝焉張云灝音浩義同無以加也其塔在祝融峯西趾下碑在塔東其
辭曰儒以禮行覺與一歸真源無大小乘大明之律是定是慧至窮
經教為法出世化人無疆壽裕無際詔尊碩德咸儀有繼道偏大洲徽音
勿替祝融西麓童云音鹿山足曰麓洞庭南裔金石刻辭彌億千歲碑
陰凡奕大浮圖無窾窾艦絹穿地其用於碑不宜然昔之公室禮
其功德亦謂之碑而其用遂行然則雖浮圖亦宜也凡奕大浮圖其徒廣
則能為碑以葵其後子孫因宜不去遂銘行用圖久於世及秦刻山石號
行而律存為故近世為律凡奕大浮圖未嘗有比丘尼主碑事今惟無
染實來淨疾以求其志益堅又能言其師他德尤備故書之碑陰師凡主
戒事二十二年宰相齊公映李公沁趙公憬尚書曹王皐裴公胄侍郎令
狐公峘或師或友齊親執經受大義為弟子又言師始為童時夢大人稿
冠素為縞晉音棐白色為音昔廈也來告曰居南嶽大吾道者必爾也己而
信然將終戾有光明蓬蓊之音眾咸見聞若是類甚眾以儒者所不道而

無染勤以為請故末傳焉無染韋氏女世顕貴今主衡山戒法

無姓和尚唐柳宗元集岳州聖安寺無姓和尚碑維某年月日岳州大

和尚終於聖安寺凡年年若干有名無姓世莫知其閭里宗族

所設施者有問焉而以告曰性吾姓也其原無初其胄無終承于釋師以

系道本吾無姓者戒名也實且不有名惡乎存吾有名耶性海吾

吾鄉也法界吾宇也戒為之墉惠為之戶以居則固以守則安吾闔里不

且乎度門道品其數無極菩薩大士其衆無涯播云菩薄胡切薩桑葛切吾

佛書云菩提薩埵唐言覺有情也從簡稱菩薩吾與之處而不吾異也吾

宗族不大乎其道可聞者如此而止讀法華經金剛般若經數逾十萬播呼佛

云般北末切苦而也切梵語謂智惠也或譏以有為曰吾未嘗作鳴呼佛

道逾遠異端競起唯天台大師為得其說和尚紹承本統以順中道尼受

教者不失其宗主物流動趣向混亂惟極樂正師為得其歸和尚勤求端

以成至頤凡聽信者不惑其道或譏以有跡曰吾未嘗行始居房州龍

興寺中徒居是州作道場於楞伽址峯楞音稜伽音茄不越聞者五十杞

和尚凡所嚴事皆世高德始出家事而依者曰卓然師居南陽立山葬岳

州就受戒者曰道頴師居荊州苐子之首曰懷遠師居長沙安國寺為南

岳戒法歲來侍師會其終遂以某日癸于卓然師塔東若千步銘曰道本

於一離為異門以性為姓乃歸其根無名而名師教是尊假以示物非吾

所存大鄉不居大族不親淵懿內朗冲虛外仁聖有遺言是究是勤惟動

惟默逝如浮雲教久益微世罕宪陳羨有大智出其真門一本作論師以

顯示俾民惟新情動生變物由涅淪羨授樂國參乎化京師以謗導俾民

不窨道用不作神行無迹晦明俱如生死偕寂法付後學苑之無歟羨益

切厥也葬從我師無忘真宅薦是昭銘刻茲真石　碑陰記　無姓和尚

既居是山曰凡吾之求非在外也吾不動矣弘農揚公炎自道州以宰相

徵過馬以為宜居京師強以行不可聞曰顏間歲乃徃明年揚去相

位竄謫南海上終如其志趙郡李蓼辯博人也為岳州盛氣欲屈其道聞

一言服為弟子河東裴蔵之舉族受教京兆尹弘農揚公其子憑以其隱

地為道場奉和州刺史張惟儉買西峯廣其居凡以貨利委下者不可

選紀受之亦無言將終命其大弟子懷遠授以道妙終不告其姓或曰周

人也信州刺史李某為之傳李立長沙謝楚為行狀儉行愈為性守

一篇凡以文辭道和尚功德者不可悉數弘農公自餘杭楊憑自臨賀尉

從杭州刺史命以行狀來懷遠師自長沙以傳來使余為碑既書其辭故

又假其陰以記

海禪師唐柳宗元集 龍安海禪師碑 佛之生也遠中國僅二萬里其後

也距今茲僅二千歲故傳道益微而言禪最病拘則泥乎物誕則離乎真

真離而誕益勝故今之空愚一作空空夫失惑縱儌自我者皆誣禪以

亂其教冒于羃昏羃魚中切放于滛荒其異是者長沙之南曰龍安師師

之言曰由迦葉至師子二十三世而離蕱而為達摩蕱云迦居牙切葉書

淺切是釋迦大弟子一名飲光達摩摩當作磨卧切西天第二十八祖

東震旦土謂之初祖由達摩至忍五世而益蕱蕱而為秀為能神秀姓李

氏隋末出家事弘忍弘忍辛秀乃居常陽山同學僧惠能姓盧氏弘忍亊

住韶州寶林寺天下敬傳其道謂秀為北宗能為南宗南北相訾音紫毀

二師之道其書具存徵其書合於志可以不恩胡用切於是止學於惠隱

也又庚闘狠其道遂隱鳴呼吾將合焉且世之傳書者省馬鳴龍樹道也

南求於馬素咸黙其異以踏乎中牟蕱而愈同空洞而益實作安禪通明

論推一而適萬則事無非真混萬而歸一則真無非事推而未嘗推故無

適混而未嘗混故無歸塊然趣定至于旬時是之謂施用茫然同俗極乎

流動是之謂真常居長汝在定十四日人即其處而成室宇遂為寶應寺

去于湘之西人又從之負大木蘙密吾以益其居[聱音聲]又為龍安寺馬

尚書裴公某李公某侍郎吕公某楊公某[裴音裴 李龔吕渭楊愍御史中丞]

房公某咸尊師之道執弟子禮凡年八十一為僧五十三[暮元和三年二]

月九日而沒其弟子玄覺泪懷直浩初等狀其師之行謁余為碑曰師周

姓如海名也世為士父曰擇交同州錄事參軍叔曰擇從尚書禮部侍郎

師始為釋其父達之志使仕至成都主簿不樂也天寶之亂復其初心嘗

居京師西明寺又居峋嶁山張云峋嶁拘縷二音峋又音古后切[峋嶁力后]

切終龍安寺葬其原銘曰浮圖之脩其奧為禪殊區異世誰得其傳道隱

乎離浮游散迁莫微旁行胡部切徒聽浮言空有互闘南北相殘其會

之楚有龍安龍安之德惟覺是則苞弁絕異表正失感貌昧形靜功流無

極動言有為弥寂而默祠廟之嚴我居不飾貴賤之來我道無得迹耶匪追

至耶誰抑惟世之幾惟道之微既陳而明乃去而歸象物徒鼓真源無依

後學誰師鳴呼茲碑一作動言事為

通公唐文粹嚴綬撰唐宣州禪定寺故禪京大德通公之碑[世界之内]

愛河苦浪浩然横流曠刧循環未嘗暫息冥蠢類沈溺相因逐妄想類

拔茅之征結煩惱甚[包柔之固]非慧炬之慈照曷破暗以持危故佛教為

萬法之宗禪心為一乘之最疇可徵之於大師通公見之矣大師俗姓朱
氏蘇州吳縣人也生知大化該閱真乘鸞鳳之性本殊椒桂之芳特異始
為居士侑學踰三十然受具戒遂乃歷抵梵蓮錯磨心印識三車之次第
知五蘊之根源其始也結廬於宣城郡敬亭山之北趾栖遲深林剔狎猛
戲履險以堅其精進陟危以激其脩持歲月茲深切行兼著道俗懇請移
居於宣城禪定寺之中院遂乃息念於止水之源澄心於無轍之跡以希
夷之正性得圞象之玄珠冰釋萬緣鏡圓方寸不生不滅唯一唯精鄙天
藾之猶煩以我靜而自樂皎潔焉姁嫗馬霈登乎無學之境然後慈雲廣
覆慧日傍臨傳百千燈度億萬象人有扣請虛往實歸邑罷念爭心澄波
浪綴以豢淺凤尚真宗多幸及門殊露潤霧清霄朗月別為方外之遊甘
露醍醐不是寰中之味旋奉恩詔徵赴闕庭遂與大師入于南浦屢易寒
晷遄馳夢思何山處之不恒忽遷化以示變以貞元十四年謝於宣州溧
陽縣之唐興寺春秋七十二僧臘三十八應往它方別有菩提之號空令
舊里同增戀慕之深上足弟子超崖無言等慶奉楷摸追攀罔極悉心合
力脩建塔宇於溧陽縣之南鄉煙蘿邃深景物清勝宜大師之所託焉大
師禪定寺之舊院緫比承之倅戎之日特捨祿選勝創脩當山嶺之巖崟

控城邑之氣象茅子無言繼紹大乘後來之傑裹足南國星馳止來以余

掌泰大師之門人固請建碑置之舊院崔大師之高躅永昭示於將來余

以戎務方殷曠於文墨經時扣寂方始就焉詞言布三界之內五濁紛焉

愛河湯浪毒火勝煙群生盲冥觸類拘章寧知至道中有皎然於昭大師

叶順前哲燈傳心松筠表節闡法弘濟高車大牛鏡分群象海納眾流

南國生靈方依大化如何不庸奄即長夜達人無繫至道不常應以真性

別遊他方禪關永謝後學悽傷寂寞茲院巍峩法堂弟子無言師之上足

固請揮毫發揚高躅方務戒機慈非金玉紀事追書法然盈目

曇毗廬山記唐栖霞寺故大德毗律師碑并亭世記域中四名利栖霞其

一以其高僧世出自齊梁間大小卽至大師聲聞相襲故江左重呼其名

謂栖霞大師焉曇毗俗王氏晉琅邪文憲公後自永嘉南遷為句

曲人王父師虔會偕守虔生智高尚不仕州里號處士生大師自孩抱絕

不為兒弄厲能言標穎聰陵群言祕音迎耳心了及長不茹葷血乃曰天

其或者將滌吾器耶既落髮于金陵希瑜律師受戒於過海鑒真大師後

與友人高陵恩律師追遠永之游乃偕隱匡盧之東林雖欲遺名而名己

高矣於是奔走吳楚青徐之學者始五臘講律於豫章龍興環座捧帙者

麻葦明年登明寺壇至德二載勑隷於明寺後累葺事于甘露壇端肅儀
恪儀形梵衆大曆初乃歸栖霞其莅壇傳戒一十五會講訓經律三十七
綱大振蘭陵蕭公帖四葦之望無以尚也十四年忽昌言於衆曰吾以律從
座州牧蘭陵蕭公高其人謂標望風度詎獨鄴衛松栢耶乃命為僧正紀
事自謂無媿於篇聚矣然猶未去聲聞之縛既而探曹溪牛頭之旨沉研
覃思朗然內得乃曰大丈夫了心當如此建中元年禪坐空谷雖野馬飄
鼓星辰凌歷云云自彼我何事焉後尾棺寺其徒聚謀而請曰尾棺囊中
之名剎也大師乃江左之碩人也捨是而不居吾屬安仰出山居馬從
人欲也無羨何謂第子志誠海潮等吾休矣立井夆電之喻心然爾心出
十三年十一月六日丁亥坐化于尾棺寺律堂是月景申茶毗塔于新亭
之後崇春秋七十五僧臘五十一門人臨壇者有若盧陵龍興寺明則廣
陵定山寺道興鄉邑寺行銓臨淮開元寺澄觀九江寶稱寺智滿當州鼓
城寺惠興尾棺寺靈津寺常靜天鄉寺曰曜龍興寺惠登皆津梁後
進為世燈燭賢七十子而後知仲尼大聖睎栖霞第子得不謂師氏各焉
令寶稱領摩阿蕊芻象彈壓廬岳大江西南卓然首出若商郍之後繼以
椈多得不謂釋氏之雄于軒風承寶稱之知見命叙述且曰吾得子銘吾

大師吾無恨美文曰有晉世家地高郵瑯琊產栖霞兮宿殖有自許身佛氏

為釋子兮結史繩蓋惠刃中宰誰何對兮璞琢金玉潭澄月映本清淨兮

薪傳火襲光炎兮大和四年七月十一日建。

尸羅毗尼開遮止持作律師兮攝深臣高以遜以遊聲蒲牢兮梵行既立

雲禪師文苑英華李華撰潤州天鄉寺故大德雲禪師碑。東南芯蔚之

上首曰長老雲公報年若干僧夏若干永泰二年某月日涅槃于潤州丹

徒天鄉寺人天痛慕江海寂寥御史中丞韋公元輔史作甫頃臨潤州堂

申跪禮無何韋氏觀察領浙西按部至京江來脩謁問長老曰如來遺教

付囑仁賢貧道有檀像一龕敬以相奉意深言簡聞者悽然韋公致別之

明日長老繩床跏趺無病而減鳴呼至矣昔支遁與謝公為山水下疑

行之遊笠法師與王度爲知之約古今同道如見其人長老每言曰得

天師於牧馬求善法於鶯吉不可不敬藥羊以食子見疑芯貿以草繫戌

忍不可不仁智瑤死於大縣頂生退於釋宮不可不廉留侯先期而黃石

恂玄謀懇乞而觀音降不可不信學此四者以為教端內訓緇褐外化群

品其餘觸類而長道遍恒沈長老法號法雲獲度於神龍之歲俗姓申氏

其先魏都之望出於姜姓左右宣王詩所謂惟岳降神者也曾祖寧皇朝

考功貟外郎祖靖睦州遂昌縣令父倫不仕以復楚之忠烈相韓之勳伐
蕃靈韜曜鍾美後人長老童丱入道誦法華經景歲受具於本州龍興
寺玄祖律師由是萬計俱圓名冠同列與鶴林絢律師偕往嵩頴求法於
大照和尚以心眼徹見無邊界果在掌中隨心舒卷踰菴羅熟終當自
知此其端也道在魚變故無棄物有志於道來問長老曰飲甘露者當淨
其身有波道未弘來問長老曰菩提為寶耶無智無德涅槃為空耶常樂
我淨由是江景疑禪教有大照之宗焉至若頤力所弘莊嚴佛教像飾同
日月之照厨供盡人天之福積若山川流於他方九聖去來緇素皆以天
鄉為中路之化城也夫三界為牢尼神同使桎梏轉輪無鮮眈時佛性在
煩惱之中佛身即眾生之体大法平等無所不同雪山蒲月是為真語同
音半字寧為妄說如來毫相始於東土菩薩求法遍在西方慈悲之間固
非一致乃昆明却灰夏時同學化來周穆之歲星隕魯莊之年甘泉軼
立定哀之時書隱栢時事憑舊史之文猶未之詳況起乎視聽之外出乎
名言之域固宜然也圖史傍錄往合符者則宣尼稱西方有聖玄老云
金之人祀伊存浮圖之說謂之為妄則常情不測謂之為實則迂闊難明
吾師笠感厥乾後夢孝明漸于中國楚王英尤敬此道嘗奉練牘罪詔曰

王誦黃老之微言尚浮圖之仁祠累齋三月與神為誓其還縑以助伊蒲

塞桑門之盛饌浮圖仁祠即塔廟也累齋為誓即禮懺也伊蒲塞則優婆

塞也至魏受禪洛陽宮中有浮圖毀除之汝門以佛舍利擲水生光由是

移於道車廣開禪室僧會揚化於三吳惠持演教於三蜀震耀聲聲無代

無之法壞也因蓋吳同亂之積其後也賴曇休堅持之誓自菩提達摩降

及大照禪師七葉相承謂之七祖心法傳示為最上乘南方以殺害為事

北方多豪善犯法故也大通公在止能公在南至慈救慾曲無不至其餘則澄

始道安善範羅什詮譯惠遠道生闡教於盧臣柽渡寶誌著異於江浙公

之慈靈鎮攝智者之遵揚真極法膺昏李在壞尋舉桐公之衣而定興慶

驗仲尼之記而崇建立唐撫運同符聖覺中州徼外人智如林玄奘無畏

繼興夷憂疑作夏不可悉數舉甚殊尤長老既滅門人僧某等戒

還本原智人無學以某月十六日遷定於鶴林寺西江湖晦冥道路悽慟

初吏部侍郎齊幹採訪江東見天鄉厥字領妃軌尸完葺乃請禪師與絢

公謂當寺僧乾晶得堅固力求真實智乾初奏請天下一一作二十五

寺長請戒律天鄉即其一馬爾後宰同心顧善繕理禮部負外郎崔令欽

常為丹徒宗仰不息于何吳越震擾緇侶竄伏長老挺身於戈劒之間宴
坐於虎狼之口大浸不溺大火不焚天鄉覆全長老之力也韋中丞以句
容令田火文悅長老之風弘無生教故託句容護辦葬事刺史韋公摃奉
善逝甚深之旨行菩薩廣大之慈大理司直兼丹徒令史坦性淨道周如
閏州之者是長之兄弟之子曰堂構為當代詞人修在家梵行與門人伴
華替德於萬斯年其文曰至哉玄德高標法流法而不著行而不求輪王
自在象寶調柔黑夜生月驚波起洲洲論大浸曰落中夜方外常在人間
代謝性不遷易法無高下億萬人天從吾受化已妄順知時諸佛
如是我今得之清江朗月古木仁祠以我遺法為人導師
懷仁文苑英華李華撰楊州龍興寺經律院和尚碑菩薩調伏身心具
一切智調伏心者為定慧調伏身者為律儀假煩惱而後有身心有身心
而後聞知見權衡並用何莫由之如來於鹿野苑中為五俱輪始開此法
持律第一有優波難如來謂戒為性源因定生慧本因慧得常不
依科教無所戒實乃宣告四輩攝護身心命以優波長老集毗尼藏以優
波無緣此土摩訶迦葉啟迪當來而付囑之與禪同祖者數世去聖滋遠
技剖條分令學者所宗四分為盛此間有數息諸觀以攝亂意是蓋禪那

之濫觴也夫汝門奉律猶世間行禮若備中和易直之心而無升降周旋

之節於為義非為丰人恭惟世間皆歸佛性体無分別俱會一乘

勝妙法蠡髮傾海水明徹寶器方貯醍醐禪律二門如左右翼和尚執持

戒律兼脩定慧因制落染為人式瞻六十年矣和尚法號懷仁其人也惟

天寶十載十月十四日晨起盥漱繩床跏趺心奉西方既聽就滅於龍興

寺春秋八十三僧夏六十二緇素弟子址拒泗沂南踰嶺徼望哭者十族

會葬者萬人其上首曰越州開元寺僧曇一福州開元寺僧宣一常州興

寧寺僧義宣杭州譚山寺僧惠鸞東京敬愛寺僧嶠光潤州栖霞寺僧法

瑜僧乾印潤州天鄉寺僧法雲揚州崇福寺僧明幽延光寺僧靈一龍興

寺僧慧遠等天下其露正味調柔人中象王利根戒熟音樂樹下長流福

慧之泉雪山峰頂仰見清凉之日全剛決定煩惱無餘優曇開敷香潔盈

滿閩不成實藥詭辯才得法華三昧衆所知識物之依怙法施之恩重群

居之感深哀奉色身經始靈塔于某原像教也緇公自幼及衰所親侍靜

言玄梵侑託斯文試言之曰先陀波若分於一名摩醯目者夾於三點衆

法歸善群緣体無道宣遠人弘之在戎外難諸相猶行邪道困度四生方

為自覺至若調牛良田唯待天雨渡馭巨海荷護持囊喻夫靈藥毒草同

在林中甘泉淤泥共生地下嚋能了達惟我宗師和尚大原郭氏厥後還

於淮左孩抱之歲警嵩道門親慈所鍾志不可奪因瑤臺成律師受具戒

律文有往哲所疑時賢或誤一言曲分於象表精理自得於環中聲振京

師如晬日月諸寺固請綱領乃黙而東歸楊都俯名群顧常誦金剛

般若波羅密經如意輪陁羅尼般若佛心我得此心泉生亦如謂天台止

觀色疊作是一切經義東山法門是一切佛乘色空兩亡定慧雙照不可

得而称也寒不加服暑不攝齊食不求飽居不易坐四方范捨歸於大衆

一身有無均於最下朝廷之士街命徃路出惟揚終歲百數不踐門閫

以為大羞仰承一眄如洗飢渴和尚與人子言依於孝與人臣言依於忠

與上人言依於敬佛教儒行合而為一應學者流誤故親校經論延来者

聽受故大起僧坊將警群迷故廣圖菩薩因地善護諸命故自濟衆生壽

量以文字度人故工於翰墨法皆佛法兼採儒流以我慢為防故自負友

錽以規範為任故綱正緇林發揮道宗故上紆睿禮以感慕遺跡故不遠

他邦以龍象參議故再至京圖以軏度端明故研精律部黃門侍郎盧藏

用才高名重罕有推挹一見和尚慕味循環不能離坐退而歎曰宇宙之

内信有當人黃門於院内置經藏嚴以香灯天地無疆象法常在太子火

保陸象光吏部尚書畢構火府監陸餘慶吏部尚書崔日用祕書監賀知

章禮部尚書裴寬中書侍郎嚴挺之河南尹崔希逸太尉房琯中書侍郎

平章事崔渙禮部尚書李憕詞人氾水尉王昌齡等皆所瞻奉頋同酒掃

建塔之地。廣狹如素高畢得中周臨四衢平觀千里門人環時列栢薦以

名香空曠寂寥以哀以慰夫子門人輕重諸侯之國如來茅子皆為釋梵

之師敬悅其風以偈銘曰佛境無二佛心皆一隨其根源乃起禪律持戒

外獎觀空內證是藏我耶衆僧祕密昏醉憶萬求醒者稀如來戒定與爾

為歸惟性空因戒坵重初徵彼上人者深于道機真空不生妳果無得開明

戒定洗去怨賊衣染波利阜聞薝蔔白月正圓如何昏黑昏黑既已四葦

號咷不見金槻空圖白毫月明江闊木落山高迥野孤塔群心囂陶訓迪

真子森然郎達阿難芯蜀迦葉菩薩仙髮承足諸天奉鉢智火遠燃獨留

緇褐月苦淮甸風悲楚川千株茂樹百道春泉佛日長晦浮圖歸然哀哀

龍象大芘群緣。

體公文苑英華李華撰衢州龍興寺故律師體公碑 罟為外物挹泉者

罟有以濟飢渴也。身為妄聚奉道者身有以成大覺也。泉下漉罟道不離

身罟存飢渴洗除。身脩則大覺無礙故律為知見根本開入扃戶持其要

得其宗者有若長老軆公盖毗尼之堂室尸羅之燈炬三昧之舟筏也信
安有名山名川山秀川清家為蔣宗母曰徐姓地靈開祐降神而生徐氏
既孕夢婆羅門告曰妙當生男紹興大法長老既亂好聚次起窣堵波焚
草為香林花為供年十有五瓊章鶴姿兄為淨安寺上首乃徃從學日誦
萬言兄歡曰吾祖父兄弟六人出家受習之遠無其比也年二十一通大
三日屬象僧布席登座宣說無有遺文住洛京五年與本州策律師東陽
超志法師同講問為法門儀表萬歲元年歸信安稟受者千人由是江南
律範端嚴第一衲衣袒肩跣足行乞于蒔松竹繕造僧房苦行貫天地大
慈已世界於辯才得自在於文義得觧睨於人法得無我與觀照得甚深
剌史徐嬌之率參佐縣吏耆艾以降請居龍興寺迎侂者多不知同日紛
然輦轂閧聞於長老曰吾修無諍三昧不惟自利弘願利人咄因吾身生彼
嗔恨乃別立一室宣繞方丈晏然安居不踐門閫剌史李暢跪請移居大
方至于淨淚俯如其請因入法華三昧口不息誦身不親席大事因緣我
得心證請左溪大師講止觀鑄鍾七千斤隣州長史稽首延請結艦浮川
幢盖彌望瞻禮萬計行無住悲建講堂門樓厨庫房宇畫諸佛刹鑿放生

池聞者敬觀者信聽者悟日月無私之照江湖不言之潤如來權實之門

其至矣哉牧村江湖方構佛殿群盜據州寺半為廛止如鳥巢形若枯木

山猾棄刃稽首歸仁寶應二年六月九日自升繩床跌坐而滅享齡九十

二僧臘七十一緇素號慟楚越悽悲至廣德元年十二月三日焚于州西

某原起塔安神諸佛之遺教也唯長老貌清神遠仁深行獨卓為道嘗注

為法源謙非外儀貿乃內一作哀非至若調伏住持之固禮誦跪繞之勤

耄期不衰寒暑如一學窮必究理精必諸猶自以為功教道淺未足為師

真金純金萬寶之最也跌滅之夕則異香滿室閉塔之日則群鶴翔鳴信

安王偉趙太常頗貞鄭庶子倬李中丞丹前相國李梁公峴皆為此州躬

往圓繞趙太常敬因長老立文殊萬聖之像李梁公增感先人泣下雙林

之間長老在世靈徵繁多日輪降照於梁端大龍脩敬於池上寒蒲一作

笋挺擢於冰下彩芝炫瑩於禪室慶雲覆會仰歡千人此其盛者茅子僧

惠藏羨自童豪服勤左右四十年矣惠命阿難結集如來之言顏氏之子

鑽仰素王之道杭州靈隱寺大德惠遠婺州開元寺大德清辨本州六度

寺大德惠炬一作炬大眾寺主浩然本寺上座惠達寺主法惠都維那神

奐等輪王之位我敬奉之妙光之法我敬行之爰請伽陀式播玄烈銘曰

付囑戒藏遵行戒儀光還性靜翼且禽飛止法根本深仁得之蓮花下濡

性本清淨彼上人者無是非定定不離儀儀不離性色身雖滅此滅皆寂

寂然不動斯為正真鎔金起塔哀斷門人

曇真文苑英華王縉撰東京大敬愛寺大證禪師碑　醴泉湧而龜疾寶

炬然而破闇蓮花無染而獨淨庶光不係而自得其惟上智于夫上智之

身曲隨世界上智之心密游聖境或宿植德本大乘願復未或意生人間

用弘開示非慧見熟能知之大德號曇真姓陳留開封之人也厥初為孩稟

私特異亦既有識用晦如愚家有耕桑未嘗問鄉有學校未嘗顧則曰處

豐屋間何如方丈馳良馬何如振錫珪組耀世不如被褐金玉滿堂不如虛

白食者豈觀飯來香積聽藥者豈聞梵唱云何戰既勝矣出門絕迹潛

高火間專於讀誦年至二十遂適太原受聲聞戒習根本律性甚聰敏慱

涉經論時同學者仰之為師久而歎曰大聖要道所存鮮脫不入其門非

佛之子乃損落枝葉澄清泉源詰長老大照醒迷解縛開心地如毛頭掃

意塵於色界從此日益唯師能知於四威儀之中無一剎那有怠不住以

至於大寂無作以至於恒用我正無所虛空未為廣我照能遍日月未為

明震雷破山聞不聞等烈風拔樹見在一作不是見箅是身無主與四大

假合方寸無生於一切難相猶以為未出心景彌勒深入大照既沒又尋

廣德大師一見而拱手再見而分座問之於了答之以默俱詣等妙習合

自他梵衲之行楞伽之心客契矣廣又謝學徒嗷嗷相顧靡依來求於

我嗣續前教皆以寶歸出宅諸子俾称所來渡河三獸自止於分天寶李

年禄山作逆陷我洛陽亂兵蜂螫大德澹然獨在本處天龍漸衛於左右

犲狼仰瞻而讚嘆施財獻供終朝盈門於善惡等以慈於苦厄久以忍言

說不得無畏故也動靜皆如在故也度一作廣眾無邊大願力也依報

無量遍種福也夫脩行之有宗旨如水木之有本源始自達摩傳付慧可

可傳僧璨璨傳道信信傳弘忍忍傳大通大通傳廣德廣德

傳大師一一授于一一摩頂相承如嫡密付法印唯聖智所證非思議能

測也大德既捨眷屬篇為沙彌身不顧名志在成道聲称浸遠歸向如林

天寶八年緇侶領袖以上聞萬乘正度初隸東都衛國寺旋為敬愛寺

請充大德遷彼與住此有緣非無因地雜人天之會法如雲門之施眾有

塵勞之悟盈河潤之福今學與其進當學起其信善謗不倦得賢則喜

利往者導之以鍵觀奧者辯之以正在定者誠於貪悟所覺者使之以視

一作遠遠一作視彼來學如奄摩勒果冀其出世如優曇鉢花齊我者稀

故我貴矣寶應二年正月十四日趺坐如生薪盡火滅年六十夏四十哀

纏門人悲及塵衆樹為之變色獸為之失聲棟折航沉佛工蕭索其年九

月葬於嵩岳寺之北阜大曆二年有司奏諡上聞惻然萬賜號曰大証禪

師緇堂官登封因學於大照文與廣德素為知友大德弟子正願即十哲

之一也視繒猶文心用感馬以諸因緣為之強述銘曰上德不德興慈連

悲現於濁界俯為人師以我無思破彼盡思爾方厭俗我則隨時由多分

別妄知垢淨根不緣塵象豈染鏡法不可著空即是病無得之得絕聖而

聖文字非文字言語非言語云何以解脫云何語法隨宜說方便宪竟

非我與舍利依嵩山宂寥松栢所

大光大師文苑英華李紳湖州法華寺大光大師碑賢劫千佛生於後

世法輪違轉應現隨相或國王大臣宰官居士降生有地不以色相故如

來言以色見我音聲求我為行邪道故不以金色瑞相蓮花化生降胎示

報以潛靈聖上人姓唐氏生于邑之安吉母梅氏奇孕而夢暢靈祥在娠

而不茹葷血既生能言不為戲弄未亂之歲思求佛乘發念法華三月通

貫傳九音於性稟精護念於神契經聲一發而頑鄙革心盡集夜持而七

部圓滿從容音鄉晉指顧開雅雖捷口利辨者當隨慕念及登戒之歲僧儀

首冠西遊長安祥氣達於函關瑞相通于帝夢上人以持經為國諳請
見肅宗皇帝召對禁中上拱而嘆曰昔夢吳僧口念大栗五光隨發音容
宛若恊我嘉微因錫名大光以瑞唐姓蕭宗元年降誕之辰會齋于定國
寺因賜上人墨詔許以天下名寺持意往住持令內臣趙思溫送于千
福寺持經道場經日四七而吳音清亮常達一作通聖聽上表奏其事令
高力士以宣諭焉後居藍田精舍先期而寺僧夢天童來降稱曰大光經
聲達一作通于峯頂師既宴坐自見神手從天而降撫光之心師迥憶先
達把王大師常志斯言今高其法音當有神輔乂夢神僧乳見於心命光
口飲自是功力顯暢神形不勞尋山探幽僑墜窮谷龍泉莫測淪溺其間
心靈了然無所惑亂因以本經多寶塔為誠頹持十萬遍忧然出泉若有
神捧後詔住資聖寺大師以慈親在吳未荅慈力表乞歸養恩未許還猶
繫煩惱之念遂生無妄之疾蹇強力將投于泉驅伏不前群烏拂頂心
既時覺疾乃隨廖昔如來雙鵲巢頂而定惠堅明大師群烏摩首而煩疑
解脫迺以寶軸如飾首戴法華于十福寺行道日夜事疑作俟命有詔許
還既止烏程崇脩寶塔曰持法華偈以成往頴馬永泰元年浙西廉察使
章元甫表大師為六郡別駕道場將念之音大曆癸丑歲文忠公顏真卿

領郡余先人主邑烏程余生未暮歲乳病暴作而不啼不鑒者七辰師至

命乳母洗滌焚香乃即念法華至功德品遂起席而坐拱而開目師歛以

盂水遂命乳哺疾乃隨愈大師視而笑曰汝何顙迄之速半因以法師易

余幼名己及成童之歲貞元中余甫弱冠再遊雲上舟泊之次大師以眄

光亦隨歛余是歲西邁辭大師于法蓮撫予頂曰爾得徑山之言我則無

以為諭行矣自受去留有時空王教平等者護念大師以永貞元年十二

月黑月既夕示寂于法華寺經之院獸號鳥墜山木驚振異香馥馥二日

不息是月告剌史顏防曰去矣人世無牽夢泡大師熙和暢達無入而不

自得焉隨機見教經行無閡維摩詰之傳也知機同如藏往察來黙而不

顯晉寶之之倫也經通梵界瑞降天童靈一作佛神光昭融顯見臺上

人之徒也大哉明德慈悲護世通異相於王者示法輪之寶重啟外識於

黎庶懼法相之迷妄是以居若長橋動如浮雲隨鷗自親入獸不亂一衲

四十歲無浣濯而試香芬馥一飾七十載滋禪悅而膚体溫然余遭大師
留駐于世而不覩大師寂滅之日年逾耳順皆寄塵勞無法舸以濟河悲

火宅之迷室喬門徒者一作踮喬門者追書梵宮時予烏臺舊僚天官即

敬君守郡吳興寄言刊石銘曰多寶如來聞經踊塔伴尼闡敎以弘正法

受持三世以戒賢劫或降忉利或生人天金相不顯真如黙傳明燈繼燄

水月分圓示抱金疑德資于上賢軀實戒珠心惟法鏡懷寶不迷含光不

竟希夷要妙法凝清淨發諭開蒙藏機匡聖瑞愶皇夢功致天童聲宣梵

界響達宸聰降靈神手捧溺龍宮迹隱三昧心符六通金粟分身普賢馳

象馨喻言詞光明顯相仁滋一雨功歸無量法性天高慈門海曠我昔嬰

兒迷蒙疾痼靡曰沉魄逐年師駐梵音耳聽神光目覩白馬先轘迷津莫

沂皷音已息慈雲不浮寶樹堆葉祥泉涸流稠林麥苦海沉母色相歸

空法身無際莫測來往誰分顯晦三表闡仁深于宴諦

沖照宋徐鉉騎省集故唐慧悟大禪師墓誌銘并序 士有佩服聖道闡揚

師訓進不累於軒晃退不滯於丘樊務勤身於濟眾不養高以絕俗其唯

仁人矣大禪師名沖照字文明姓和氏昔者帝堯光宅天下我祖世掌天

官保姓受氏冠冕百代在漢則調鼎之重在晉則專車之賢末葉湮沉徙

居固始先君從郡豪王氏南擾閩方今為晉安人也大禪師生稟異氣幼

挺玄機年十有五詣皷山興聖國師出家即具戒品博覽經史雅好文詞

郡多俊秀咸見推仰證無為之理演不言之教綽為先達端然妙門居城
址之昇山于時王氏哀淪亂臣專恣遙刑飛語虐及善人大禪師枚策去
之適臨川郡中書令宋公齊丘作鎮南楚顏尚空玄聞師之来遠加延納
言意不合拂衣而行下至池陽郡守王公繼勲鄉國之舊賔禮甚渥時李
唐二葉像教方興嗣君聞其名召與之語移酖罷眷矚殊優命居光睦
禪院復遷長慶道場伴無儲貳游處實羽翼也後主即位恩旨加隆特賜
法智禪師之號廬山閒先禪院者嗣君所創真容在焉命大禪師居之精
嚴脩奉之儀以申周極之感居數年召還建康止報恩禪院加號慧悟大
禪師名其所化曰智度堂精廬櫛比選勝而慶禮秩之數有喻於前出則
居奉先道場入則居伴德內寺開寶七載夏六月寢疾旬餘乃命大象輿
論生死之理十九日清旦上跣告辭後主遣使問之至則化矣享年五十
有九住法四十四年即其月二十五日從西域之禮收靈骨葬于鍾山之
陽禮物官給中使監護至某年月日茅子省才遷于廬山某所遵理命也大
禪師風骨秀整機神穎悟愽該衆藝綜以玄談王公大人咸所欽尚錙非學
釋氏者不能言其道業徒以傾蓋之分久要不忘今京師復與才公晉書才
公以文藝精敏見重於時永惟嚴師之義顧刊不朽之迹嘉其偉志為作斯

銘銘曰慧悟禪師釋雄之奇有文飾己有道膺時生延世寵沒有遺思歸

舟翩翩九江之湄廬峯勝境蓮社餘基門人稟訓遷神于兹衰翁懷舊勒

銘誌之蘭菊無絕高深奧期

光涌宜春志齊丘仰山光涌長老塔銘并亭夫象生者畫則共一明夜則

共一暗明不為之趺暗不為之分蓋象生同一智而共一見也佛佛相授

祖祖密傳以兹為法實無法也仰山心偈天下詠之正為此也然其化導

大綱祖教專用傳襲源流謂石亭仰山之宗則涌公嗣其後也公法號光

涌豐城縣張氏也誕生之夕神光照庭鄰人以為珠璧之祥間而伺之生

男子也七歲請學儒詩書禮樂有若素習十三請學佛經論禪智恖如生

知一旦請遊方求師父母器而從之于時石亭之體風行四海歷禮之

石亭為之剃度復就開元寺真公傳凈名經音十九詣襄州壽山寺載

無生滅体之剃度有似驢之問涌公有非佛之對石亭堂見諸方學人來便

公受大戒遠辯錫遍體有德以有間斷意契無間斷心以有生滅身得

問子來作麼學人對曰禮拜和尚來石亭曰還見石亭曰見石亭曰

見和尚何似驢學人無對石亭將此語每問折到學人未有能對者石亭

乃問涌公云子來作麼對曰禮拜和尚來石亭曰還見和尚否對曰見石

亭曰見和尚何似驢對曰某甲見和尚亦不似佛不似驢不似箇

什麼對曰若更有所似與驢何別石亭曰凡聖兩亡情盡体露吾有此語

自行矣當大奇之謂之肉佛可以化人矣石亭歸哀公燃第三指以報法

來近二十年無人夫了境子大利根當自保任吾不能標子異日可知而

又燃第四指以報親皆不群之事也仍歸止于仰立棲隱寺紹祖風也洪

帥南平鍾王聞其名若禪師家麟鳳無有肩其威德者遂遣使迎止於府

下使者至師不起於是州牧邑尹至亦不起乃共不起又不起皆未又共

訴之曰師如不起貽郡縣之咎由是不得己而後從之既至復館師於石

亭繼美名也是時為人說法明色空一相人佛同種使士者捨書劍農者

棄耒耜工者忘絲經賈者散金玉萬務失緒官不能禁師之教化明白也

如是天祐十四年秋還如舊隱昇元二年夏順化于禪寢僧臘七十俗齡

八十有九門人具梵體塔于山之西南隅表至德也嗚呼涌公王者固召

不就因慈悲而後就之真天人也將來者多方求知猶有帛蒦足見涌公

不泯其能蓋力救末法之弊爾入室弟子彥新執古之士也仕彼肉耳聆

余廣譽不遠千里自袞而來以行狀授余請銘殊不知人不勝文不勝

德然哀其誠慈強而應之其辭曰佛佛佛乃直物自迷悟無得失曹溪沒

永樂大典卷八千七百八十二

『永樂大典』卷8782(謄寫本) 91

仰山出曹溪髓。仰山骨。曹溪虛。仰山實。佛芳涌涌芳佛

普安清波雜志五代時有僧某卓庵道邊蓺蔬丐錢一日晝寢夢一金色

黃龍食所蓺萵苣數畦僧寤驚且曰必有異人至己而見一偉丈夫於所夢之所取萵苣食之僧視其狀貌凜然遂攝衣延之饋食甚勤頃刻告去

僧囑之曰富貴無相忘。因以所夢告之。且曰公他日得志顧為老僧卜於此地建一大寺。則壽皇聖帝王封之名己兆於此。既即位求其僧尚存遂命建寺賜名普

安都人稱為道者院。

遇緣禪師信安志南禪遇緣禪師五李時人不知姓氏號鐵脚

志聰古今事通五代時一僧號志聰脩行于祝融峯十年自以為戒行具足一日下山于道旁見美人紅蓮者一瞬而動遂與合懂至明起沐浴與

歸俱化有頌曰有道山僧號志聰十年不下祝融峯腰間所積菩提水馮

向紅蓮一葉中。

契盈臨安志闖僧契盈陪吳越王登綠波亭王喜曰三千里外一條水契盈曰十二時中兩度潮人以為切對時兩浙貢賦自海路至青州出故云

三千里

省真禪師建昌府志感通院省真禪師姓王氏五代之李居廣昌縣聖容

感通院事曾延所得聖容觀音甚嚴觀音時復飛去唯省真知其所即即迎

以歸嘗謁偽唐臨川牧齊王逹贈以詩道還南豐適禱雨不應省真謂曰。

遣戎豚酒時可得雨衆如其請遂飲酒食胈浴于橋下雨即大至見本寺

碑刻

仁禪師開化志仁禪師亦五李人不知雄氏有問如何是南臺境答云不

知貴又問畢竟如何答云闍梨只今在什麼處南臺屬衢州嘗有頌云南

臺靜坐一爐香終日蕭然萬慮忘不是有心除妄想都緣無事可思量

僧韶五代史補僧韶者通於術數居兩浙大為錢塘錢鏐所禮謂之國師

一旦謁鏐有宮中小兒嬉于側墜下錢數十文鏐見之曰連取人為踏

破汝錢韶師笑曰。汝錢欲蹋破須是牛即可鏐喜以為社稷堅牢之義後

至魯綵俶舉族入朝因而國除俶年是丑為牛可謂牛蹋而錢破矣

還鄉和尚元一統志杭州路侯鯖錄云錢氏時有還鄉和尚敏唱還鄉寂

寂杳無蹤不掛征帆水陸通踏得故鄉田地穩更無南北與西東或問其

說曰明年大家都去果有納土之應

顧和尚馬明叟實錄五代吳越顧全武餘姚人火嘗為僧慱通外學機

警有才略錢鏐每延接與語甚器之及八都建因辟令從戎以為禪將軍

中號曰顧和尚征討有功嘗圍淮將秦裴於崑山裴援絕不降全武自為
長檄以諭裴封書納歎全武喜召諸將觀之簽函乃佛經一卷盖以全武
嘗為僧也諸將失色全武大喜曰爾不憂死何暇相讓也及裴降乃為言
鏐卒全活之時稱長者〇九國志
阿闍梨五代史李從昶傳從昶唐秦王李茂貞第二子萬信釋氏時岐下
有僧曰阿闍梨通五天竺語為士人所歸從昶延於公舍久而彌敬每以
偈問答動合玄旨深得桑門之祕要焉
道煉和尚元一統志道煉和尚福州長谿人也受度於蘆峯院具戒游方
至延平西芹覩一山如鳳形乃即其中創精舍其徒翕然從之時梁開平
三年也後得請以開平為院額至偽閩通文初遷寂葜之次日塔上生青
蓮花觀者駭異郡人黃裳有絕句云兩臂雲林鳳翅開不知迴抱有樓臺
昔人果是觀珠土魯把青蓮作證來
達岸禪師南海縣志姓梁法名志清新州新興人梁貞明四年生先一夕
父夢神人告曰明日當有神僧來此遂生師幼而知善年九歲日誦孝經
因白其母曰佛經何似佛經母曰但且讀書何用此佛經于曰孝經只事
父母佛經定求成佛它時必獲功德父母驚嘆因許出家十三念維摩詰

經漸通大義唐清泰二年師年十八祝髮往南華受戒巡禮至雲門山依

文偃長老遂於言下深達性宗雲門謂曰汝嶺南漢主損害生靈盍往化

之紹隆佛法及回廣州謁漢主晟賜寶光寺令崇報寺以居焉因勸漢主

除生地獄等刑數載辭還新興漢主不許遂於大通鎮東平陸上結草為

庵以安禪眾及構佛舍漢主遣使往助其後一日師謂其徒曰可辦早齋

吾往新州取水松種之眾曰新州去此五伯餘里豈能速回師曰汝等勿

言吾即行矣卯往而已回以其松植於院前祝之曰女生芳盧其心庶其

文衆怖之曰松之為性豈盧心者耶師曰庶幾不為材木而免斧斤之患

因請院額漢主賜明月山覺通禪院仍賜玉環金襴袈裟銀鉢孟等宋太

平興國三年戊寅歲正月十一日師忽告別府官及諸檀越謂其門人曰

吾今入滅汝等好護持院門所奉恩賜之物與汝等以為法信奄然坐化

有靈光燭于方丈數刻乃散弟子以師遺語白之官遂含龍壞化身鎮于伽

藍凡遇水旱疾疫禱無不應至道元年刑部尚書魚御史大夫上柱國藍

敏貞因主僧有請記其事于石文繁茲不盡錄政和六年經略使陳覺民

請于朝勅賜大通慈應禪院號達岸慧通證覺禪師至元戊寅征南舟師

過寺執行童二人于師前已斬其一忽有一人緋衣拔刀大呼云蜜此一

人以供灑掃毋師顧視乃本寺護教靈官也釋而不殺次年廣西征進戰

毎復至衆僧棄寺而遁師化身為徒卒所斃是夕風雨驟作戰毋覆没者

十八九後寺僧迎師化身入城萬光孝之風幡像飾如故師一夕見夔于

按察使脫歡公云某乃大道寺僧遭難流離顧公見念因瞻師像儼如夢

中所見乃叔西蓮庵以奉馬又數年邦人始於舊基建寺迎師以歸新州

新昌志達岸禪師九歲出家十九往南華受六祖戒後至廣州結草於大

通鎮之東以安禪師今為大通正覺院在廣州西南二里地隔一水師化

身在馬每遇旱請祈雨必應古戒之詩一真雖有相萬法本無生熙寧

間經畧程孟有詩云遠去千年骨尚靈鄉人無一不虔誠却將舊識歸

何處留得全身化有情花落豈知春自在雲開方見月長生前時故旱魯

相見一過江來雨入城

從展清漳志僧從展福州人俗姓陳幼不茹葷年十二師事雪峯一日忽

召曰還會麼師欲近前雪峯以杖柱之師當下頓悟作禮而退梁貞明四

年漳州刺史王延鈞淳熙志作延彬創保福院迎請開堂師曰須起箇笑端

作麼然雖如此再三不容推免諸仁者還識麼若識得便與古佛齊眉

郡西址距城二里有鷲峯山師領徒弟造之曰此可為吾之兆域矣天成

三年歸寂賜號大覺禪師塔額曰靈應塔在鷲峯法堂之後。

鏡青溫州志鏡青後梁末帝龍德二年自閩雪峯跨虎而来廬于羚羊山。

每跨虎與羅漢遊憩石上至今名羅漢巖。

德倫溫州志德倫雲遊至西山即所居名雲居院嘗以雛刀自隨入郭必

慈悲不火有丐其雛刀者則嘆曰汝無雛刀從我覓耶因以與之且曰墮

由此市以歸未嘗南顧或問雛刀何用答云打鼓進問何不慈悲吾曰我

地則天下太平未義錢氏納土識者謂刀墮地之驗

惠球清源志惠球得法於玄沙梁開平二年閩帥王氏命居於卧龍山安

國院諡寂照禪師。

頭陀禪師元一統志金華府頭陀禪師先是山傍一僧年可六七十眉長

六七寸狀若天竺泆門自稱頭陀徇戲路而下指曰可於此置禪定院僧

忽不見梁大同二年立在金華縣東七十里。

證空禪師臨川志禪師姓郭名居遁撫州人年十四入嵩岳為僧參翠微

德山不悟復謁洞山价一日問如何是祖師意价曰待洞水泝流即向汝

道遂悟在洞山八年楚王馬殷請住龍牙山妙濟院號證空嘗自寫半身

影法嗣藏嶼贊之曰日出連山月圓當户不是無身不欲全露後唐同光

元年秋夜有星隕方丈前遂趺坐而化。

清化全付禪師紹興府志清化

全付禪師抵宜春仰山禮南塔為涌和尚

印可安福縣為建禪苑聚徒本道上聞賜名清化後還故國吳越文穆王

特加禮重晉天福二年錢氏戊將師闔雲峯山建院亦以清化為名

玄英清源志玄英吳氏五代末卓菴於青陽山二十年陳洪進之子文顯

為漳州刺史志創院曰報劭命師居之宋初賜紫衣諡定慧禪師

法脩清源志法脩陳氏生有梵相而長耳居杭州西湖上不拘細行吳越王

嘗命駕見師師聞其至以草履戴頭上坐亡杭人呼為長耳相至今祠焉

永明壽禪師元一統志杭州路師本郡人名延壽號抱一子七歲誦經感

群賢跪听著宗鏡錄百二十卷吳越王請住永明寺聚徒數二千人高麗

王遣使賫書敘弟子禮後又有圓照禪師及大道禪師皆往淨慈奉化

縣志智覺大師名延壽錢塘王氏子周廣順二年住雪竇吳越錢氏崇信

之陳忠肅公瓘贊其真曰宋之興也錢氏重民輕土捨別歸總用大師之

勸誨也善誘文永明寺壽禪師坐化龕下有僧每日遶塔禮拜人問

其故答曰我撫州僧也因病至陰府命未盡放還見殿角有僧畫像一軸

閣王自來頂禮余問之主吏云此杭州永明寺壽禪師也。

聖和尚桂林志延恩院在郡東北羅城外聖和尚青州人姓馬

唐天福中遊来玉子山結菴遠近有病呪水飲之立愈歲旱吸水噀日雨

即降出入未嘗扃戸一日以棘塞門而出曰吾不返矣至蘭若院跌坐而化

道寂元一統志金華府道寂在金華縣南五十里晉天福二年有一僧坐

草菴中光自口出皆成白蓮華僧名道寂始自天台来誦法華經日噉草

根野蔬三十年矣近之下山建刹名法華院

法本太平廣記晉天福中考功負外郎趙洙言近日有僧自相州来云負

道於襄州禪院内與一僧名法本同過夏朝香共處心地相於法本常言

曰負道於襄州西山中住持竹林寺寺前有石柱他日有暇必請相訪其

僧追念此言因住彼尋訪泊至山下村中投一蘭若寄宿問其村僧曰此

去竹林寺近遠僧乃遥指孤峯之側曰彼慶是也古老相傳昔聖賢所居

之地今則但有名存耳故無院舍僧疑之詰朝而往既至竹叢叢中果有

石柱凋然不知其涯溪當法本臨別云促扣其柱即見其人其僧乃以小

杖撃柱數聲乃風雲四起尼尺莫窺俄然耳目窹間樓臺對聲身在三門

之下遂巡法本自内而出見之甚喜問南中之舊事乃引其僧度重門廿

祕殿參其尊宿尊宿門其故法本云早年襄州同過夏期此相訪故反山

門也尊宿曰可飯後請出在此無座位食畢法本送至三門相別既而天

地昏暗不知所進頃之宛在竹叢中石柱之側並莫覩即知聖賢之在

世隱顯難涯豈金栗如來獨能化見者乎出玉堂閒話

師誓元一統志寧波府五代乾祐中於慈溪之白龍慈化院結宇而栖曰

誦法華經嘗有白龍矯首室外因號白龍院

道奇禪師建昌府志慶隆寺道奇禪師姓曾氏閩人後周顯德中至南城

縣地名蠻王結草為庵入禪定旬月不寤草虫蜘蛛網羅遍體旱歲禱雨

輒應及化滅鄉人至今奉事之在慶隆寺

麻衣和尚錦繡萬花谷周太祖時有麻衣和尚善望氣李守正叛河中周

祖親征麻衣語趙韓王曰李侍中安得久居城下有三天子氣未幾城陷

時周世宗與太祖太宗同行

王菩提元一統志王菩提無字不知何代人或云即王禪師也今萬春鄉

仙君山有其祠相傳菩提有神通能致晴雨化後里人祠祀之歲旱禱雨

心應

寶禪師續相臺志鞏洛寶嚴寺寶禪師姓武氏磁州人慧性超絕齠齔不

凡大定初起仰山寺於滏陽殿宇弘敞極其華麗柱皆以朱漆之上設金

龍像又作轉輪經藏裏以渾金忽有一人大題詩於金像上墨汁淋漓師聞之不勝其怒趣而視之不覺自失其詩曰人笑班鳩拙我道班鳩巧一根兩根柴便是家緣了悦疑神筆遂經出寺門直入西山結茅以居既得些趣作居山好十首自此遍歷諸山大定中来住鐵峪寶嚴寺二十三年十一月晏坐而逝是夕大風振地法嗣雲老復住此寺有王黃華請疏古佛家風隨幾刊物道人活計到處為家況鐵峪天下之名山寶嚴山中之古刹薪水可取於俯仰田園足供於歲時靡一物之不完皆先師之所建骨黃晴嵐十二峯歸爆布三千尺求猴思受眾飛鳥待衛花深山裏奷白蓮密印令成翠竹真四不下蒲團周遍恒次界試怙柱杖驚倒野狐禪體於是瓶於是夫復冀疑父作之子述之有何不可代惟雲老和尚傳得簡安身開市中忽須側足茶煙禪榻結今日之因緣松巖杉巖戒昔年之夢想

玄家南唐書僧玄寂姓高自言高駢族人昇元中受元性寺癸悟博通經藏保大中詔講法華經授左街僧錄內供奉講經論明教大師賜紫時法華嚴經玄寂口說梵行一品多賜金帛由是益自恣日以狂飲為事大醉禁寬施僧尼壞戒律者甚眾玄寂屢于刑憲法司惜其寸報釋之召入問

則十數小兒隨之○玄寂行歌于路曰酒禿何辱但見衣冠成古丘不見江河變陵谷○與群兒相應和旁若無人坐是落僧職出居長千寺常與狂生藉地酣飲醉死於石子崗○

脩睦匡白九江府志南唐脩睦匡白皆以詩應制者睦為賜紫次門山南簡寂觀詩正同高士坐烟霞思著閒忙又是嗟碧岫觀中人似鶴紅塵路上事如麻石肥滯雨添蒼蘚水膩長松落翠花莫道此間無我分遺民長在慧持家落星寺詩是岳皆遊遍南來吳楚間偶登湖裏疑是海中山獨樹舊蘿濕遠汀白鳥閒終須謝浮世高卧听潺湲山北東林詩云欲去不忍去徘徊吟遠廊水光秋淡蕩僧好語尋常碑文疊山晴鐘韻長翻思南岳上之此白蓮杏二林乘興往幾日見歸程有翼便飛去何勞更此生川長雲迢遞谿靜月分明果熟僧相待庭閒鶴自行擔頤櫨欂櫦遠寥石床平是院水皆到無窓書不盈登樓雙眼飽倚檻片心清夜永蓮花漏殿高神連名參空寒嶠色壓雨古松聲早晚携瓶入孤吟變鳥情白賜號文通大師詩云東林佳景一何長蕙生多地亦香堪歎世人來不得便隨雲樹老何妨倚天蒼翠當戶落石潺湲夜遶廊到此紙除重結社自餘閒事莫思量又東林繞四絶物象更清幽社客去不迟疆峯雲色秋

102

松枯群犹散嶺大蠹槎流待卜歸休計重來卧石樓

元寂大師龍泉志大師隱微新塗人姓楊氏邑宰李孟俊請居十善道場

今慈雲禪寺南唐中主召至建鄴居龍光禪苑主遷豫章以隱微往大寧

一日升堂別衆安坐而逝歸葬吉水故韓熙載銘其塔云言自龍泉來歸

鳳闕者謂此也又見於吉水志

處黙若虛九江府志慶黙若虛皆廬山僧遊方皆賦詩憶舊隱黙詩巖衣

糯食老烟霞免抱衰顏惜嵐華獨鶴只為山客伴閒雲長在野僧家叢生

嫩蕨沾松粉自落乾柴帶蘚花明月清風舊相得十年歸恨可能除虛詩

九疊嵯峨倚著天悔隨崖瀑下巖煙秋深猿鳥來心上夜静松杉到眼前

書架想遭苔蘚裘石窓應被薜蘿纏一枝筇杖游江北不見爐峯二十年

木平和尚南堂書木平和尚保大中至金陵知人禍福死生所言輒驗傾都

瞻禮闐塞街巷金帛之遺日積萬數元宗召見于百尺樓百尺樓元宗新

建以偹登覽制度宏壯木平指曰亘望火初不喻其意後數載淮甸兵起

龍安山置烽候以應江北常登此樓以觀動静又慶王尚幼元宗問壽

命羲何木平曰郎君聰明智哲知九十年事遂書九十乙字予之保大

九年慶王卒年十九其書九十而繼之以乙字者乃乙其九十而為十九

也世說木平初見後主李煜挂木瓶杖頭煜出欵不見問曰和尚何在木

平引瓶自殼說曰某在此澡浴煜拜之木平曰陛下見群臣勿言某在瓶

本名木瓶寺盖類

誌公持刀鑷尺拂之意云黃庭堅集木平和尚真贊一尺三寸汗脚草鞋

掛龍床角他日清凉半座果然末忘禮樂一一漏前覽

應之南唐書僧應之姓王其先南閩人能文章習柳氏筆法以善書冠江

左初舉進士一黙于有司投冊罵曰吾不能以區區之章句取程於庸人

遂為浮屠保大中撰文章應制大德賜紫凡禱祠章疏一筆即就意如宿

搆元宗喜楞嚴經命左僕射馮延己為序其略曰首楞嚴經者自為菩薩

寔因始破阿難之迷終證菩提之悟然則阿難古佛也宣有迷或迷者悟

之對也迷苟不立悟亦何取是故因迷以設問憑悟而明解開皇上聰明文

思深顧慮索散日朗塵開鏡明以為大費四方末為盛德普濟一書始

公權之法也者吾聞公權嘗以筆諫穆宗為之改容令効其法尚可想見

日至仁或答伸來必歸法要勑應之書鏤版既成上之元宗歎曰是深得

其風采應之書名由是益振右街僧錄固辭求居奉先西庵許之應之

多著述尤喜音律嘗以讚禮之文寓諸樂譜其聲火下而終歸於梵音讚

念悒悷自應之始。

小長老南唐書僧號小長老自言慕化而至朝夕入論六根四諦天堂地

獄循環果報之說後主大喜謂之一佛出世身披紅羅銷金衣後主謂其

大奢菩曰陛下不讀華嚴經安知佛富貴因說後主廣施梵利營造塔像

自是困廢漸虛財用耗斁又請於牛頭山大起蘭若十餘間廣聚僧徒日

設齋供食有不盡者明日再具謂之折倒識者謂折倒乃敗徵也及王師

渡江即寺為營署又有比僧就米石礦石塔且云自幼韋文董食不渾

九俗後主遺之齋供一無所受王師尅池州縈淨橋于石塔金陵受圍後

主召小長老問禍福對曰臣當以佛力禦之乃登城大呼周麾數四後主

令僧衆軍士念救苦菩薩滿城沸涌未幾四面矢石俱下復召小長老庵

之稱疾不起始疑其誕逄殺之淨德尼院凡八十餘衆皆宫中人出家者

也諸王公卿處子往往在焉都城將陷亦積薪於院庭後主與之約曰如

有不虞宫中舉火為應吾與汝輩當俱焚死是日保義黄氏焚積書于宫

中净德遶觀其煙燄遂爇積薪皆赴火死無一人肯脱者城中有僧千數

袁乙被堅執銳以死圍難後主不許

無敵瑞陽志翠巖澄源禪師名無敵俗姓唐吳建江人得法於九峰南唐

保大中李璟迎請住翠巖禪學尊高遂成叢林徐文公集洪州西山翠巖

廣化院故澄源禪師碑銘　聖人設教貿者學之有能極深研幾剖疑

析滯不背本以矯激不沿波而流啟世人宗仰時君褒異斯可以為君子

矣禪師名無敏姓吳氏連江人也昔泰伯獲讓肇南藩至德所及流光

百代子孫蕃衍吳越為多至今為著姓焉累世隱德鄉曲推重道氣鍾粹

而生禪師幼異常童不染俗態年七歲從晉安雪峯真覺禪師出家二十

詣開元寺受度真覺之道見重於時禪師黙識微言盡得要旨而復博考

往行徧尋勝迹江浙諸郡靡不經遊先達推稱後生請益結轍連袂虛往

實歸歸禪師以道貴冲用性復虛靜所止之處學徒千人輒復捨去晚歲

止廬陵之末山其名益彰李唐先主召見之特加禮遇俾居廣陵之祥光

院嗣君踐祚優禮有加賜號澄源禪師命移處豫章之上藍西山之翠巖

院是皆都邑之勝蘂高人之遊集自非密行淳德不能鎮服群情師遷居

之緯有餘裕雖身在巖谷而恩注帷展存省問遣使者相望享壽七十有

七建隆元年春二月五日終于翠巖院甘露被樹數日不晞皓鶴盤空三

周而去門弟子用西域之禮葬于院之巽隅封于其上恩言褒飾名其丘

曰大醫道俗孺慕會其葬者萬數玆也趣捨異術聲塵致暌于時釋氏方

盛師門牙啓嘗侍嗣君宴語從容上言曰古稱十里一賢此肩也今號
長老者十數無万多于嗣君深以為言因曰惟澄源禪師其殆庶矣無羨
何以家門情禮請告至山會師己沒瞻仰遺像參迹行事乃信名不虛得
亦表君之知臣今來京都復與師茅子鑒琮相遇琮師志性端懿修習精
勤肅奉成規博總衆藝慈惠救物時人稱之明詔賜號慧覺大師錫以紫
服朝恩洊于累世實教門之榮觀也于時禪師委順三十平矣琮也思廣
銘頌庶永遺風以銘譽學舊史見直筆夫褒善稱代翰墨攸先戴瞻西
山實寄松檟敢抽祕思以告九原銘曰芄芄東越武烹之區時生異人與
古為徒禪師出馬俊邁且都顯顯南楚西山作鎮真靈所宅教法斯振禪
師居之允矣令聞道無不在法非可名理超言象俗仰風聲豐碑載勒勝
氣長生猗嗟來者用此為程
自隆元一統志僧自隆俗姓陳南唐時人受業醴泉院常自稱曰豬頭和
尚年八十雍熙中坐化其徒以胎骨塑像至今尚存祈禱有應
聰公聖者廣州府志東林寺聰公聖者俗姓譚名聰新州新興縣人生於
南漢時自幼慕佛持齋經往韶州南華寺叅禮六祖遂為沙彌守戒律慧
蕭寺僧皆禮敬之忽一日夢祖師語之曰今夜三更有難汝能救我乎其

夜遭火焚至塔殿乃六祖圓寂之地衆異師弗動惟公獨力舁至曹溪門

衆皆駭異一日欲往補陀山忽夜夢六祖云我昔有難荷汝護持汝今南

行當為汝說遇東則住遇林則止又曰但結菩提緣能救衆生苦聰公察

記夢中語翌日挑包南來至清遠東林寺曰斫蘆葦造筏凡數百維於江

滸喻旬湖南郴州洞賊暴起入境邑民奔走皆賴此筏渡于邑之南岸得

此免難冠退民歸有將金帛酬公之勞公於寺東竹林內己坐逝矣留偈

云戎本先難後易苦行誰人辭別去住何魯去住生滅何魯生滅僧遂鳩

金命工以香泥塑其化身奉于本寺

賓禪師元一統志夔州府禪師與峨眉山黑水花藏寺行朗禪師同所傳

後蜀王建武成元午開卧龍山係第一代祖師有肉身在本寺祖宗堂屢

顯靈異

惠寬汀州府志惠寬勑賜威濟靈應普惠妙顯大師葉姓法名惠寬亭化

縣人幼通悟善根風植長得業於本郡開元寺遍遊諸方悟旨而返州境

山谷深窈虎豹出沒為害師以解脫慈悲力為之訓飭柔服象異之號伏

虎禪師南唐保大三年憇于平原山麓見左右有龜峯獅石遂卓錫于此

躩其巓以開元戊七百為開山兆有樵者拾其一以歸詰朝復返故所晝

老謹傳咸起敬慕程力智工為極庵古曰普護庵側一嶺剌天號守軍嶺
道過其上苦渴水師於盤石上頓錫出水至今不竭七年汀苦旱靡神不
宗郡將聞師道行結壇於龍潭側延師致禱師云此方旱氣熾甚實象生
罷業自連其辜今當普為懺悔七日不雨頓焚其軀及期旱如故師延跌
坐命屑火于薪衆愕火未及然油雲四起其雨傾注師曰未也水流束
身于庵凡所祈禱應如響苕溪三年郡列狀以聞賜庵為壽聖精舍延
薪乃已未幾果然見聞讚嘆國朝建隆三年九月十三日示寂身不壞
平之庵曰油灘曰小芹曰白砂紹興七年勅封淨戒慈應大師時在汀者
汀曰咸濟乾道三年加賜靈應淳熙十一年復加普惠皆以救旱功自淳
猶未封聖院乾道三年改賜廣福師所經從轍戒也至十二年乃賜號于
熙元年郡守迎均慶院定光真相入州後庵復於廣福院迎師真相差肩
為賓主以便祈禱紹定群盜犯城多方保護顯大威力師與定光寶相叶
為威濟靈應普惠大師元一統志淨戒慈蔭禪師惠寬汀州人幼出家開
賛嘉熙間州人士列狀于郡乞申奏加賜師號復加妙顯累封至八字今
元羅漢院既受具戒游諸方求宗旨遂至大悟初臨汀大旱郡將邊請祈
雨乃結壇於龍潭側發大誓願云此方元旱實衆生罷業所招謹為懺悔

異於七日內大霈甘雨若不應祈頤焚幻軀七日驕陽愈熾惠寬乃坐積

薪令象舉火忽陰雲四合膏雨霧霈郡將請之下惠寬曰俟雨足溪漲乃

歸已而果然是時汀劍間猛虎為害惠寬携錫遍徃虎見之蹲踞震慴馴

若家畜不復為暴乃南唐保大中也建隆四年圓寂南安巖白衣和尚嘗

至普護菴謂其徒第曰吾滅後一百二十年伏虎師兄道化當盛行熙寧

三年詔以長汀平原普護菴為壽聖長老院汀劍之人崇信香火奉之甚

小芹士民又以為請郡以聞勅賜靈應通濟顯應慧利大師

嚴崇寧三年部使者奏劍浦油灘菴祈禱靈應勅封淨戒大師紹興七年

見金陵深加敬信繼惠敏大師住洞山宋乾德二年卒塔于延禪師惠光

洞山嗣和尚瑞陽志洞山嗣和尚俗姓周高安人住淨業寺南唐李主召

塔之北

行勤茅亭客話偽蜀大東門外有放圓塔院僧名行勤俗姓張氏人以其

精於脩行因謂之道者旱歲南行中年駐錫庵眉皓髮貌古形羸住草屋

數間唯繩牀一張及木棺一所不從齋請晝則昇牀而坐夜則入棺而卧

衣服未嘗更換人問之欵然不對人皆仰其高節遺之衣服則轉施貧人

與未麨盜酪則受以一大瓶貯之常滿每齋則取一杴合而食三紀偃息

自若不誑流俗其清尚如此時齒八十臨終自拾薪草積於院後告諸門
徒曰吾即日行化希以木棺置於薪草之上以火藥之老僧幸矣至期依
其教諭於煨爐中得舍利數十粒葬于塔中時有慈覺長老禪門宗匠也
有書妙圓塔院張道者屋壁云成都有一張道者五十年來住村野祇將
淡薄作家風未省承迎相荀旦南地禪宗盡偏參西蜀叢林遊己罷深知
大藏是解粘不把三乘定真假張道者傍沙溪居蘭若草作衣裳芋作舍
活計生涯一物無兔被外人來借俊寅齋午睡業哈台檀越供須都不謝
與說連休心供家却道也張道者貌古神清不可盡鶴性雲情
沿身不直五分銅一句玄宣論價張道者不聚徒甚脫酒不結遠公白蓮社
本自然生死無心全不怕縱逆火未為災暗裏龍神應嘆訝張道者不
說禪不答話蓋謂人心難謗化盡奔名利謾驅驅簡簡何曾有般若分明
心似秋潭月一輪何用聲名搖天下
常真行因九江府志常真行因皆庵僧真居雙溪耕植以待四方游者時
稱田道者南唐時二林監寺偹睦以官命廢省庵舍謂真曰今撤子所宇
將何歸乎真曰本是林下人却歸林下去睦異其言因贈曰入門空寂寂
真簡出家兒有行乞不識無心人謂巋古巖寒柏對流水落花隨欲別一

何懶相逢所恨遲由是雙溪為山中之表宇元宗賜田使給諸庵岩無田

者歲取其糧者二十六庵因居佛手岩三十年因岩為屋鑿石為渠引象

盥濯禽鹿馴于傍不度門人隣僧為之供侍中主三召不起移住栖賢勉

從之一夕乘大雪復歸岩一日自黃茶延隣僧曰吾去矣僧方對因

下床行數歩托岩扉屹立而化岩上松同日枯死午七十中主命寫真而

葬之有華嚴別論十卷時有淨悟者往永安院僧問脫籠頭卸角馱来時

如何答曰洗腸投紫塞切忌更喚蘆問象手淘金誰是得者荅曰黃帝不

魯游赤水珠呈罔象也徒然語入傳灯

綠德道旻九江府志綠德道旻皆圓通主僧德山黃氏南唐初至洪之

上藍宋齊丘游寺堂僧趨迎德閱經自若齊丘睨之不顧問着其經德舉

經示之齊丘異焉數請住名剎德所至黙坐學徒自成規矩平生着一衲

裙以繩貫裙處恚則伸之以當被後主延往金陵時昭惠后建圓通寺于

廬山命居焉曹翰討江州部曲入寺禪者驚走德禪定如平日翰至不起

翰怒曰不聞有殺人不貶眼將軍于德熟視曰汝知有不懼生死和尚耶

有殺心故不至德自擊禪者皆集翰問決勝之策德曰非所知也與國二

年一日升堂曰脫離世緣乃在今日遂逝壽八十興國中諡道濟大師有

南唐手詔及齊立書并序旻興化蔡氏得法泐潭乾乾曰汝緣在廬山遂

諸歸宗居首坐尋住圓通錫號圓機政和中示衆曰泥牛昨夜大哮吼驚

得須彌藏址斗南北東西無處尋拈得鼻孔失却口善哉二百餘拊膝一

下而逝門人既葬之火平時所貯嶺髮皆獲舍利州上其事賜號覺空塔

撼李彭錄

道明嚴州府志道明郡人姓陳生時紅光滿室父母異之逮長入開元寺

為僧開元先名龍興今名兜率契法於黃蘗斷際禪師晦跡藏用常自織

草屨嘗以養親及陰施行路之人因號陳蒲鞋黃巢提兵壓境郡人洶懼

請于明明告以勿憂為大草屨命標之三十里外木扰桒見之即舍去自

是郡人益尊禮之號陳尊宿時有學人叩激隨問邊苔詞語險峻既非徇

轍故淺機之流往往嗤之唯深學性敏者歆伏焉雲門林際禪宗兩派皆

出於明故楊傑為之頌曰指將林際參黃蘗接得雲門嗣

雪峯令擴傳鐙錄及郡人未異所著嚴州事跡參錄于此

永樂大典卷之八千七百八十二

僧　蕤録諸僧五

法天宋會要開寶七年法天姓剎地利遍通三藏與其兄達理摩筆義多
西印度僧尼羅嘣中印度僧尼沒馱計哩帝等四人同造中國惟法天與
其兄得達餘皆歿於路元一統志鄜州法天者本中天竺摩伽陀國僧也唐
自元和後不復譯經江南始用兵之歲法天來至鄜州與河中梵學僧法
進共譯經義始出無量壽尊勝二經七佛贊法進援筆綴文知州事王龜
從潤色之遺法天同法進獻經闕下宋太祖召見慰勞賜以紫方袍法天
請遊名山許之

光信魏泰東軒筆錄慶曆中和世衡守青聞城時有悟空寺僧光信者落
睨耽酒邊人謂之王和尚多往來元昊蕃部中世衡嘗厚給酒肉善遇之
一日用之以間元昊左箱將野利遇乞而殺之後得歸改名萬仕終左藏
庫副使

德琳建昌府志太平興國禪寺德琳禪師姓倪氏閩人也道行峭絜知解

雄俊住顯源院南唐李氏嘗賜以袍輿太平興國中以年號改院額太宗

皇帝復因武寧節度岐國公之薦詔以襏袍賜之有語要二編行于世史

館殿丞錢熙為之序金州觀察荊和州錢儼為塔銘石刻存焉

遇賢蘇州府志遇賢姓林氏東禪院魯飲酒無籌鄉人目曰林酒仙口中

可容雙拳間有異事每出人群聚觀之能自圖其形無毫釐不肖好吟詩

語雖俗而有理致有云楊子江頭浪最深行人到此盡沉吟他時若遇無

波處還似有波時用心門前綠樹無啼鳥庭下蒼苔有落花聊與東風論

簡事十分春色屬誰家心閑事故災屯謹言終火禍儉勝求

人如此類甚多不具錄今其真身塑於院中元一統志遇賢宋建隆初來

居長洲縣之明覺禪院嘗以酒肉自縱酒家或遇其飲則售酒數倍於他

日人稱為酒仙能語人禍福多驗以符治病必痊創佛舍用錢數百萬雖

行雲江火虞頵范陳洪進與張漢恩為劉從劢左右將有汝門行雲者若

狂人自福州來洪進儻有禮行雲語洪進曰汝當為此山河主不出此

歲我且歸長樂秋後至此時建隆二年也是春從劢卒子紹鎮典留務至

秋洪進經紹鎮將召越人執送金陵漢恩為留後為副使漢恩老且懷洪

進寬專郡政行雲果來謂洪進曰凡世報前定但人有千錢之祿不可以
圖之況將相之位豈能力取今留公多疑人前後誅殺甚衆王者不死豈
能言君我當須坦然任運也曰善終愧下子孫蕃盛苟懷疑殺人衆不善
之報鮮克令終矣洪進後廢漢恩出于別墅諸子屢勸除之終不許漢恩
竟以壽終行雲禿首而不衣僧服嘗服紫皂掭衫束帶懸銀魚為飾館於
州廨十餘年忽謂人曰陳氏當有五侯之象去此五年後有戎馬千萬衆
前歌後舞入此城喜而不怒未知何故也懇求出舍外宅洪進次子文顥
牧漳州將歸寧行雲曰吾遂沐浴右脇而逝語館人曰過三月
乃得棺斂明日文顥至丞哭之行雲遽起坐執手談至暮乃入減泉人疑
所管二州何以容五侯當克取汀建以自益耳後洪進來朝獻其地改鎮
徐州文顥通州團練使文顥文項三人並授諸州刺史是為五侯王
師入城垂囊作筑鼓為樂悉如其言洪進感行雲之言帥泉十六年未嘗
妄殺人有犯極刑而情可恕者多貸其死
覺稱楊內翰談苑大中祥符初有西域僧覺稱來館於傳法院其僧通四
十餘本經論年始四十餘丁謂延見之嘉其敏惠遣人送至余處與譯同
來設茶果問之譯云入此國見屠殺猪羊懸肉市肆甚不忍觀見此方人

心頗惡彼西土或一國人不食肉予問能留此土否覺稱云頗至五臺謁

文殊即還乃心思戀本國不樂居此因索紙以竹筆作梵書横行數十字

請淨公譯云稽首摧伏諸魔力我智者本名覺稱出家至今十九臘俱眠

偈句義能說後復作聖德頌以上文理慈富上問其所欲但求金襴袈裟

歸置金剛坐而已詔尚方造以給之覺稱自言酤蘭左國人利帝利性善

畫於譯堂北壁畫譯迦面與此方絕異

道隆潮州府志道隆不知何許人余襄公靖作永興華嚴院記云潮州海

陽人俗姓黄氏得心印於汝州建禪師至和初遊京師客景德寺宋仁宗

夢黄龍蟠地明日召至便殿問宗旨隆奏對詳允上悅有旨館于大相國

寺詫朱院王公貴人爭頣先見未盟盧外屨滿矣康定元年京師左街永

興華嚴禪院始賜重陽繼賜大来頌師即箋註進呈上覽之大悅特賜紫

方袍賜號圓明大師頗入化戒昇座說法前後賜賜御書衣膳不一尋以

聖藻宸朝溢於居室因創閣以藏示不敢襄慢賜琉璃瓦覆之并賜御飛

帛書頌曰龍奎之閣後出水陸畫像五百軸以賜師造堂為供設之所再

羨御飛帛書賜名洪濟之廄宣中使押左右街僧道威儀教坊班樂肇卒

衛兵奉迎至院加賜明悟大師自宋朝以来以緇素見上者趨丹墀瞻覲

記其貌真引毋者也與曹州士趙崇善後崇棄官隱居番禺人傳崇與言
數以偈頌相寄萬里間報數日而達崇死亦盛夏身不壞言將死作頌不
可曉已而曰我從古始成就逃多國土今南國矣仁宗遣內侍以真身塑
像置寺中榜曰顯化禪師其後善厚者禮之見額上熒然有光就視之得
舍利。

懷丙宋史方技傳　懷丙真定人巧思出天性非學所能至也真定構木
為浮圖十三級勢屹孤絕既久而中級大柱壞欲西北傾他匠莫能為懷
丙度短長別作柱命眾工維而上己而却象工以一介自從閉戶良久易
柱下不聞斧鑿聲趙州汶河鑿石為橋貫其中自唐以來相傳數百
年大水不能壞歲久鄉民多盜鑿鐵橋遂欹倒計千夫不能正懷丙不役
眾工以術正之使復故河中府浮梁用鐵牛八維之一牛且數萬斤後水
暴漲絕梁牽牛沒于河夢能出之者懷丙以二大舟實土夾牛維之用大
木為權衡狀鉤牛徐去其土舟浮牛出轉運使張燾以聞賜紫衣尋卒
惟湜輿地紀勝贛州府僧惟湜福唐人住州之崇慶院有禪行能詩黃太
史嘗贈之詩云學開華岳三峯手參得浮山九帶禪之句東坡亦輿之唱
和作真賛宋蘇東坡集道輿之貌天輿之形雖同乎人。而實無情彼真法

隱何殊毋青日照月明雷動風行夫豈非幻忽然而成此畫清隱可謁雨

晴智賢赤城志智賢寧海人慶曆間遊錢塘傳智顗教又事明靜師儒佛

皆得趣後歸崇教寺卒

處嚴溫州府志處嚴樂清人賈氏子明慶僧博浹經籍善屬文凡諸寺碑

碣每屬處嚴為之而行業甚高有潛澗集見于世梅溪王十朋母萬氏有

娠產之夕夢處嚴來惠以金環夢覺而師訃音至翌日王公生人皆謂嚴

後身嚴舊書石橋寺碑王公初命判紹興道經石橋寺僧先一夕夢逆嚴

闍黎翌日公至寺僧異其夢因以告有詩云人喚我為嚴首座前身曾魯寫

石橋碑甄龍友和公雙峰詩云詩老前身法號嚴盡用此事宋王十朋梅

溪集潛澗處嚴闍梨塔銘　師諱處嚴字伯威姓賈氏溫州榮清人也父靖

居鄉以長者稱毋方娠一夕夢黑龍自天躍而下俄化為道人入其家

反產師有異相幼警悟不几經史過目輒成誦屬東平先生規邑之名儒

也試以對隨口應荅大竒之火長忽不茹葷毋强之卒不從一日游精舍

歸白其毋曰兒嬉食居俗非所宜願出家學佛惟夫人割愛遂往里之明

慶院禮僧知性為師既落髮受具游歷郡剎初學律未幾習天台教觀慨

然歎曰吾邦辟在海隅見聞不廣遂之錢塘依南屏臻公聽天台大部明

法華諸經時學者尚編録務相詰難師聽法罷端然默坐同輩問之發明

師說了無遺誤因謂之曰文字分別馳騁法相吾不能為遂遠诣禪林訪

先輩老宿叩擊玄旨師志節高學識超邁杖錫所至道眼相契為多會有

以座首命之者師曰吾宅心名利外奚道遙自適詎能為人役耶於是西

游帝都觀伊洛南周旋江淮間凡名山水叢林巨利靡不至時道潛思聰

二僧與東坡居士游聲名籍甚與師善數以篇章往來師博學詩文无

典重且工書有晋宋法或勸以所作繒紳求知己師笑曰古之桑門上

首與士大夫游非求之也道自合焉故終身不以一字干謁識者高之

元祐間還永嘉雲開元諸寺其徒翕然歸之扣門請益者屨相

建護國天王殿命師作記文辭雄偉太守范公見之稱歎良久命刻石行

躡也師訓以本業外復以詩書子史導之凡經指授者咸見頭角時開元

于世元符初山誅茅結廬徜徉淌澗賦詩鼓琴以自娛有

進集廣衆預設巍座俟師至與象迫之師勿邊就席闡揚奧旨緣飾以文

古人林下風師有辯辯長於講釋鄉里巨室欲屈師講經莫能致因具法

音吐鴻亮聽者驚悚明慶自創建羲七百年無文蹟可攷師首為撰記弁

書之時稱二絶郡守張公平聞其名以禮致之躬受楞嚴大義初以僧正

命師又命主禪席皆力辭之每詣府手提一笠未嘗肩輿人以師為府座
所厚因屬以事師正色峻拒府政有不便於民者委曲以告守改容聽之
瑞安令呂公勤自號湖海道人邂逅師喜甚與俱還邑築庵於廳治後園
命師居為留三宿而去邑令丁公湛每訪師談道終日忘返晚景絕人事
惟精脩淨業喜諷誦楞嚴圓覺維摩光明法華等經精熟如流靜夜孤坐
焚香暗誦琅琅之聲出于林表嘗手書法華光明二經以報母德又書華
嚴經八十卷首末不懈字法益工弟子宗要游學姑蘇俄以書督其歸未
幾師得疾遽終政和壬辰正月二十日也享年五十四僧臘三十九至三
月闍維得舍利數百顆明瑩如珠明年九月植塔於故廬之後以遺骨幷
舍利葬焉師於佛學無不通曉尤深於禪而接物以教故以闍梨著名平
生製述甚多藁隨毀失圓寂後弟子收拾遺文編成三卷人有得其片紙
皆寶藏之其文翰見重於人如此弟子宗要師號寶印傳天台教住永嘉
之妙果克世其業法孫德純亦傳法于郡之龍翔某大母氏師之同母娣
也寶印師蓋某之叔父師歿之歲而某始生自兒時稔聞德名恨不追見
今四十餘載矣始獲以叔父之命銘師塔不敢以鄙陋辭銘曰師之道儒
律禪教咸臻其要師之技歌詩文翰咸極其致師之節公卿大夫不屈而

謁師之訓子傳教觀孫傳心印師之廬左琴右書山高澗逐師之塔明珠

遺骨千古不滅

文祐夷堅志文祐贛州信豐縣僧文祐本姓吳落髮出游結庵於贛縣岻

嶺久而去之客雩都妳淨寺之僧伽院遂主院事故目為吳僧伽佯狂

市厲人莫能測每日必詣松林以杖扣之而歌曰趙家天子趙家王不曉

其意逢善人于塗輒拱揖致敬貪暴不仁者宰抵以狗蝨不火屈惡火年

不樂至群革謀逐之嘗走于某家園竹中疾呼求救且拊其竹曰大大竹

林戒掃帚不旬浹萬竹悉枯此家固一酋族自是衰替後竹業一竿最

巨忽夜半造其下考擊而歌聲徹四遠連夕如是他僧為之發寢怒而伐

之既而紫芝逕尺生麋上邑魯德泰老無子與妻謀飯吳以祈末及召

旦而誹園來曾大驚謹饋之食將去曰當何為報唯有二珠而已果連生

二子縣市蔦集于南洲而縣地外但曠野吳過門必言曰餞將平腰矣及

洲沒於水市遂徙于邑門之陽嘗求菉于民婦戒使多為具婦許諾夫歸

怒其妄費吳至乞醯主啖之若欲報而強食者再三婦曰食飽則己何必

盡曰欲免如夫婦責言耳民駭謝學佛者孫德俊徙汀州武平謁慶嚴定

應師曰雩川自有佛禮我何為孫曰吾法弟僧伽也為吾持一

扇寄之舟儀岸吳己至曰我師寄扇何在孫以汀扇數十難示之徑取本

物而去由是狂名曰減多稱為生佛一夕遍詰同寺諸利門鋪坐具作禮

曰珍重珍皆寂無應者中夕趺坐而逝時大中祥符己酉六月六日也

是日邑大商在蜀遇之於河梁問吳僧何徃疴僂急趨曰火幹火幹啇歸

乃知其亡其亡也異香滿室數日不變念議勿火化而瑩其全體事之元

豐乙丑冬亡僧来郡城訪桂安牙家求木作龕桂曰師為何人曰雲都妁

淨寺明覺院吳僧也桂許之送之踰閿遂不見後乃審其故云明覺即僧

伽也真身至今存興地紀勝贛州府零都之明覺寺宋初有吳僧伽師甚

異人以為生佛祥符中忽示寂而同日邑民作高于蜀乃遇之於蜀云

自順陝西洋州志興道縣人姓氏受業本縣開化院為弱冠南游嘗師佛

印禪師了元住南康雲居師為侍者一日與東坡游某寺讀某碑師執

佛在旁歸坡問左右能記憶所讀碑否師獨誦十七坡奇之因問何名曰

自順坡曰逆則煩惱順則菩提自是一經品題叢林盛稱為順菩提晚歸

鄉結庵名寶光院李時雍以菩提書其榜云

惠洪瑞陽志寶覺圓明大師德洪一名惠洪字覺範號令齋俗姓彭新昌

人年十三出家依三峯龍禪師為童子年十九試經於東京寺得度落髮

126

受且足戒聽宣秘律師講華嚴經一旦不樂歸事真淨禪師七年盡得其
道禪學超詣釋注金剛楞嚴圓覺法華四經博通儒書尤工於詩名動京
華與陳了翁黃山谷游山谷贈以詩稱其韻勝不減奉火觀氣象絕類徐
師川韓子蒼宰分寧慧洪從高安來館之雲巖寺寺僧三百各持一幅紙
求詩於洪洪握筆立就子蒼見之不憚曰詩當火加思豈若是易易乎洪
笑曰取快吾意而已子蒼與別十年覽其遺編追記平生不覺殞淚慧洪
詩多奇句如已收一窖桂龍雨忽起千巖擴鵑風麗句妙於天下白高才
俊似海東青水行川氣若春在花省古人未嘗道也年五十八卒於
南安軍子蒼為銘其塔有合論易傳僧寶傳智證傳法王武庫林間錄天
厨禁臠冷齋夜話耳露集石門文字禪注十明論證道歌行於世九江府
志惠洪高安人以文如水行川氣若春在花得名入江西詩派任廬山竹
林有讀淵明祠碑云武王既伐紂乃不立微子雖有去惡仁終失存商義
夷齊不肯臣耳作首陽死下視蕘孤奪幼稚汗赤亦戴天特向而
冠耳桓玄弄兵權劉裕竊神器先生於此時抽身良有以神手歸去來雙
眼餒山翠追懷聖人清太虛絕塵滓長恨千載心絕絲掩流水與君讀此
碑相視一笑耳晚歸高安有寄故山詩云風葉鳴櫚夜色晴牕雲微月稍

分明下簾庭覺衣裳薄拂揖空驚枕簟清病眼得秋還火睡壯心於世似

多情何時却作廬山去度水穿雲取次行時又有道潛與曾肇蘇軾兄爭

虔和有廬山雜興其一云高巖吐奇雲倏忽起千丈援筆欲名貌卷縮非

一狀飛仙或邀遊隱出其上驚飆忽吹滅轉眄惟青嶂山中勝事多彼

俗誰能亮太平府志惠洪以能詩名蘇軾黃庭堅諸公與進之嘗與李之

儀自金陵過姑溪賦云東坡坐中醉客讓君翰墨風流竟作羊曇折意暮

年淚眼山丘又云月下一聲漁笛樽前萬頃雲濤玉堂他年圖畫臥看今

日漁舸它詩甚多今錄其在當塗所賦云吳垌五總志覺範雖以詩名而

荒唐不學世無其比未易一二舉也如四更自寶公塔還合妙齋疲臥松

下石上其詩云露眠不管牛羊踐我是人間無事僧初不知牛羊下來為

底時節而用於四更事中以吾法議之當斷不應為從重能改齋漫錄洪

覺範本名德洪俗姓彭筠州人始在峽州以醫養娘識張天覺大觀四

年八月覺範入京而天覺己為右揆因劉得祠部一道為僧杖丈因彭幾

在郭天信家作門客遂識天信因往來於張郭二公之間政和元年張郭

得罪而覺範失眷杖二十刺配朱崖軍牢城後改名惠洪韓駒陵陽集寂

音尊者塔銘 建炎二年五月甲戌寂音尊者寶覺圜明大師歿於南康

軍同安寺門人智俱等崇石為塔葬之寺止五里卒事智俱来武寧求余

銘暮年不去曰先師之志也乃序而銘之師初名惠洪字覺範姓喻氏高

安人火孤受學辯博能緝文性簡亮年十四出家依三峯禪師十九試經

東都落髮受具聽宣祕律師講華嚴經一旦不樂歸事真淨克文禪師七

年盡得其道始自放於湖湘之間荊州張丞相聞其名請傳法於峽州天

寧寺師以二詩辭焉已而杖策謁公公見之喜曰今世融肇也給事中朱

彥知撫州以師住持北景德寺久之謝去住持江寧府清凉寺坐為狂僧

誣告抵罪張丞相當國復度為僧易名德洪數入府中與論佛法有詔

賜號寶覺圓明一時權貴人爭致之門下執茅子禮且將住持黃龍山矣

會丞相去位制獄窮治蹤迹尚書郎趙賜等皆坐貶官師竄海南島上三

年遇救自便名猶在刑部雖毀形壞服律身嚴甚所至長老避席莫敢亢

禮其同門友希祖居谷山及其嗣法在諸山者皆迎師居丈室學者歸之

是時法禁與黨人游而師多所厚善誦冒其文重得罪不悔為張丞相及

郭陳尤盡其力其在東都也咸議道人尚交通權貴耶師笑謂人曰是安

知吾意大臣廟知之故及於難及靖康初大除黨禁談者謂師前日達象

趨義妻瀾於死既還僧籍宜有以寵異之語聞執政欲上其事屬多故不

果明年師歿志迄不仲世以為恨壽五十八臘三十九著論數萬言皆有
以佐世圜悟克勤禪師嘗曰筆端有大辯才不可及也至他文皆後偉不
類浮圖語始黃太史見其所作竹尊者詩手為書之以故名顯既老自號
寂音尊者予嘗識師久嘗戒之使速禍師赫然曰行吾志爾烈中本無
死生禍福尚奚郵子言之心不善之口弗能屈也銘曰維古高僧廣學
多聞在秦融肇傳法以文後皆眛陋佛法憂埋師獨著書至老益勤維古
高僧名士並游在晉安深孫許實傳後皆伏歷釋儒相仇師獨友賢雖遠
必求好文致憎友賢招怨魯是不虞數蹈大難維師之言世既多有烈其
行事以告永久
文捷江火虞頹苑吳僧文捷戒律精苦奇迹甚多能知宿命然罕與人言
予群從為知制誥知杭州禮為上客愚嘗學誦偈帝咒都未有人知捷一
日相見曰舍人誦呪何故闕一句既而思其所誦果火一句浙人多言文
通不壽一日齋心往問捷捷曰公更三年為翰林學士壽四十歲後當為
地下職任事權不減生時與揚樂道待制聯曹然公此時當衣繰經視事
文通聞之大蘇曰數十日前夢揚樂道相過云受命與公同職事所居甚
樂慎勿辭也後數年果為學士而丁母喪年三十九矣明年秋文捷忽使

人與予言此時文通在姑蘇急往錢塘見之文捷驚曰公大期此月何用
更来宜即速還屈指計之曰急行尚可到家文通知其言馳還徧骨肉
是夜無疾而終文捷與人言多如此不能悉記此吾家事耳捷常持如意
輪呪靈變尤多瓶中水呪之則湧立盍一舍利晝夜常轉於琉璃瓶中捷
行道遠之捷行速則舍利亦速行緩則舍利亦緩士人郎忠厚事之至謹
就捷乞舍利捷遂與之封護甚嚴一日忽失所在旦空瓶耳忠厚齋戒延
文捷加持火頃見觀音像衣上一物蠢蠢而動疑其蟲也試取乃所亡舍
利如此者非一忠厚以予愛之持以見歸予家至今嚴奉盍神物也孫公
談圃吳僧文捷戒律精至孫莘老知湖州日問呂吉甫如何時吉甫在潤
州持服捷曰只三年便在官家左右更有一人白皙而肥一人美鬚而長
後三年吉甫果条大政同列韓子華馮當世皆如捷所言
清順可久杭州府志石林葉公夢得云錢塘西湖舊多好事僧徃徃喜作
詩其最知名者熙寧間有清順可久二人順字怡然文字逸老所居皆湖
山勝處而清約介靜不妄與人交無大故不至城士大夫多徃就見時有
饋之米者所取不過數斗以瓶貯几上曰取其三二合食之雖蔬茹亦不
常有故人尤重之同時有思聰者亦似之而詩差優元一統志貴州萬林

縣清順有至行永工於詩崇寧初章悖自海外謫所遇量後過南山盛
暑憩于縣悸知其詩筆問近作順時已七十餘即答之曰甘霖不與滿塵

寨日日火雲蒸肉山大地蒼生都受苦有誰藉庇得歡顏悖知其議己即
廿車去冷齋夜話西湖僧清順顧然清苦多佳句嘗賦十竹城中寸
士如寸金高人種竹只十箇春風慎勿長兒孫穿我階前綠苔破又有林
下詩曰久眠林下趣縱渠綠陰繁不礙清風度閑來石上眠
落葉不知數一鳥忽飛來啼破幽寂處剗公遊湖上愛之為稱揚其名東
坡晚年亦與之遊亦多倡訓

惠勤元一統志杭州路東坡蘇軾有贈戩塘勤上人詩集序杭州府志慧
勤餘杭人歐陽文忠公有送僧慧勤詩叙東南宮居
飲食山水之勝捨之而從我求仁義容齋五筆我朝承平之時四方之人
以趨京邑為喜蓋士大夫則因功名進取係心商賈則貪舟車南北之利
後生嬉戲則以紛華盛麗而悦㳄致其實非南方比也讀歐陽公送慧
勤歸餘杭之詩可知矣曰越俗僭宮室傾貲事雕墻佛屋尤其侈脆脆擬
侯王文彩螢丹漆四壁金焜煌上懸百寶蓋坐以方牀胡為棄不居棲
身各京坊辛勤營一室有頹燕巢梁南方精飲食菌筍此羔羊飫以玉粒

粳調之甘露漿一饌賞千金百品羅成行晨興未飯僧日晏不敢嘗乃兹

隨止客枯粟克飢腸東南地秀絕山水澄清光餘杭幾萬家日夕焚清香

煙霏四面起雲霧雜芬芳宣如車馬鬢髮染成霜三者勤苦樂子羹勤

四方觀詩中所謂吳越宮室飲食山水三者之勝昔日固如是矣公又有

山中之樂三章送之歸勤後識東坡為作詩集序者

道潛杭州府志道潛姓何氏於潛浮溪村人受業於西菩寺喜吟詩東坡

聞其臨平道中一絕喜之師袖長篇謁坡于彭門遂為世外交元祐間師

自普寧遷居智果寺坡與門下客十六人用圓覺經中以大圓覺為我伽

藍身心安居平等性智分韻賦詩得心字詩云張水迎舊室飛雲思故

岑念君家家客亦有懷歸心三間得幽寂歛歛藏清深攢金盧橋塢散火

楊梅林茶筍盡禪味松杉真法音雲崖有淺井玉體常半尋遂名參寥泉

可濯出人襟捲橫嶺上未覺衰年侵一眼吞江湖萬象涵古今顧君更

小築歲晚辭我醬潛自號參寥子賜妙總太師有詩集行於世元一統志

杭州府宋元祐四年參寥子住智果寺寺有泉出石縫間甘冷宜茶冷齋

夜話東吳僧道潛有標致嘗自姑蘇歸湖上經臨平作詩云風蒲獵獵弄

輕柔欲立蜻蜓不自由五月臨平山下路藕花無數滿汀洲東坡赴官錢

塘過而見之大稱賞已而相尋於西湖一見如舊及坡格守東徐潛往訪
之館於逍遙堂士大夫爭欲識面東坡饌客罷俱來而紅粧擁隨之東坡
遣一妓前乞詩潛援筆而成曰寄語巫山窈窕娘好將魂夢惱襄王禪心
已作沾泥絮不逐春風上下狂一坐大驚自是名聞海內然性褊尚氣慎
凡子如仇嘗作詩云去歲春風上苑行爛窺紅紫厭平生如今眼底無姚
魏浪藥浮花懶問名士論以此火之龐庸閒評僧參寥者蘇東坡與之甚
熟疑參寥二字乃道號故東坡云維參寥子身貧而道富又云維參寥子
往莫必躬又云囑參寥子此余所未曉者當更考之東坡一帖乃以為參寥字若果字
參寥又不應作參寥子以書遺予然東坡一帖乃以為參寥字若果字
懷賢宋秦觀淮海集圓通禪師行狀
永嘉人也在磎祿中能合掌僧坐父母異之時郡之西山有僧嗣仁修西
方白蓮淨觀行甚高衆歸之勤號嗣仁社主乃以師從社主出家天禧二
年恩度天下僧遂落髮受具戒時年四歲也師既得法噐又幼得高僧為
之依歸藝行日進同輩無與比者有講肆報往聽未幾盡傳其學及長慨
然有游方之志即辭社主去遍參知識所至處延居上游最後見達觀禪
師曇穎於潤之因聖遂得其法皇祐初潤守王公琪雅聞師名乃具禮請

134

傳法於甘露而太平之繁昌亦以隱靜召師以甘露近城邑而隱靜辭在
深山中遂從太平繁昌之請開堂於郡之瑞竹院初師從瑞新禪師遊十
有二年具知宗門承襲賓主之事自謂無以復加矣比至達觀會中聞所
開示類省世緣俗諦或雜以嵬瑣談諧之言又嘗以事斫一僧去每升堂
輒追罵至累日猶不已師心陋之乃潛詣丈室謂達觀曰為人天師當只
說法奈何預以世俗間事且僧有過斫去則已矣何足追罵至累日乎達
觀領而不答師因此省悟至是以信香嗣達觀法云居隱靜七年王公秬
守金陵復召師以清涼辭不赴明年達觀自明州雪竇徙金山之龍游州
人乃以雪竇召師既行道過龍游留一月會達觀示寂潤州之衣冠緇素
因以狀詣郡守請止師繼焉而龍游主者故事當稟於朝廷郡守以白部
使者上之報可龍游自火災之後棟宇灰爐瑞新禪師寶中興之功未既
而辛師至修新公故事大興土木積八年發堂廊廡皆具今宮室之盛冠
絕淮海者蓋始於師然其地當孔道客至無虛日師頗厭之熙
寧元年遂謝去隱於金牛山去丹陽縣數十里人迹罕至事委其徒覺澄
主之師一切不問庭養猿鶴孔雀鸚鵡白鷳皆就掌兩食號五客各為一
詩贈之士大夫欲相見者就山中訪焉三年劉公述謫守九江以圓通召

師師素聞匡廬山水之冨常以未至為恨得趼欣然從之題詩壁間而其

卒章云歲晚當期逐竹門至圓通一年果謝去復還金牛明州復以雪竇

来請固以疾辭史館習公約謂師曰雪竇東南名山明覺達觀嗣居其地

二十年間請者三至可謂勤矣今又不赴無乃孤其望予師素厚习公心

善其說遂登舟由海道比轉海門遇大風卒起風檣摧敗夜漂至慈溪

之東岸舟破從者百餘人皆散走師獨安坐水中不動從者還救之乃免

居雪竇一年復謝去還金牛以元豐五年九月甲午示寂俗壽六十七僧

臘六十三覺澄等即以其月丁未葬師于金牛之西隴累墳建塔焉師操

行卓越而遇人有思意雖對賓客未嘗與衆異饌夜輒從衆僧寢于堂中

不入丈室雅性樂施所得金錢繒帛率縁手盡其徒以此歸之又多材藝

工於詩字畫有法間居絕口不掛事事雖交至錯出處之晏然無不集者

當時賢士大夫聞其風皆傾意頏與之游始用參知政事高公若訥奏賜

紫方袍又用節度使李公端愿奏賜號通大師凡十被請從之著者四皆

天下名山巨剎道化方行輙託事隱去州郡雖欲挽而留之不可得也弟

子五十有五人所著詩頌文集凡五卷又撰次其自火至老出處之迹一

篇號禪老典記以自見云謹狀

惠詮蘇州志惠詮吳僧伴垢污而詩絕清婉嘗書西湖一山寺壁曰落日

寒蟬鳴獨歸林下寺柴扉應未掩片月隨行屨唯聞犬吠聲又入青蘿去

蘇文忠公和於後曰唯聞烟外鍾不見煙中寺絕人夜未寢草露濕芒屨

唯應山頭月夜照來去詮遂以詩知名冷齋夜話

寂照楊內翰談苑景德三年予知銀臺通進司有日本僧入貢遂召問之

僧不通華言善書札命以牘對云住天台山延歷寺僧三千人身名寂

照號圓通大師國王年二十五大臣十六七人郡僚百許人每歲春秋二

時集貢士所試或賦或詩及第者常三四十人國中專奉神道多祠廟伊

州有大神或記三五歲童子降言禍福事山州有賀茂明神亦然書有史

記漢書文選五經論語孝經爾雅醉鄉日月御覽王篇蔣魴歌老子列子

神仙傳朝野簽載白氏六帖初學記本國有國史秘府略日本記文觀詞

林混元錄等書釋氏論及疏拟傳集之纇多有不可悉數寂照領徒七人

皆不通華言國中多習王右軍書寂照頗得其筆法召見賜紫衣束帛其

徒皆賜以紫衣復館于上寺寂照頗遊天台山詔令縣道續食三司使丁

謂見寂照甚悅之謂姑蘇人為言其山水奇見寂照心愛因留止吳門寺

其徒不願住者遺數人歸本國以黑金水瓶急須寄謂并詩曰提挈三五

載日用不魯離曉井斗殘月春爐釋夜漸鄰銀難免役萊石易戒齋此罷
堅還實寄君應可知謂分月俸給之寂照漸通此方言持戒律精至通內
外學三吳道俗所歸嚮寂照東游予遺以印本圓覺經并詩送之後寄書
與予詩中兩句云身隨客槎遠心與海鷗親不可忘也圓覺顧目不暫捨
去後南海高人船自其國還得國王竿與寂照書稱野人若愚書末云嗟
呼絕域殊方雲濤萬里昔日芝蘭之志如今胡越之身非歸雲不報心懷
非便風不傳音問人生之限何以過之云云　後題寬弘四年九月父老大
臣藤原道長書略云商客至通書誰謂宋遠用慰馳結迷禮天台更可攀
五臺之遊既果本願甚悅懷土之心如何再會胡馬猶向北風上人莫忘
東日後題寬弘五年七月人治部卿源從英書略云所諮唐曆以後史籍
及他內外經書未來本國者因寄官為望商人重載輕貨而來上
國之風絕而無聞學者之限在此一事末云分手之後相見無期生為兩
鄉之身死會一佛之土書中報寂照俗家及墳墓事甚詳悉後題寬弘五
年九月凡三書皆二王之迹而野人若愚章特妙中土能書者亦鮮及紙
墨尤精左大臣乃國之上相治部九卿之列
能光茅亭客話瓦屋和尚名能光日本國僧也嗣洞山悟本禪師天復年

初入蜀偽永泰軍節度使祿處戾捨碧鷄坊宅為禪院居之至孟蜀長興

年末遷化時齒一百六十三故勾居士有敬禮尾屋和尚塔偈云大空無

盡叔成塵玄歿孤高物外人日本國来尋彼岸洞山林下過迷津流流法

乳誰無分了教知我最親一百六十三歲後方於此塔葬全身

道寧舒州志僧道寧舒州人岀家白雲山海會寺落髮受具後至尤溪保

安寺遂駐錫馬喜施藥人賴以活者甚衆邑有居士林蔚與寧為忘形交

一日蔚卧病寧候之蔚窺見其首有九影後約蔚及同邑薛仲偉游九座

山中途值夜露宿山間寧曰今夜或偷兒至請仲偉禦之若猛獸至則有

老僧在頃之虎至寧呼曰斑斑女来何為可速去虎聞聲而遁皇祐五年

別邑官云盈虛有數去住無常風火相催形影難避儼然順寂

洪蘊宋史汝門洪蘊本姓藍潭州長沙人母初以無子專誦佛經旣而

有娠生洪蘊年十三詣郡之洪福寺汝門智岊求出家習方技之書後遊

京師以醫術知名太祖召見賜紫方袍號廣利大師太平興國詔購醫方

洪蘊錄古方數十以獻真宗在蜀邸洪蘊嘗以方藥謁見咸平初補右街

首座累轉左街副僧錄洪蘊尤工診切每歲時言人生死無不應湯劑精

至貴戚大臣有疾多詔遣診療景德元年卒年六十八

法堅宋史有廬山僧法堅亦以善醫著名久遊京師嘗賜紫方袍號廣濟

大師後還山景德二年以雍王元份久被疾召赴闕至則元份己薨法堅

復歸山而卒

奝然楊內翰談苑雍熙初日本僧奝然（音影）然来朝獻其國職貢今年代紀

奝然袤録自云姓藤原氏為真連國五品官也奝然善筆札而不通華言

有所問書以對之國有五經及釋氏經教並得於中國有白居易集七十

卷地管州六十八土曠而人火率長壽多百餘歲國王一姓相傳六十四

世文武僚吏皆世官予在史局閱所降禁書有日本年代紀一卷及奝然

表啓一卷因得修其國史傳甚詳奝然後歸國附商人船奉所貢方物為

謝案日本倭之別種也以國在日邊故以日本為名或言惡倭之名不雅

改之盖通中國文字故唐長安中遣其大臣真人来貢皆讀經史善屬文

亦累有使至多求文籍釋典以歸

法秀金陵志僧法秀姓辛氏母夢有僧托宿曰我麥積山僧也覺而有振

年十九通經為大僧矣講大經句章分析旁穿直貫機鋒不可觸聲著京

落後舒王以禮致之蔣山號秀鐵後住公主之法雲神宗為之降香秀疾

日吾有疾當死耳求治之是以為可戀也與地紀勝陝西成州法秀姓辛

氏講大經章句旁穿直貫機鋒不可觸住真州長蘆叢林號秀鐵壁冀國
大長公主造法雲寺成有詔秀為開山第一祖開堂之日神宗皇帝遣中
使降香雲門宗風自是興於西北士大夫日夕問道元祐五年八月卧疾
曰平生生死夢三者無所揀安坐說偈而化祖月結芽成州部落山使趙
彥博為之贊曰開悟語泉生及我與一切秀雅堂胜記園通禪師法秀在
鍾山寺元豐二年王荊公居金陵以禮邀師居鍾山之興國寺此寺乃荊
公捐私財以治書也寺之事一聽於公而後行師至之日告於眾曰以財
營寺則宜歸王氏以寺聽命則宜歸老僧一日公以所著佛書辯義示師
師曰文章之妙所不敢議然不可以智知殆非義學所能盡也公甚不悅
師遂弃去
妙應杭州府志祐陵時有僧妙應者江南人往來京洛間能知人休咎其
說初不言五行形神且不在人之求而告之佯狂奔走初無定止飲酒食
肉不拘戒行人呼之為風和尚元長疏居錢塘一日忽直造其堂書詩
一絕云相得端明似虎形搖頭擺脑得人憎看取明年作宰相張牙劈口
喫眾生又書其下云眾生受若兩紀都休已而悉如其言紹興初猶在廣
中梳于柳州春諸紀聞金陵有僧嗜酒佯狂時言人禍畐人謂之風和尚

陳瑩中未第時問之云我作狀元吾即應之曰無時可得瑩中復謂之曰

戎夾不得可耶又應如初明年時彥御試第一人而瑩中第二方悟其言

無時可得之說王明清攷轄錄僧妙應能言人未來事名重上國吳元仲

丞相在揆垣日忽造之曰天下將亂子作相矣吾欲南適侯見子於嶺外

吾其死時矣公是時亦將不免言訖而別宣和末元仲以內禪功自給事

中兩月至相位未逾年即南竄建炎中起家為宣撫使力辭不拜避地柳

州耳與妙應遇因語之曰師之前言殆將驗矣索何與之奕其罷妙應歸

所寓寺翌日訪之己蟬蛻矣未幾元仲亦薨魯仲躬云王明清揮麈錄初

令聲宣和中在上庠有僧妙應者能知人休咎語令聲云君不得以令終

侯端午日伍子胥廟中見石榴華開則奇禍至矣令聲初任監杭州稅在

任三載足迹不敢登吳山將赴江山也自其諸暨所居趨越來訪師既歸

出城數里值大風雨乃亟愒路旁一小廟中見庭下榴花盛開研甚可愛詢

祝史云此伍子胥廟其日乃五月五日令聲慘然登車未幾遂罹其酷

契嵩江火虞類苑吾友契嵩師熙寧四年疫於餘杭靈隱山翠微堂火葬

記不壞五物晴古鼻耳毫數珠之以烈火重煆煆之愈堅嵩之文

僅條韓柳間治平中以所著書曰輔教編攜詣闕下大學者若今首揆王

相歐陽諸巨公皆低簪以禮馬王仲儀公素為京尹特上殿以其編進呈

許附教藏賜號明教大師嵩童体完素至死無犯火訖張器不壞此節可

高天下之士余昔怪其累夕講談音若清嚳未嘗火嚘及終方得其驗嵩

字仲靈藤州人元一統志廣西藤縣契嵩居東山七歲出家十二得度十

九遊方得道慶曆間遊吳樂錢塘湖山之勝遂稅駕馬博通經史詩類杜

火陵楊公濟蟠伏其才苕嵩詩有千年猶可照吳邦之句宋釋契嵩鐘

津集寂子解蓋師火時所稱而後更號潛子寂子者學佛者也以其所得

之道寂靜奧妙故命曰寂子寂子既治其學又喜習儒之書甚而樂

為文詞故為學者所辯學佛者謂寂子固多心耶不能專純其道何為之

駁也學儒者謂寂子非實為佛者也彼寄迹於釋氏法中耳寂子竊謂此

二者不知言者也不可不告之也因謂二客曰吾之喜儒也蓋取其於吾

道有所合而為之耳儒所謂仁義禮智信者與吾佛曰慈悲曰布施曰恭

敬曰無我慢曰智慧曰不妄言綺語其為目雖不同而其所以立誠脩行

善世教人豈異乎哉聖人之為心者欲人皆善使其心去罪惡也苟同有

以其道致人為善豈曰彼雖善非由我教而所以為善吾不善之也如此

馬得謂聖人耶故吾喜儒亦欲晞聖人之志而與人為善也又吾佛有以

萬行而為人也今儒之仁義禮智信豈非吾佛所施之萬行乎為吾萬行
又何駭哉又謂之曰客無以吾喜儒為寄迹苟容於佛氏法中耳寂子雖
無大過人豈不能為抱關擊柝魚鹽版築之事以苟容其身耶甘落髮忍
所愛口不敢嘗於葷血以奉佛者誠以其教廣大其道真奧以之修身則
清淨齋戒以之脩心則正靜無妄以之推於人則惸惸為善善者為誠以
之死生終始通於鬼神變化雖飢羸枯槁委於草莽而不忍後者正以
其所存如此也夫市井小人以市道相師有一言利其所為尚能終身戴
其師之德寂子雖陋寧不賢於市井輩邪得人之道而堯偉以負其教而
奴隸之人不忍為也寂其為乎仰天俯地吾不欺於聖人也客幸無以
此為說也二客者嘗以其教相辯寂子亦從而諭之曰客無譖也儒佛者
聖人之教也其所出雖不同而同乎治儒者聖人之大有為者也佛者
聖人之大無為者也有為者以治世無為者以治心治心者不接於事不
接於事則善善惡惡之志不可得而用也治世者宜接於事宜接於事則
賞善罰惡之禮不可不舉也其心既治謂之情性真正情性真正則與夫
禮義所導而至之者不亦會乎儒者欲人因教以正其生佛者欲人由教
以正其心或云欲人正心以行其教心也者微乎神明神明也者世不得

聞見故語神明者必諭以出世章於世而議其出世也是亦不思之甚

也故治世者非儒不可也治出世非佛亦不可也二客復相辯其教之末

者云云寂子又諭之曰君子於事宜揣其本以齊其末則志常得而言不

失也今也各不詳其所以為教而辯吾末見其得之者也茍辯

其末孰不可辯也二客且止然寂子與人游也不接其勢不奉其豪不要

其譽惟其達道與己合者與之視其嘐嘐相訾者悠然不樂從之或問寂

子似善於佛盡揭子之道以示於世寂子曰吾道難言也言乎通則常

不可極言乎遠則常自得存乎人通乎神達乎聖歷乎死生變化而不失

末易一一與俗人語也誠欲求之當探寂子所著之内書寂子解嘲

寂子為祁氏之隱者也其性簡靜不醒醜事苟禮故為俗所謗憎終以傲

誕議之寂子初以流俗之說宜不足顧雖朋儕規之亦末始奉教及壯道

業且修而其謗益甚來相規者愈勤寂子撫然歎曰世真無知我者也乃

坐規者與之語曰俗謂我傲宣以吾特立獨行與世不相雜乎又宣非

以吾不能其言柔顏而與世順俯仰乎規者曰不出是也寂子曰言道德

禮樂者大要在誠非直飾容貌而事俯仰言語也吾惡世俗之為禮者但

貌恭而身傴俛考其誠則萬一無有内則自欺外實欺人故吾於人欲其

誠信不專在言語容貌俯仰耳所謂人者孰不可以誠信接之誠信之道

雖容貌揖讓不亦末乎昔嚴子陵於漢乃卧見盧鴻於唐輒不拜正謂以

誠信待天下也子謂二子其非乎是耶必以為傲則吾無如之何也今俗

謂之恭敬而不問仁鄙義與不義權利所存則遽蓬儞俛馳走於其下廿

役身而不殆為權與利不在雖賢與義與坐必倨與际必瞪施施然驕

氣凌人書曰徽狠明德正此之謂也嗚呼俗之所為如是且不自引其過

而反議我亦猶豪塗汙而笑不潔子往矣無更規我　陳舜俞明教大師

行業記石刻本在杭之靈隱宋熙寧五年六月初四日有大沙門明教大

師示化于杭州之靈隱寺世壽六十有六僧臘五十是月八日以其

法茶毗歛其骨得六根之不壞者三頂骨出舍利紅白晶潔狀若大菽者

三及常所持木數珠亦不壞於是邦人僧士更相傳告歎歎頂禮越月四

日合諸不壞者葬于故居永安院之左其存也嘗與其交居士陳舜俞極

談死生之際而已屬其後事茲用不能無述也師諱契嵩字仲靈自號潛

子藤州鐔津人姓李母鍾氏七歲而出家十三得度落髮明年受具戒十

九而遊方下江湘衡廬首常戴觀音之像而誦其號日十萬聲於是世

問經書章句不學而能得法於筠州洞山之聰公慶曆間入吳中至錢塘

門塔墓所在曰我師昔在壽塔南華之東數里有不悅師者葬之別墓既

七百餘日矣今長老明公獨奮不顧發而歸之壽塔改棺易衣葬體如

生衣皆鮮芳衆乃大服東坡居士曰辨視身為何物弃之尸陁林以飼烏

鳶何有安以壽塔為明公知辨者特欲以化服同異而已乃以茗果奠其

塔而書其事以遺其上足南華塔主可與師時元符三年十一月十九日

法安大師黃庭堅集法安大師塔銘 禪師號法安出於臨川許氏幼謝

父母師事承天長老慕閑年二十誦經通授僧服則無守家傳鉢之心求

師問道不憚山川寒暑初依止雪竇重顯顯沒則依天衣義懷雖蒙天衣

印可猶栖法席數年同參皆推上之法雲禪師法秀尤與之善以經論

入微為同業參玄入不二為同門故也辭天衣又探頤鈎深廉不經歷年

三十有七歸在臨川初受請住黃山之如意院破屋壞垣無以蔽風雨師

住十年大廈崇成僧至如歸乃謝去下江漢杭二浙上天台四明沂淮泛

而還所至接物利生未嘗失言亦未嘗失人曰首懷道蕭然無侶倚杖於

南昌又受請住武寧之延恩寺延恩父子傳器貧不能守之初以為十方

始至草屋數楹敗狀不蕢師慶之超然縣尹裴士章欲糺合豪石為師一

新之師曰檀法本以度人今不發心而強之是名作業不名佛事裴以師

苦口因止不為師亦住十年凡安眾之地冬燠而夏涼鍾魚而粥鍾魚而

飯來者息焉以元豐甲子歲七月命茅子俾方丈文書勿復料簡商略為

聚如共住僧數人與其一則示微疾其八月辛未終于寢室閱世六十有

一年坐四十有一夏茅子普觀營塔於後山距寺百步師平生常教勸人

萬事隨緣是安樂法師之居延恩人視之不堪其憂於是法雲秀常有象

千數百說法如雲雨所居世界莊嚴其威光可以為兄弟接羽翼而天飛

也以書招師云師發書一笑而已余聞禪師為有道而陸沉者每歎息

其無傳晚得友道人惟清清之言曰我初發心實在延恩安公告戒策勵

如父母師友中心以謂凡住山者法如是爾及游諸方罕遇如安公者以

是提耳之誨不忘於心若安公名稱利養實不能與天下衲師爭衡然此

自不滿安公之一笑可作石置安公道場使來者知住山規矩當如道

於是追跡行李總其化緣起滅如此而繫之以詞詞曰三際十方心田一

契如是而住諸音所印其中種子皆本來法東西相傳唯證乃知證得祖

契感音以來諸音為萬物主是故無爭若本來之契妄認界畔如空如

海維此契心有無根樹問其所在則伏冒但由初不知自本自根懷藏偽

契篝其丘角一九非九謂傳密記目盲為幻醫窮子眼披如來衣作大妄

語見地不直與萬物訟見境崢嶸故多諍論土牛耕石終不得稻堂堂安

公是大田主絶學無為終日修行出入生死無作無造法住法位無有爭

地布慈悲雲雨一味法飛蝗蔽天赤旱千里而我境界萬物有年鑿井耕

田不荷帝力安公法爾一切亦爾安公道場來者敬禮

文惠大師臨川志師姓彭氏名惠嚴金谿人出家于寶應時聱陵陽客寓

此寺每賦詩師從旁諦聽輒呵之曰小子何知師言竊亦受慕因進數篇

後所進益多稍進而教之曰須吟盡麁惡而後可范鎡槌自是有能詩聲

鄉人李侍郎浩時為中都官朝士問曰斷橋橫略彴支遶入招提此臨川

嚴上人詩耶李曰是特虎豹一班耳後悟曰文字特綺語業耳乃弃置筆

硯淳熙中常平使者陸公游延師于臺治問其詩笑而不答至今人稱文

惠而不名有詩集刊章貢

無相臨川志無相姓胡名妙明臨川染家子遇大善知識教其面壁靜坐

遂有悟頓能文名公多與之交象山一日講易無相在坐象山問理會得

否無相荅曰三畫未分消息露六文繞動錯商量李侍郎嘗與偈曰會染

道人還姓胡身披直裰入緇徒休論釘鈹空靈事還把空虛染得無晚年

結庵常清觀之西趺坐而逝

常監廬子逸史宋師儒者能預知吉凶淮南有僧常監者言事亦中師儒
謂僧曰和尚有重尼尼在歲盡常監曰有何事莫相恐嚇師儒曰和尚尼
且至但記取去歲數日莫出城莫騎駿馬子常監勃然而起去後數日從
事鄭侍郎新買一駿馬豪駿將迎常監曰非宋師儒之言駿馬子且
要騎未行數里下橋會有買竹束者擲之於地上正當馬前驚走入籃巷
中常監身戍於地足懸於轡內行數里人方救之腦破血流被體
道詮宋歐陽公集明因大師塔記　明因大師道銓姓衛氏兖州文水縣
民家子生於太平興國辛巳之歲終於明道癸酉之正月壽五十有三年
始為童子辭家人入洛陽妙覺禪院依真行大師惠瓛學浮屠法咸平五
年始去氏削髮入禪籍後二十四年賜紫衣遂主其衆又四年賜號明因
兼領右街教門事凡為僧三十有一年卒之明年其徒以骨葬城南龍門
山下始道銓未死時予過其廬問其年幾何曰五十有二矣問其何許人
也曰本太原農家也困與語曰詩唐風言晉本唐之俗其民被堯之德化
且詩多以儉刺然其勤生以儉盡朴厚而純固最得古之遺風今能言其
土風乎其民俗何若信若詩之所謂乎詩去今餘千歲矣猶若詩之時乎
其亦隨世而遷變也曰樹麻而衣陶尾而食築土而室甘辛苦薄滋味歲

樂其湖山始託駕焉當是時天下之士學為古文慕韓退之排佛而尊孔

子東南有章表民黃聲隅李泰伯尤為雄傑學者宗之仲靈獨居作原教

孝論十餘篇明儒釋之道一貫以抗其說諸君讀之既受其文又畏其理

之勝而莫之能奪也因與之游遇士大夫之惡佛者仲靈無不懇懇為言

之由是排者浸止而後有好之甚者仲靈唱之也所居一室蕭然無長物

與人清談疊疊至於終日客非修絜行誼之士不可造也時貳卿郎公引

年謝歸最為物外之友嘗欲同游徑山有行色矣公亦風邑豪預馬冀其

見仲靈而有以尊養之仲靈知之不肯行使人謝公曰從吾所好何必求

富而執鞭哉凡其緊絜頹如此皇祐間去居越之南鶁山未幾罷歸復著

禪宗定祖圖傳法正宗記仲靈之作是書也慨然憫禪門之陵遲困大考

經典以佛後摩訶迦葉獨得大法眼藏為初祖推而下之至于達磨為二

十八祖皆密相付囑不立文字謂之教外別傳者居無何觀察李公謹得

其書且欲其高名奏錫紫方袍仲靈復念幸生天子大臣護道達法之辰

乃抱其書以游京師府尹龍圖王仲儀果奏上之仁宗覽之詔付傳法院

編次以示裒寵仍賜明教之號仲靈再表辭不許朝中自韓丞相而下莫

不延見而尊重之留居憫賢寺不受請還東南已而浮圖之講解者惡其

有別傳之語而恥其所宗不在所謂二十八人者乃相與造說以非之仲

靈聞之攘袂切齒又益著書博引聖賢經論古人集録為證義至數萬言

士有賢而好佛者往往詆而訴其究之雖平生辱於仲靈者猶恨其不

能與象人相忘於是非之間及其亡之三寸之舌所以論議是是非非者

卒與數物不壞以明之嗚呼使其與奪之不公辯說之不契于道則何以

臻此哉雖然仲靈之所以自得而樂諸己者蓋不預於此豈可為淺見寡

聞者道耶仲靈在東南最後客學蔡君謨之帥杭也延置佛日山禮甚厚

居數年然言高而行卓不少假學者人莫之能從也有弟子曰慈愈洞清

洞光所著書自定圖而下謂之嘉祐集又有治平集凡百餘卷總六十

有餘萬言其甥沈門法澄克奉藏之以信後世云熙寧八年十二月五日

記蘇文忠公集故南華長老重辯師逸事　契嵩禪師常瞋人未嘗見其

笑海月慧辯事嘗喜人未嘗見其怒予在錢塘親見二人皆趺坐而化嵩

既茶毗火不能壞益薪熾火有終不壞者五海月比葬面如生且微笑乃

知二人以瞋喜作佛事也世人視身如金玉不旋踵為糞土至人反是予

以是知一切法以愛故壞以捨故常在豈不然哉予遷嶺南始識南華重

辯長老語終日知其有道也予自嶺南還則辯已寂久矣過南華弔其衆

耕日積有餘則窖而藏之率千百年不輒發其勤且儉誠有古之遺風至

今而不變也又言為兒時聞長老語晋自春秋為盛國至唐基弄以興世

為止京及朱氏有中土後唐徛弄為雄示卒以王既而晋祖又以王漢又

以王遭時之故相次出三天子劉崇父子又自為國故民熟兵鬭饞軍死

戰勞苦歲百年不得息既而聖人出四方次第平一日兵臨城門係元

以歸幷民然後彼政教棄兵專農休息勞苦為太平之幸人弄平後二歲

我始生幼又依浮圖生不見干戈長不執耒衣不麻食不毛室不土力

不穡而休乃弄人之又幸者也今老矣且病即死無恨予愛其語朴而詳

他日復過其盧莫見也訪之曰死矣之惻然及其葬其徒有求予誌其

始終者因幷書其常語予者志歲月云爾

道信王魏公集明仙和尚記　明仙和尚名道信者以淨行勝業調伏一

鄉傅法拍提四象瞻仰端明王公以舊德偉望来殿晋土鎮撫餘暇召至

齋館留寓信宿寵以三頌辭義奧窈深達寶相固龍天之所讚嘆大乗之

所印可者也說者以謂生滅無住何法可言語黙兩忘方能證道此諸佛

如来所以無示無識離諸門苔也然而文殊師利從無住本一切法法尚

應立豈當無言自非至人孰與於是由此觀之王公之召明仙之来一句

一偈至理存焉若夫斷分別想現清淨觀大千妙界聞之者咸離塵勞不

二法門悟之者頓超覺路則慈悲誓願之力可量也哉年月日臨川王某記

文奕呂淨德先生集聖興寺僧文奕壽塔記　僧文奕詣予而言曰文奕

之先居濟南姓朱氏方火時去父母来成都學浮圖道得聖興寺蘊中而

禮之會真宗皇帝呉國長公主為報慈正覺大師以普恩落髮令六十九

載矣自為童讀佛書以至隸僧籍登講坐主讚懺長戒壇居副職衣紫方

袍無一不足者行年八十復何為哉惟晦默澄靜日俟終化有為我冗西

郊之地他日以爐骨藏其間而謂之壽塔者敬請文以誌焉陶伏聞家君

言師字鑒之相從最舊知其為人有律行該通教典終日演講僅五十年

就壇藥戒者無慮千數嘗委橐金新護淨門闡求所刊益天章待制李公

為記其事年雖老毛意氣不火衰歊為水陸大供觀享冥福

師夜誦真諦晝達旦聲韻遠暢念於壮夫盖諸經所載佛語者常總而

記之故多且不遺也之妄人牽聯馳突於世利欲之塗衷惡惡昨夜惕

自封殖伐滅天和技墜罪境不知其神魂之蕩奪固已久矣而猶蚤夜惕

惕怳恐浮軀之急壞凡如此者又安能知釋氏之於死生甚近而易乃育

往来彼此之論雖然以師之輕清怳豫不夸能不役智則末可以歲月期

也曰仲倪仲昂惟賢士曇士獨五人者寔繼其後云元豐戊午歲季秋朔
日

觀禪師宋劉龍雲先生集觀禪師碑　閩粤右浙左番禺壤迫而民稠男
子資秀穎力彊自好則起而為士者常十五六為佛之徒者又五之一焉
然佛之徒自其童時已能誦數學涉精愽繞一祝髮即技跡游方中祇杖
屢從知名師解懸脫梧躍出累表異時匡盧灊霍布金之肆諸以禪擅天
下多閩粤人至閩粤則其望僧反不逮他處而數百年間求如汀上白衣
莆之妙應與夫福唐存備之徒盖無幾顧宗寥不詔之後能躡跡到佛是
其尤偉而有如師者出吳師諱令觀俗姓黃氏莆田人生不茹葷年十三
隸廣化寺禮師繼隆十八受具戒略通易子老莊諸書已而撥去聽講
大乘經論他日讀楞嚴經翻然大悟日世徒傳當年圓覺之主峯何知不
有今日楞嚴之我耶未義得寺之安養院折笋坏戶而居之標尚質素語
終日不妄出口非有迫致或竟歲未嘗躕閫閱大藏經更數逾雖老益力
又天性慈甚哀病者而急阮咒食效生無不為者賞不逮必解衣就質
無難色佛事身朝讀夕燈者三十年不驅蚊不搖餒虱不以匡衆為已任
人或戲之曰愿乎觀公美事爾為師曰吾非愿者正恐坐此得愿耳其密

意警人類如此忽一日示疾語其徒曰有六上人當過我丞具茗果衆疑

師屬疾語迷謬既而人有賚像自遠至者物色之正六則傳金羅漢也暮

沐浴黎明更衣敷座集衆若辭世者曰勉矣母賁吾佛語已抵掌就寂是

日愁雲曀空群鳥鳴悲實元祐八年三月二十九日也壽九十一僧臘七

十三居三日頂猶溫其首蓋偈而復正者再用天笁法茶毗于寺之北堈

屬塔中如往還狀又三日現金銀色舍利璟五里餘尺草寸木悉發光耀

火行與香收爐得舌根不壞觀者驚歎其徒塔之夜有光炯然自茶毗所

歷石拍土無不得者而不窮也旁近民至取以售用於是長老繼諸狀其

事詣余曰凡剃而緇者決生平功行每在於臨行拘縱之一靈最後灼肌

之寸爐耳張吾佛秉既得之觀矣將俊觀之傳使臺于後子則不可以徒

默連三請益堅而曰觀之事赫然可喜如此而諸之請也不徒知觀又

知余則俊觀之傳當自諸始而余其一也係以偈言曰金剛寶王秘密藏

實甚希有首楞嚴了知一切於刹那如大壯士屈伸臂象生育龜越浮孔

不撥聚識取泥洹無漏種智安養佛封礫疑網知有此起不退轉得安隱

於彼無生忍法中妙湛圓明大總持時取惑者藥其病愈七十載閦魯臍臟

當示順日屯雲空云何古根歷藏然猶紅蓮華出遺爐況復得大堅固力

神光去来窣堵波普現舍利山樊間尺草寸木皆發色丙如泉源無有竭

蹴石拍土仍得之歎末魯有蒲之人一切有情悉擎跪維大禪伯曰法海

伏請偈言為證明得不思議有如師告彼來者庶無愧

慈應大師宋劉學易先生集慈應大師政公之碑　郫須城大谷山昭善

崇報禪院住持賜紫慈應大師文政令狐氏生須城令狐村其家衆相傳

唐彭陽公楚是其上世再從父頌天聖中為發中丞簇子相如今為朝奉

大夫大師初不戲弄踰冠度為僧護持戒律以謹密稱通大乘經論入諸

講律老師宿學善其咨叩故丞相河間劉公葵三世大谷西山之陽以恩

置寺賜額昭善崇報度靜人如令歷選於象乃以大師住持為第一代披

榛棘立基址種蓺薙汲惟日不足已而緇素信報者接踵寺娓娓向有

戎今林樾菀蔚宇像輝煥薰脩供養報國恩已亦報佛恩又受鄉人勸請

造天寧大像建開元三門譬皆千萬而施者樂輸如付之權衡概量洞無

纖介既成咸懽然喜得未魯有性寬多恕雅不忍言人過失犯而不校末

嘗以色加僮侍議者謂怳然長者衆中舉無與比鄉人士大夫下逮里巷

老稚皆受之重之一無間言凡住持二十七年政和三年五月辛卯示疾

就滅春秋六十九夏四十五弟子崇能亦令狐氏兄子之子實嗣寺八年

二月壬申與諸弟子新福等共二十八人歸全身建塔大谷東山下去寺事百弓占地縱橫十有一肘乃勒銘石永伸哀慕其辭曰象楷首慈應師歲三九獲依止天華姿法泉洞孰求我覺導師爰結集建茲塔便時日赴山谷忽奮厲如復生又號慕如始亡藐我等懷罄歔守護此利利羅維顧力所加持續慧命永無盡大

宋政和八年二月壬申立

永樂大典卷之八千七百八十三

158

重錄總校官侍郎臣高拱

　　學士臣胡正蒙

分校官侍讀臣姜金和

書寫生員臣曹嘉賓

圈點監生臣馮承志

　　　　臣吳鍛

Ⅲ. 「唐版財産目錄」 일람표 및 수록 도서 해제

'李王職'의 「唐版財産目錄」 일람표
– 현 한국학중앙연구원 왕실도서 藏書閣의 소장 현황 조사

金信會 작성
(서울대학교 국사학과 박사과정)

【일러두기】

1. 이 일람표는『唐版財産目錄』의 〈唐板之部〉〈法帖之部〉〈大正三年度唐版財産目錄〉〈大正三年度法帖之部〉 구분에 따라 작성됨.

2. 『唐版財産目錄』과 책수가 맞지 않는 것은『藏書閣圖書中國版總目錄』과 장서각 홈페이지에서 동일한 책의 이름이 보이더라도 제외시키고 계산하지 않음.

3. 동일한 책에 대해『唐版財産目錄』과『藏書閣圖書中國版總目錄』의 이름이 다른 경우 표기하였음.

4. '확인필요'는 적시된 서적들이 동일 책인지 여부를 확신할 수 없는 경우임.

5. 책은 장서각 어딘가에 모두 존재할 것으로 생각되나 정리 과정에서 책명이 통합되고 분산된 경우가 발생했던 것으로 추정됨. 또는 다른 이름으로 장서각에 보존되고 있는 가능성도 배제할 수 없음.

『唐版財産目錄』: 장서각도서 142 33 1-1, 필사본.

『藏書閣圖書中國版總目錄』: 문화재관리국·장서각 편집 발행, 1974, 출판본.

〈唐板之部〉

『唐版財産目録』 수록 도서 정리 현황			장서각 자료 2책 검토		현 장서각 소장 여부(홈페이지 확인 2015년)		
唐板之部			唐板之部		唐板之部		
순번	도서명	『唐版財産目錄』	『藏書閣圖書中國版總目錄』	검색건수	일제 강점기 구매 추정 판본		비고
245	康熙字典	1건(40책)	1-222/불분권40책 1-223 40권40책 1-224 40권40책 1-225 40권40책 *C1-225는 '同書4부' 1-226 6갑40책	5건	康熙字典//凌紹雯(淸)等奉勅撰/木版/道光7(1827)/C1-222/線裝不分卷40冊(6匣)		확인필요
251	康熙字典	1건(40책)			康熙字典//凌紹雯(淸)等奉勅撰/木版/康熙55(1716)/C1-223/線裝40卷40冊		
301	康熙字典	1건(40책)			康熙字典//凌紹雯(淸)等奉勅撰/木版/康熙55(1716)/C1-224/線裝40卷40冊		
316	康熙字典(殿板)	1건(40책)			康熙字典//凌紹雯(淸)等奉勅撰/木版/道光7(1827)重刊/C1-225/線裝40卷40冊		
					康熙字典//凌紹雯(淸)等奉勅撰/木版/道光7(1827)/C1-226/線裝6匣40冊		
60	劍南詩藁	1건(30책)	1건(131권30책)	1건	劍南詩藁// 陸 游(宋) 著 / 木版 / 明朝年間 / C4-61 / 線裝 131卷30冊		
339	格古要論	1건(4책)	1건(13권4책)	1건	新增格古要論//曹昭(明)著/木版/天順3(1459)後刷/C3-216/線裝13卷4冊		
537	格古要論	1건(4책)	1건(13권4책)	1건	新增格古要論/曹昭(明)著;/木版/[淸朝年間/C3-217/線裝13卷4冊		
459	謙受堂集	1건(4책)	1건(15권4책)	1건	謙受堂集/ 邵大業(淸) 著 / 木版 / 嘉慶2 (1797) / C4-62 / 線裝 15卷4冊		
542	鏡壇(印譜)	1건(6책)	1건(불분권6책)	1건	鏡壇/ 編者未詳 / 鈐印版 / [淸朝年間] / C3-154 / 線裝, 不分卷6冊		
580	經史問答	1건(4책)	1건(10권4책)	1건	全謝山先生經史問答// 全祖望(淸) 撰 / 木版 / 乾隆30(1765) / C3-204 / 線裝10卷4冊		
569	經史辨體	1건(20책)	1건(20책)	1건	經史辨體/ 徐與喬(淸) 評輯; / 木版 / [淸朝年間] / C3-195 / 線裝 20冊		
242	經世文編	1건(80책)	1건(120권 80책)	1건	皇朝綷世文編/ 賀長齡(淸) 輯 / 木版 / 道光 7 (1827) / C3-323 / 線裝, 120卷80冊		
520	敬業堂詩集	1건(10책)	1건(50권10책)	1건	敬業堂詩集 / 查愼行(淸) 著 / 木版 / 康熙58(1719) / C4-63 / 線裝 50卷10冊		
433	經籍纂詁	1건(48책)	1건(106권48책)	1건	經籍纂詁 / 院 元(淸)撰集 / 木版 / 光緖6(1880) / C1-207 / 線裝106卷48冊		
365	經學叢書	1건(12책)	經學叢書初編1건(38권12책)	1건	經學叢書初編/ 朱記榮(吳) 輯 / 木版 / 光緖13(1887)序 / C1-2 / 線裝, 38卷12冊		

559	經訓堂叢書	1건(32책)	1건(168권32책)	1건	經訓堂叢書/ / 靈巖山館刊 / 木版 / 乾降48(1783) / C3-236 / 線裝168卷32冊	
77	癸辛雜識	1건(5책)	1건(5권5책)	1건	癸辛雜識/ / 周密(宋) 著; / 木版 / [淸朝初期 / C4-221 / 線裝 5卷5冊	
87	啓雋類函	1건(30책)	1건(100권30책)	1건	啓雋類函/ / 兪安期(明)編; / 木版 / 萬曆46(1618) 序 / C3-278 / 線裝 100卷30冊	
172	攷工記圖	1건(2책)	1건(2권2책)	1건	考工記圖/戴東原(淸) 著/木版/乾降44(1779)/C3-159/線裝, 2卷2冊	
533	古今書刻	1건(2책)	1건(2권2책)	1건	古今書刻/ / 周弘祖(明) 集 / 木版 / 光緖32(1906) / C2-330 / 線裝 2卷2冊	
14	古文析義	1건(16책)	1건(16권16책)	2건	古文析義//林雲銘(淸)評註;/木版/康熙55(1716)/C4-203/線裝16卷16冊	
256	古文析義	1건(16책)	1건(16권16책)		古文析義//林雲銘(淸)評註;/木版/康熙55(1716)/C4-204/線裝16卷16冊	
213	古文淵鑑	1건(37책)	1건(64권37책)	1건	古文淵鑑/ / 徐乾學(淸) 編注 / 本版 / 康熙24(1685)[後刷] / C4-5 / 線裝 64卷37冊	
515	故事黃眉	1건(5책)	1건(10권5책)	1건	精選故事黃眉/ / 鄧景南(明) 增補 / 木版 / [明末淸初 / C3-317 / 線裝, 10卷5冊	
9	古詩源	1건(6책)	1건(14권6책)	1건	古詩源/ / 沈德潛(淸) 選輯; / 木版 / 康熙58(l719)序 / C4-7 / 線裝 14卷6冊	
500	顧氏音樂五書	1건(12책)	1건(20권12책)	1건	顧氏音學五書/ / 顧炎武(淸) 著 / 木版 / 崇禎6(1633)序 / C1-259 / 線裝20卷12冊	
11	古玉圖譜	1건(20책)	확인 안됨		확인 안됨	
552	古泉滙	1건(20책)	1건(66권20책)	1건	古泉匯/ / 李佐賢(淸)編輯 / 木版 / 同治3(1864) / C3-160 / 線裝, 66卷20冊	
307	古香齋初學記	1건(12책)	古香齋鑒賞袖珍初學記 1건(30권12책)	1건	古香齋鑒賞袖珍初學記/ /徐堅(唐)等奉勅撰/木版/[淸朝年間]/C3-280/線裝30卷12冊	
478	困學紀聞三箋	1건(8책)	1건(20권8책)	1건	校訂 困學紀聞三箋/ / 王應麟(宋) 撰 / 木版 / 乾隆7(1742) / C3-197 / 線裝 20卷8冊	
76	空同集	1건(15책)	崆峒集 1건(63권15책)	1건	峰蝎集//李夢陽(明)撰/木版/嘉淸9(1530)後刷/C4-66/線裝63卷15冊 *峰蝎集은 崆峒集의 오기	
279	孔子編年	1건(2책)	확인 안됨		확인 안됨	
290	郭靑螺崇論	1건(8책)	1건(8권8책)	1건	郭靑螺先生崇論/ / 郭子章(明) 著; / 木版 / [淸朝年間] / C3-196 / 線裝 8卷8冊	
385	廣金石韻府	1건(4책)	1건(4권4책)	1건	廣金石韻府/ / 林尙葵(淸) 輯; / 木版 / 康熙9(1670) / C1-260 / 線裝 4卷4冊	

467	廣陵通典	1건(3책)	1건(10권3책)	1건	廣陵通典// 汪 中(泳) 撰 / 木版 / 道光3(1823) / C2-304 / 10卷3冊	
25	廣興記	1건(12책)	1건(24권12책)	1건	廣興記// 陸應陽(淸) 纂; / 木版 / 康熙56(1717) / C2-289 / 線裝 24卷12冊	
28	廣興記	1건(16책)	1건(24권16책)	1건	廣 興 記/ 陸應陽(淸) 纂; / 木版 / 嘉慶7(1802) / C2-290 / 線裝 24卷16冊	
508	廣韻	1건(5책)	1-261 -1건(5권5책) 1-262 -1건(5권5책)	2건	廣韻// 孫面(唐)重修/木版/至正12(1352)[後刷]/C1-261/線裝5卷5冊 廣韻// 孫面(唐)重修/木版/至元29(1292)[後刷]/C1-262/線裝5卷5冊	확인 필요
234	廣六典	1건(4책)	확인 안됨		확인 안됨	
19	九經(監本)	1건(30책)	1건(77권29책) -禮記券8, 1冊缺	1건	九經// 朱熹(宋) 等輯 / 木版 / [明朝年間] / C1-4 / 線裝, 77卷29冊(禮記卷8, 1冊缺)	확인 필요
407	求古精舍金石圖	1건(6책)	1건(4권6책)	1건	求古精舍金石圖// 陳 經(淸) 編 / 石印版 / 嘉慶23(1818) / C2-241 / 線裝 4卷6冊	
120	舊唐書	1건(60책)	1건(200권60책)	1건	舊唐書// 劉 珣(後晉) 撰 / 木版 / 乾隆4(1739) / C2-8 / 線裝200卷60冊	
129	歐陽公集	1건(40책)	居士集 1건(159권40책)	1건	居士集/ 歐陽脩(宋) 著 / 木版 / 乾隆12(1747)序/C4-60/線裝 159卷40冊	
336	舊五代史	1건(14책)	五代史 1건(74권14책)	1건	五代史 / / 歐陽俏(宋) 撰 / 木版本 / 乾降4(1739) / C2-42 / 線裝 74卷14冊	
44	國語	1건(8책)	1건(21권8책)	1건	國語// 韋昭(吳)解 / 木版 / [淸朝年間] / C2-113 / 線裝, 21卷8冊	
303	國語	1건(4책)	1건(9권4책)	1건	國語// 韋昭(吳)解; / 木版 / 康熙42(1703) / C2-112 / 線裝, 9卷4冊	
273	國朝紀錄彙編	1건(55책)	紀錄彙編 1건(216권55책)	1건	紀錄彙編/ / 沈節甫(明) 編 / 木版 / 萬曆45(1617)序 / C3-240 / 線裝 216卷55冊	
464	國朝先正事略	1건(24책)	1건(60권24책)	1건	國朝先正事略// 李元度(淸) / 木版 / 同治5(1866)序 / C2-131 / 線裝, 60卷24冊	
21	國朝二十四家文草	1건(6책)	1건(24권6책)	1건	國朝二十四家文초// 徐鳳輝(淸) 評 / 木版 / 道光10(1830) / C4-11 / 線裝 24卷6冊	
477	歸震川先生全集	1건(20책)	1건(40권20책)	1건	震川先生集// 歸有光(明) 撰; / 木版 / 康熙14(1675) / C4-177 / 線裝 40卷20冊	
170	奇器圖說	1건(6책)	확인 안됨		확인 안됨	
201	紀文達公類集	1건(20책)	紀文達公遺集 1건(32권20책)	1건	紀文達公遺集/紀昀(淸)撰/木版/嘉慶17(1812)序/C4-72/線裝32卷20冊	확인 필요
293	奇賞齋古文彙編	1건(122책)	1건(236권122책)	1건	奇賞齋古文彙編// 陳仁錫(明) 評選 / 木版 / 崇禎7(1634) / C4-12 / 線裝 236	

					卷122冊	
438	吉林通志	1건(49책)	1건(122권48책)	1건	吉林通志/ 李桂林(淸) 輯; / 木版 / 光緒17(1891) / C2-306 / 線裝 122卷48冊	
136	金陵集	1건(12책)	확인 안됨	1건	金陵集/ 南公轍(朝鮮) 撰 / 聚珍字版 / 純祖15(1815) / K4-5805 / 線裝 24卷12冊	
45	金史	1건(20책)	1건(135권20책)	1건	金 史 / 脫脫(元) 等撰; / 木版 / 嘉靖8(1529) / C2-10 / 線裝135卷20冊	
605	金史	1건(20책)				
125	金史	1건(24책)	1건(135권24책)	1건	金史/ 脫 脫(元)等撰 / 木版 / 乾隆2(1747) / C2-11 / 線裝135卷24冊	
259	金石錄	1건(6책)	金石錄 1건(30권6책)	1건	全石錄// 趙明誠(宋)編著/木版/[淸朝年間/C2-247/線裝30卷6冊 *金을全으로오기함	
260	金石索	1건(12책)	2-251 -1건(12권12책)	1건	金石索/ 馮雲鵬(淸), 馮雲원(淸) 同輯 / 拓印版 / 道光15(1835) / C2-251 / 線裝 12卷12冊	확인필요
406	金石屑	1건(4책)	1건(4책)	1건	金石屑/ 鮑昌熙(淸) 摹 / 拓印版 / 光緒3(1877) / C2-250 / 線裝 4冊	
340	金石粹編	1건(24책)	金石萃編 1건(181권24책)	1건	金石萃編// 王昶(淸) 編/木版/光緒19(1893)/C2-255/線裝181卷24冊 *粹가 아닌 萃로 되어 있음. 확인요망	확인필요
261	金石萃編	1건(64책)	1건(160권64책)	1건	金石萃編/ 王昶(淸) 撰 / 木版 / 同治11(1872) 重刊 / C2-254 / 線裝 160卷64冊	
47	羅經解定	1건(4책)	1건(7권4책)	1건	羅經解定/ 胡國禎 著; / 木版 / [淸朝年間] / C3-92 / 線裝 7卷4冊	
379	南疆史	1건(12책)	南疆繹史 1건(58권12책)	1건	南疆繹史/ 李瑤(淸) 撰 / 木板 / 道光10(1830) / C2-90 / 線裝 58卷12冊	
122	南史	1건(20책)	1건(80권20책)	1건	南史// 李延壽(唐) 撰; / 木版/康熙39(1700)/C2-13/線裝8卷20冊	
143	南史	1건(20책)	1건(80권20책)	1건	南史/木版/乾隆4(1739)/C2-14/線裝80卷20冊	
424	南史	1건(16책)	1건(8권16책)	1건	南史// 李延壽(唐) 撰 / 木版 / 崇禎13(1640)序 / C2-12 / 線裝 8卷16冊	
123	南齊史	1건(8책)	확인 안됨		확인 안됨	
241	南齊書	1건(6책)	1건(59권6책)	1건	南齊書// 蕭子顯(梁)撰; / 木版 / 崇禎10(1637) / C2-15 / 線裝59卷6冊	
348	南齊書	1건(10책)	1건(59권10책)	1건	南齊書// 蕭子顯(梁)撰; / 木版 / 康熙39 (1700) / C2-16 / 線裝59卷10冊	
154	南豊集	1건(12책)	南豊先生元豊類藁	2건	南豊先生元豊類藁/曾鞏(宋)撰/木版/萬	

452	南豊集	1건(12책)	-1건(53권12책) -1건(51권12책)		曆25(1597)重刻/C4-74/線裝53卷12冊 南豊先生元豊類藁/曾鞏(宋)撰/木版/崇 槙11(1638)序/C4-75/線裝51卷12冊	
229	南華眞經	1건(5책)	南華眞經旁注 1건(5권5책)	1건	南華眞經旁注// 方虛名(明) 輯注; / 木 版 / [明末淸初(1600 - 1700)] / C3-30 / 線裝 5卷5冊	
6	南華眞經副墨	1건(4책)	1건(8권4책)	1건	南華眞經副墨/ / 陸西星(明) 述; / 木版 / 萬曆6(1578) / C3-31 / 線裝 8卷4冊	
157	盧陵文丞相文山 全集	1건(12책)	盧陵宋丞相信國公文 忠烈先生全集 1건(16권12책)	1건	盧陵宋丞相信國公文忠烈先生全集/文天 祥(宋) 撰/ 木版/ 道光23(1843) 重刊 /C4-93/線裝16卷12冊	
233	路史發揮	1건(32책)	重訂路史 1건(34권32책)	1건	重訂路史//羅泌(宋) 撰;/木版/明末 (1600-1630)/C2-110/線裝, 34卷32冊	확인 필요
164	老泉集	1건(6책)	蘇老泉先生全集 1건(20권6책)	1건	蘇老泉先生全集/蘇洵(宋)著/木版/康熙 37(1698)相月旣望/C4-125/線裝 20卷6冊	
71	老學庵筆記	1건(2책)	老學庵筆記 1건(10권2책)	1건	老學庵記/陸務觀(宋)著/木版/[明朝年 間]/C3-208/線裝10卷2冊 *老學庵記는老學庵筆記의오기	
75	鹿門集	1건(16책)	茅鹿門先生文 1건(36권16책)	1건	茅鹿門先生文/ / 茅 坤(明) 著 / 木版 / 明朝年間 / C4-98 / 線裝 36卷16冊	
109	論語注疏	1건(4책)	1건(20권4책)	1건	論語注疏// 何 晏(魏) 集解/ / 木板 / 乾隆4(1739) / C1-188 / 線裝 20卷4冊	
30	論語註疏	1건(6책)	확인 안됨		확인 안됨	
555	農桑輯要	1건(2책)	1건(7권2책)	1건	農桑輯要// 許 詞(明)編 / 木版 [嘉靖 年間(1522-1566)] / C3-71 / 線裝 7卷2冊	
31	農書	1건(6책)	1건(22권6책)	1건	農 書 / 王 禎(元) 撰 / 木版 / [乾隆年 間(1736 - 1776)] / C3-72 / 線裝 22卷6冊	
84	農政全書	1건(14책)	1건(60권14책)	1건	農政全書// 徐光啓(明)纂輯; / 木版 / [明朝年間] / C3-73 / 線裝 60卷14冊	
496	檀几叢書	1건(12책)	1건(102권12책)	1건	檀几叢書// 王晫(淸) 輯; / 木版/ 康熙 33(1694) 序 / C3-241 / 線裝 102卷12冊	
133	曇雲閣集	1건(5책)	曇雲閣詩集 1건(8권5책)	1건	曇雲閣詩集/曹棅堅(淸)　　著/木版/道光 23(1843)/C4-76/線裝 8卷5冊	
575	唐類函	1건(40책)	1건(200권40책)	1건	唐類函// 兪安期(明) 彙撰 / 木版 / 萬 曆31(1603) 序 / C3-282 / 線裝200卷40冊	
144	唐文粹	1건(40책)	重校正唐文粹 1건(100권40책)	1건	校正唐文粹//姚鉉(宋)纂;/木版/淸朝年 間/C4-49/線裝100卷40冊	
119	唐書	1건(50책)	1건(225권50책)	1건	唐 書 / 歐陽脩(宋)奉勅撰 / 木版 / 乾 降4(1739) / C2-20 / 線裝 225卷50冊	
145	唐書	1건(44책)	1건(225권44책)	1건	唐 書 / / 歐陽借(宋)奉勅撰 / 木版 / 康	

					熙39(1700) / C2-19 / 線裝225卷44冊	
80	唐宋十大家全集	1건(20책)	唐宋十大家全集錄 1건(49권20책)	1건	唐宋十大家全集錄/ / 儲 欣(淸) 編; / 木版 / 康熙44(1705) / C4-13 / 線裝 49卷20冊	
79	唐宋叢書	1건(34책)	1건(불분권34책)	1건	唐宋叢書 / 鍾人傑 ; / 木版本 / [淸朝年間] / C3-242 / 線裝 不分卷34冊	
405	唐宋八大家文鈔	1건(40책)	1건(163권40책)	1건	唐宋八大家文초 / 茅 坤(明) 批評 / 木版 / 崇禎 1 (1628) / C4-14 / 線裝 163卷40冊	
501	唐御史臺精舍名考	1건(2책)	唐御史臺精舍題名考 -1건(3권2책)	1건	唐御史臺精舍題名考// 趙鉞;/木版/[淸朝年間]/C2-133/線裝, 3卷2冊	
526	帶京堂詩話	1건(8책)	1건(30권8책)	1건	帶經堂詩話/ / 張宗남(淸) 編 / 木版 / 乾隆27(1762) / C4-205 / 線裝 30卷8冊	
346	大明一統志	1건(40책)	一統志 1건(90권40책)	1건	一統志/ / 李 賢(明) 等輯; / 木版 / 天順5(1461) / C2-299 / 線裝 90卷40冊	
613	大明會通	1건(60책)	大明會典 -1건(228권60책)	1건	大明會典 /申時行(明) 等編 / 木版 / 萬曆15(1587) 表 / C2-176 /線裝 228卷60冊(1冊筆寫)	
277	大事記通釋解題	1건(8책)	1건(27권8책)	1건	大事記 / 呂祖謙(宋) 撰; / 木版 / 乾隆年間 / C2-71 / 線裝27卷8冊	
10	戴氏叢書	1건(16책)	확인 안됨	1건	戴氏叢書/ / 段氏載(淸) 著 / 本版 / 嘉慶21(1816) / C3-243 / 線裝39卷16冊	
457	大淸律纂修條例	1건(6책)	1건(6권6책)	1건	大淸律纂修條例/ 刑部 編輯 / 木版 / 淸, 道光1(1821) / C2-201 / 線裝 6卷 6冊	
436	大淸一統志	1건(60책)	1건(500권60책)	1건	大淸一統志/ / 和 신 (淸) 編 / 石印版 / 光緖28(1902) / C2-293 / 線裝 500卷60冊	
272	大學衍義	1건(11책)	1건(38권11책)	1건	大學衍義//眞德秀(宋) 彙輯;/木版/崇禎5(1632)字/C3-5/線裝43卷12冊 *43권12책은38권11책의오기인듯.	
443	大學衍義補	1건(22책)	1건(160권22책)	1건	大學衍義補/ / 丘 濬(明) 輯; / 木版 / 萬曆33 重刊(1605) / C3-7 / 線裝 160卷22冊	
371	道書十二種	1건(7책)	1건(12권7책)	1건	道書十二種/ / 劉一明(淸) 註; / 木版 / 嘉慶6(1801) 序 / C3-34 / 線裝 12卷7冊	
62	道書全集	1건(2책)	1건(10권2책)	1건	金丹正理大全金丹大要/ / 閻鶴洲 編輯 / 木版 / 萬曆19(1591) 序 / C3-28 / 線裝 10卷2冊	
401	道言內外秘訣全書	1건(10책)	1건(6권10책)	1건	道言內外秘訣全書/ / 廣成子 等著; / 木	

					版 / [萬曆27(1599)] 序 / C3-35 / 線裝 6卷10冊	
502	陶淵明集	1건(2책)	1건(8권2책)	1건	陶淵明集// 陶潛(晉) 著 / 木板 / 光緒5(1879) / C4-80 / 線裝 8卷2冊	
335	陶齋吉金錄	1건(8책)	1건(8권8책)	1건	陶齋吉金錄// / 端方(淸)編 / 石印版 / 光緒34(1908) / C3-161 / 線裝, 8卷8冊	
341	陶齋藏石記	1건(12책)	2-269 -46권12책 -同書2부	1건 (同書 2부)	匋齋藏石記//端方(淸)輯/石印版/宣統1(1909)/C2-269/線裝46卷12冊	
616	陶齋藏石記	1건(12책)				
193	桃花扇傳奇	1건(4책)	1건(4권4책)	1건	桃花扇傳奇/ 孔尙任(淸) 撰 / 木版 / 乾隆7(1742) / C4-223/ 線裝, 4卷 4冊	
185	讀書錄類編	1건(8책)	薛文淸公讀全錄類編 1건(20권8책)	1건	薛文淸公讀全錄類編/ 薛瑄(明) 編輯 / 木版 / 萬曆24(1596) 跋 / C3-9 / 線裝 20卷8冊	
375	讀書敏求記	1건(4책)	1건(4권4책)	1건	讀書敏求記/ / 錢 曾(淸) 撰 / 木版 / 乾隆60(1795) / C2-331 / 線裝 4卷4冊	
282	仝 續	1건(8책)	1건(27권8책)	1건	續藏書// 李贄(明)編輯; / 木版 / 天啓3(1623) / C2-105 / 線裝, 27卷8冊	
435	東京夢華錄	1건(1책)	1건(10권1책)	1건	東京夢華錄 / 孟元老(宋) 撰; / 木版 / 咸豊(1851 - 1861)年間 / C2-318 / 線裝 10卷1冊	
522	東瀛詩選	1건(16책)	1건(44권16책)	1건	東瀛詩選/ / 兪 樾(淸) 編 / 本版 / 光緒9(1883) / C4-16 / 線裝 44冊16冊	
382	同原錄	1건(23책)	1건(23권23책)	1건	同原錄/ 徐 道 (淸) 等述 / 木版 / 康熙51(1711) 序 / C3-223 / 線裝23卷23冊	
481	東坡文集	1건(30책)	東坡先生文集 1건(75권30책)	1건	東坡先生文集/ 蘇 軾(宋) 著; / 木板 / 明朝年間 / C4-81 / 線裝 75卷30冊	
218	東坡全集	1건(32책)	東坡先生全集 1건(75권32책)	1건	東坡先生全集/ 蘇 軾(宋) 著 / 木版 / 明朝年間 / C4-84 / 線裝 75卷32冊	
351	東坡全集	1건(44책)	東坡先生全集 1건(77권44책)	1건	東坡先生全集/ 蘇 軾(宋) 著 / 木版 / 明朝末期 / C4-86 / 線裝 77卷44冊	
422	東坡全集	1건(29책)	東坡先生全集 1건(75권29책)	1건	東坡先生全集/ 蘇 軾(宋) 著 / 木版 / 明朝末期序 / C4-85 / 線裝 75卷29冊 (冊21,8卷1冊缺)	
474	東坡全集	1건(37책)	東坡集 1건(76권37책)	1건	東坡集/ 蘇 軾(宋) 著 / 木版 / 明末淸初 / C4-89 / 線裝 76卷37冊	
482	東坡全集附詩集	1건(40책)	東坡先生全集 1건(75권40책)	1건	東坡先生全集/ 蘇 軾(宋) 著 / 木版 / 明朝年間 / C4-83 / 線裝 75卷40冊	
432	東華續錄	1건(68책)	1건(142권68책) -책1~10 결	1건	東華續錄/ 王先謙(淸) 編 / 木版 / 光緒5(1879)跋 / C2-72 / 線裝142卷68冊	

					(冊1-10缺)	
329	杜工部集	1건(10책)	1건(20권10책)	1건	杜工部集/ / 杜 甫(唐) 撰 / 木版 / 光緒2(1876) / C4-90 / 線裝 20卷10冊	
447	科樊川詩注	1건(4책)	樊川詩集 1건(4권4책)	1건	樊川詩集/ / 杜牧(唐)撰; / 木版 / 嘉慶6(1801)序/ C4-109 / 線裝 4卷4冊	
390	杜詩註釋	1건(12책)	1건(24권12책)	1건	杜詩註釋/ / 杜 甫(唐) 撰 / 木版 / 光緒3(1877) / C4-91 / 線裝 24卷12冊	
458	遜世編	1건(4책)	1건(14권4책)	1건	準世編/ / 錢一本(明)撰 / 木版 / [明朝年間] / C3-224 / 線裝14卷4冊 *遜을準으로오기	
574	遜盦古陶存	1건(2책)	1건(2권2책)	1건	遜盦古陶存 / 拓印版 / 宣統2(1910)/C3-162/線裝, 2卷2冊	
573	遜盦古塼存	1건(8책)	1건(8권8책)	1건	遜盦古塼存//吳陽(淸)編輯/拓印版/宣統3(1911)/C3-163/線裝, 8卷8冊	
572	遜盦秦漢瓦當存	1건(2책)	1건(상하권2책)	1건	遜盦秦漢瓦當存//吳隱(淸)審定/木活字版, 拓印版/[淸朝年間]/C3-164/線裝, 上下卷2冊	
33	聊齋志異圖咏	1건(8책)	詳話聊齊志異圖詠 1건(16권8책)	1건	詳話聊齊志異圖詠/ / 蒲松齡(淸) 著; / 石印版 / 光緒12(1886)序 / C4-225 / 綿裝16卷8冊	
67	萬姓統譜	1건(40책)	1건(160권40책)	1건	萬姓統譜// 凌迪知(明) 輯; / 木版 / 萬曆7(1579) 序 / C2-161 / 線裝 160卷40冊	
93	孟子註疏	1건(6책)	孟子註疏解經 1건(14권6책)	1건	孟子註疏解經/趙岐(漢)註/木版/乾隆40(1775)/C1-202/線裝14卷6冊	
381	明季南略	1건(12책)	1건(18권12책)	1건	明季南略/ / 計六奇(淸) 編輯 / 木版 / 康熙10(1671) 序 / C2-114 / 線裝, 18卷12冊	
380	明季北略	1건(12책)	1건(24권12책)	1건	明季北略/ / 計六奇(淸) 揚輯 / 木版 / [康熙年間] / C2-115 / 線裝, 24卷12冊	
212	明季稗史彙編	1건(16책)	1건(27권16책)	1건	明季稗史彙編/ / 留雲居士 編輯 / 木版 / 崇禎年間(1628-1634) / C2-116 / 線裝, 27卷16冊	
78	明紀事本末	1건(26책)	1건(80권26책)	1건	明紀史本末/ / 谷應泰(淸) 編輯 / 木板 / 明治15(1658) 序 / C2-91 / 線裝 80卷26冊	
37	明史	1건(40책)	확인 안됨		확인 안됨	
196	明史	1건(100책)	1건(332권100책)	1건	明史/ / 張廷玉(淸) 等修 / 木版 / 乾隆4(1739) / C2-22 / 線裝332卷100冊	
460	明史	1건(111책)	1건(322권111책)	1건	明史/ / 張廷玉(淸) 等修 / 木版 / 乾隆4(1739) / C2-21 / 線裝322卷111冊	

1	明史稿	1건(80책)	1건(310권80책)	1건	明史藁/ / 王鴻緒(淸) 撰 / 木版 / 康熙 53(1714) / C2-100 線裝310卷80冊	
611	名山勝槪記	1건(48책)	1건(48권48책)	1건	名山勝槩記/ / 楊士奇等著 / 木版 / 康熙34(1695) / C2-310 / 線裝 48卷48冊	
415	名山勝槩記	1건(20책)	1건(20권20책)	1건	名山勝槩記/ / 楊士奇(明) 等著 / 木版 / [淸朝年間] / C2-311 / 線裝 20卷20冊	
29	名世文宗	1건(18책)	1건(22권18책)	1건	名世文宗/ / 王世貞(明) 原選; / 木版 / [明朝年間] / C4-18 / 線裝 22卷18冊	
560	名世文宗	1건(16책)	1건(22권16책)	1건	名世文宗/ / 王世貞(明) 原選; / 木版 / [明朝年間] / C4-19 / 線裝 22卷16冊	
220	明儒學案	1건(24책)	1건(62권24책) -同書2부	1건	明儒學案/ / 黃宗羲(淸) 著, ; / 木版 / 光緒8(1882) / C2-137 / 綿裝 62卷24冊	확인 필요
275	明儒學案	1건(24책)				
331	毛詩訂詁	1건(4책)	1건(8권4책)	1건	毛詩訂詁/ / 顧棟高 著 / 木版 / 光緒 22(1896) / C1-89 / 線裝, 8卷4冊	
107	毛詩注疏	1건(15책)	1건(30권20책)	1건	毛詩注疏/ / 鄭玄(漢) 箋; / 木版 / 同治 10(1871) / C1-95 / 線裝, 30卷20冊	
294	牧齋詩註初集學有學集	1건(14책)	확인 안됨	1건	牧齋初學集詩註/ / 錢謙益(淸)著; / 木板本 / 明治16(1883)刊 / J4-75 / 線裝20卷 14冊	
514	牧齋詩註初學集有學集	1건(26책)	확인 안됨	1건	확인 안됨	
72	夢溪筆譚	1건(4책)	1건(26권4책)	1건	夢溪筆譚/ / 沈括(宋) 著 / 木版 / [明朝年間] / C3-209 / 線裝26卷4冊	
461	蒙齋集	1건(10책)	1건(20권10책)	1건	蒙齋集/ / 袁 甫 (宋) 撰 / 新鉛活字版 / 乾隆41(1776) / C4-101 / 線裝 20卷10冊	
456	無編	1건(12책)	1건(12권12책)	1건	唐荊川先生纂輯武編/ /唐順之(明);/木板 /[明, 萬曆年間(1573-1615)]/C3-60/線裝 12卷12冊	
91	墨苑	1건(16책)	1건(11권16책)	1건	墨苑//程大約(明) 編/石印版/[淸朝年間/C3-167/線裝, 11卷16冊	
369	墨子	1건(4책)	1건(16권4책)	1건	墨子// 墨 翟(魯) 著, 畢沅校注 / 木版 / 光緒2(1876) / C3-192 / 線裝 16卷4冊	
577	墨池編	1건(12책)	1건(28권12책)	1건	墨池編/ / 朱長文(宋) 纂次 / 木版 / 乾隆31(1766) / C3-123 / 線裝, 28卷12冊	
358	文文山先生全集 (문천상)	1건(9책)	廬陵宋丞相信國公文 忠烈先生全集 1건(16권9책)	1건	廬陵宋丞相信國公文忠烈先生全集/文天 祥(宋) 撰/木版/道光23(1843) 重刊 /C4-92/線裝16卷9冊	
250	文選	1건(12책)	昭明文選 1건(60권12책)	1건	昭明文選/ / 昭明太子統(梁) 撰; / 木版 / 乾隆37 (1772) 序 / C4-26 / 線裝 60	

174

					卷12冊	
494	文選詩集旁註	1건(8책)	1건(8권8책)	1건	文選詩集/ / 昭明太子 統(梁) 選; / 木版 / [萬曆28(1600)後刷] / C4-21 / 線裝 8卷8冊	
70	捫蝨新話	1건(2책)	1건(15권2책)	1건	捫蝨新話/ / 陳 善(宋) 著; / 木版 / [明朝年間] / C3-210 / 線裝15卷2冊	
596	問心錄周易解附問心錄大學古本解	1건(10책)	1건(22권10책)	1건	問心錄周易解/ / 登子賓(淸) 輯; / 木版 / 同治13(1874) / C1-19 / 線裝, 22卷10冊	
94	文心雕龍	1건(4책)	1건(10권4책)	1건	文心雕龍/ / 劉勰(梁) 撰; / 木版 / 道光(1833) / C4-206 / 線裝 10卷4冊	
66	文獻通考	1건(100책)	1건(348권100책)	1건	文獻通考/ / 馬端臨(元) 著; / 木版 / 嘉靖3(1524)序 / C2-177 / 線裝 348卷100冊	
615	文獻通考	1건(10책)	1건(67권10책)	1건	文獻通考/ /, 馬端臨(元) 著; / 木版 / 明朝末 / C2-178 / 線裝 67卷10冊	
570	美術叢書	1건(40책)	1건(10集40冊)	1건	美術叢睿/ / 宜重光(淸)等著 / 新鉛活字版 / 宣統3(1911) / C3-114 / 線裝, 10集40冊	
342	博古圖	1건(10책)	泪如齋重修宣和博古圖錄 1건(10권10책)	1건	泪如齋重修宣和博古圖錄/德時(明) 輯刻/木版/萬曆16(1588)/C3-169/線裝, 10卷10冊	
372	方興記要簡覽	1건(16책)	1건(34권16책)	1건	方興紀要簡覽/ / 潘 鐸(淸) 輯 / 木版 / 咸豊8(1858) / C2-294 / 線裝 34卷16冊	
357	方正學先生遜志齋集	1건(14책)	1건(24권14책)	1건	方正學先生遜志齋集 / / 方孝孺(明) 撰; / 木版 / 崇德8(1643)序 / C4-102 / 線裝 24卷14冊	
442	白沙集	1건(10책)	1건(9권10책)	1건	白炒子全集/ / 陳 獻章(明) 撰 / 木版 / 明朝年間 / C4-104 / 線裝 9卷10冊	
476	白石樵眞稿	1건(8책)	1건(24권8책)	1건	白石樵虞稿/ / 陳繼儒(明) 著; / 木版 / 淸朝年間 / C4-105 / 線裝 24卷8冊	
318	白氏長慶集	1건(15책)	1건(71권15책)	1건	白氏長慶集/ 白樂天(唐) 著; / 木版 / 萬曆34(1606)序 / C4-106 / 線裝 71卷15冊	
324	騈字類編	1건(120책)	御定騈字類編 1건(240권120책)	1건	御定騈字類編/ / 世宗(淸)御定 / 木版 / 雍正4 (1726) / C3-301 / 線裝240卷120冊	
547	步元六經 詩經4冊 書經4冊	1건(8책)	步元詩經(6권4책)	1건	步元詩經/ / 朱熹(宋) 輯 / 木版 / [明朝後期] / C1-96 / 線裝, 6卷4冊	
			書(6권4책)	1건	書/ / 蔡沈(宋) 編輯 / 木版 / [明朝年間] / C1-80 / 線裝, 6卷4冊	
591	卜法詳考	1건(4책)	1건(4권4책) -同書3부	1건 (同書3부)	卜法詳考/ / 胡 煦(淸) 輯 / 木版 / 雍正6(1728) / C3-95 / 線裝 4卷4冊 (同書3부)	
507	卜法詳考	1건(4책)				

396	復社姓氏錄	1건(4책)	1건(10권4책)	1건	復社姓氏傳略/ / 吳山嘉(淸) 纂輯 / 木版 / 道光12(1832) / C2-139 / 線裝 10 卷4冊	
578	卜筮正宗	1건(6책)	1건(14권6책)	1건	卜筮正宗/ / 王維德(淸) 輯 / 木版 / 光 緒3(1877) / C3-96 / 線裝 14卷6冊	
46	卜易	1건(6책)	增刪卜易 1건(6권6책)	1건	增刪卜易/ / 野鶴老人(淸) 著; / 木版 / 同治9 (1870) / C3-105 / 線裝, 6卷6冊	
106	鳳儀字彙	1건(14책)	1건(!4권14책)	1건	鳳儀字彙/ 梅膺祚(明) 音釋 / 木版 / 萬 磨43(1615) 序 / C1-230 / 線裝14卷14冊	
100	復初齋文集	1건(12책)	1건(35권12책)	1건	復初齋文集/ 復初齋[淸]撰; / 木版 / [淸朝年間] / C4-110 / 線裝 35卷12冊	
124	北史	1건(24책)	1건(100권24책)	1건	北史/ / 李延壽(唐)撰 / 木版 / 乾隆4 (1739) / C2-25 / 線裝 100卷24冊	
141	北史	1건(30책)	1건(100권30책)	1건	北史/木版/順治16(1659)/C2-23/線裝100 卷30冊	
347	北史	1건(30책)	1건(100권30책)	1건	北史// 李延壽(唐)撰; / 木版 / 順治 16(1659)/C2-24/線裝100卷30冊	
118	北齊史	1건(8책)	확인 안됨		확인 안됨	
42	北齊書	1건(8책)	2-27	1건	北齊書// 李百藥(隋) 撰; / 木版/康熙 39(1700)/C2-27/線裝50卷8冊同書2部	
182	北齊書	1건(8책)	50卷8冊同書2部			
420	分類字錦	1건(64책)	1건(64권64책)	1건	分類字錦/ 何 偵(淸)等奉勅纂 / 木版 / 康熙61(1722) / C3-285 / 線裝64卷64冊	
529	備急千金要方	1건(16책)	1건(31권16책)	1건	重刊孫眞人備急千金要方/ /孫思邈(唐) 編輯; /木版/[明朝末期]/C3-81/線裝 31 卷16冊	
427	四庫全書簡明目錄	1건(16책)	1건(20권16책)	1건	欽定四庫全書簡明目錄/ / 永 瑢(淸) 等 奉勅編纂; / 木版 / 同治7 (1868) / C2-351 / 線裝 20卷16冊	
425	四庫全書總目	1건(108책)	欽定四庫全書總目 1건(200권108책)	1건	欽定四庫全書總目/ / 永 瑢(淸) 等編纂; / 木版 / 同治7 (1868) / C2-355 / 線裝 200卷108冊	
428	四庫全書總目	1건(92책)	欽定四庫全書總目 1건(200권92책)	1건	欽定四庫全書總目 // 永 瑢(淸) 等編纂; / 木版 / 同治7 (1868) / C2-353 / 線裝 200卷92冊	
503	四庫全書總目	1건(112책)	欽定四庫全者總目 2-354 -同書2부	1건	欽定四庫全者總目 // 永 瑢(淸) 等編纂; / 木版 / 同治7 (1868) / C2-354 / 線裝 200卷112冊	
426	四庫全書總目 簡 明目錄佩取及上分 離하여1부로한다.	1건(112책)				
112	史記	1건(26책)	1건(130권26책)	1건	史記/ / 司馬遷(漢)撰; / 木版 / 乾隆	

					12(1747) / C2-30 / 線裝130卷26冊	
156	史記	1건(30책)	1건(130권30책)	1건	史記/司馬遭(漢)撰/木版/康熙40(1701)序/C2-29/線裝130卷30冊	
140	史記選	1건(5책)	2-31(6권6책) *6책은5책의오기	1건	史記選//儲芝五(淸)選;/木版/康熙24(1685)/C2-31/線裝6卷6冊 *6책은5책의오기	
178	四銅鼓齋論書集刻	1건(4책)	1건(14권4책)	1건	四銅鼓齋論書集刻 / 道濟(淸)等著 / 木版 / 道光26(1846) / C3-147 / 線裝, 14卷4冊	
540	事類統編	1건(48책)	1건(93권48책)	1건	事類通編// 黃葆眞(淸) 增輯; / 木版 / 道光26(1846) / C3-289 / 線裝 93卷48冊	
61	事文類聚	1건(64책)	新編古今事文類聚 1건(224권64책)	1건	新編古今事文類聚/ 祝穆(宋)編 / 木版 / 萬曆32(1601)序/ C3-298/ 線裝224卷64冊	
202	事文類聚(七修類纂)	1건(80책)	新編古今事文類聚 1건(236권80책)	1건	新編古今事文類聚/ 祝穆(淸)編 / 木版 / 乾隆28(1763) / C3-299 / 線裝236卷80冊3集	
463	事物原會	1건(8책)	1건(40권8책)	1건	事物原會// 注汲(淸)錄 / 木版 / 嘉慶2(1797) / C3-286 / 線裝40卷8冊	
167	四書(監本)	1건(6책)	확인 안됨		확인 안됨	
252	四書大全(王武曹)	1건(24책)	1건(24권22책) -권23, 24결	1건	四書大全//汪份(淸)編輯/木板/康熙41(1702)序/C1-179/線裝24卷24冊(卷23, 24缺)	
306	四書朱子異同條辨	1건(30책)	1건(40권30책)	1건	四書朱子異同條辨/ /李沛霖(淸) 等撰;/ 木版/康熙44 (1705) 序 / C1-183 / 線裝40卷30冊	
54	四書恒解	1건(10책)	1건(10권10책)	1건	四書恒解/ / 劉沅 輯註 / 木版 / 同治11(1872) / C1-185 / 線裝 10卷10冊	
416	事言要玄	1건(32책)	1건(33권32책)	1건	事言要玄/ 陳懋學(明)纂 / 木版 / 萬曆46(1618) 序 / C3-288 / 線裝33卷32冊	
183	射鷹樓詩話	1건(6책)	1건(24권6책)	1건	射鷹樓詩話/ 林昌彝 輯 / 木版 / 咸豊1(1851) / C4-207/ 線裝 24卷6冊	
50	史存	1건(16책)	1건(30권16책)	1건	史存/ 劉沅(淸)輯 / 木版 / 道光27(1847)序 / C2-103 / 線裝30卷16冊	
59	四鎮三關誌	1건(10책)	1건(10권10책)	1건	四鎮三關誌/ 王之弼(明) 等編; / 木版 / 萬曆4(1576) 序 / C2-316 / 線裝 10卷10冊	
27	史纂	1건(14책)	확인 안됨		확인 안됨	
200	史忠正公集	1건(2책)	1건(6권2책)	1건	史忠正公集/ 史可法(明)撰 / 木版 / 同	

					治10(1871) / C4-113 / 線裝 6卷2冊	
315	史通削繁	1건(4책)	1건(4권4책)	1건	史通削繁/ / 紀昀(淸) 著述撰 / 木版 / 道光13 (1833) / C2-128 / 線裝, 4卷4冊	
469	詞學全書	1건(12책)	1건(14권12책)	1건	詞學全書// 查繼超(淸) 編輯 / 木版 / 乾烽11(1746)序 / C4-216 / 線裝, 14卷12冊	
305	三國志	1건(11책)	1건(65권12책) (表1~3, 1책결)	1건	史記選/陳壽(晉)撰/木版/[]/C2-33/線裝 65卷12冊(表1-3, 1冊缺) *三國志를史記選으로오기한것으로생각됨	
373	三命會通	1건(12책)	1건(12권12책)	1건	三命通會//育吾山人(未詳)著/木版/[淸朝初期]/C3-97/線裝12卷12冊 *通會는會通의오기로생각됨	
512	三藩紀事本末	1건(6책)	확인 안됨		확인 안됨	
32	三才圖會	1건(108책)	1건(106권108책)	1건	三才圖會// 王圻(明)篆 / 木版, 萬曆37(1609) 序 / C3-291 / 線裝106卷108冊(14函)	
391	三才圖會	1건(107책)	1건(106권107책)	1건	三才圖會// 王圻(明)篆集 / 木版 / 萬曆37(1609)序 / C3-292 / 線裝106卷107冊(14函)	
18	尙史	1건(24책)	1건(71권24책)	1건	尙史// 李鍇(淸) / 木版 / 幹烽38(1773) / C2-104 / 線裝71卷24冊	
231	象山全集	1건(12책)	象山先生全集 1건(36권12책)	1건	象山先生全集/ 陸九淵(宋)著 / 木版 / 同治10(1871) / C4-115 / 線裝 36卷12冊	
563	尙書後案	1건(12책)	1건(30권12책)	1건	尙書後案/ 王鳴盛(淸) 輯 / 木版 / 乾隆45(1780) / C1-78 / 線裝, 30卷12冊	
187	賞雨茆屋集	1건(6책)	賞雨茅屋詩集 1건(19권6책)	1건	賞雨茅屋詩集/曾燠(淸)著/木版/嘉慶8(1803)/C4-116/線裝19卷6冊	
49	書經講義會編	1건(12책)	1건(12권12책)	1건	書經講義會編/ 申時行(明) 撰 / 木版 / 光緒18(1892) / C1-81 / 12卷12冊	
89	書經傳說彙纂	1건(20책)	1건(23권20책)	1건	欽定書經傳說彙纂 / 木版 / [淸朝年間] / C1-87 / 線裝, 23卷20冊	
53	書經恒解	1건(3책)	1건(6권3책)	1건	書經恆解/ / 劉沅(淸) 輯 / 木版 / 同治11(1872) / C1-82 / 線裝, 6卷3冊	
69	西溪叢話	1건(2책)	확인 안됨		확인 안됨	
536	書斷	1건(1책)	1건(4권1책)	1건	書斷列傳//張樓瓘(唐)著/木版/[明朝年間]/C3-130/線裝, 4卷1冊 *張樓瓘이아닌張懷瓘임.	
513	西林詩萃	1건(6책)	1건(8권6책)	1건	西林詩萃/ / 戴玉華(淸)著 / 木版 / 道光8(1828) / C4-117 / 線裝 8卷6冊	

444	徐文長逸稿	1건(6책)	1건(24권6책)	1건	徐文長逸稿// 徐渭(明)撰; / 木版 /[明 淸年間] / C4-118 / 線裝 24卷6冊	
551	西淸續鑑	1건(42책)	1건(22권42책)	1건	西淸續鑑// 高宗(淸)勅撰 / 石印版 / 宣統3(1911) / C3-174 / 裝線, 22卷42冊	
108	石洲詩話	1건(2책)	1건(8권2책)	1건	石洲詩話// 翁方綱(淸) 輯 / 木版 / 嘉 慶20(1815)跋 / C4-208 / 線裝, 8卷2冊	
395	惜抱軒十種	1건(14책)	1건(84권14책)	1건	惜抱軒十種// 姚 정(淸)著 / 木版 /[淸 朝年間] / C4-122 / 線裝 84卷14冊	
434	宣和奉使高麗圖 經	1건(3책)	1건(40권3책)	1건	宣和奉使 高麗圖經/ 徐 競(宋) 撰 / 木版 / 乾隆58(1793) / C2-324 / 線裝 40卷3冊	
535	宣和畵譜	1건(6책)	1건(20권6책)	1건	宣和畵諸// 高棋明 校正 / 木版 /[明 朝年間] / C3-148 / 線裝, 20卷6冊	
298	說文	1건(6책)	확인 안됨	확인 안됨		
388	說文通檢	1건(2책)	1건(!4권2책)	1건	說文通檢// 黎永椿 編輯 / 木版 / 光緒 2 (1876) / C1-231 / 線裝14卷2冊	
366	說文解字	1건(4책)	1건(15권4책)	1건	說文解字// 許 愼(漢)撰 / 木版 / 嘉慶 11(1807) / C1-232 / 線裝15卷4冊	
258	說文解字(段註)	1건(16책)	說文解字注 1건(32권16책)	1건	說文解字注// 許 愼(漢)撰 / 木版 / 同 治6 (1867) / C1-237 / 線裝 32卷16冊	
403	說文解字校錄	1건(14책)	說文解字 1건(14권14책)	1건	說文解字// 許 愼(漢)撰 / 木版 / 光緒 11(1885) / C1-234 / 線裝14卷14冊	
411	說文解字句讀	1건(14책)	說文解字句讀 1건(30권14책)	1건	說文解字句言//許愼(漢)撰 / 木版/同治 4(1865)/C1-235/線裝30卷14冊 *讀을言으로오기한것으로생각됨.	
5	說文解字義證	1건(32책)	說文解字 1건(5권32책)	2건	說文解字//許愼(漢) 撰;/ 木版/同治 9(1870)/C1-233/線裝5卷32冊	
413	說文解字義證	1건(32책)	說文解字義證 1건(50권32책)		說文解字義證//許愼(漢)撰;/ 木版/同治 9/C1-236/線裝50卷32冊	
525	說文解字注	1건(16책)	1건(32권16책)	1건	說文解字注// 許 愼(漢)撰; / 木版 / 同 治6 (1867) / C1-237 / 線裝 32卷16冊	
399	說文解字註附六 書音均表淺古圖 說文訂	1건(26책)	1건(33권26책)	1건	說文解字注/ 許 愼(漢) 撰; / 木版 / 同治11(1872) / C1-238 / 線裝33卷26冊	
437	盛京通志	1건(20책)	1건(48권20책)	1건	盛京通志/ 呂耀會(淸) 等慕修; / 木版 / 乾隆1(1736) / C2-308 / 線裝 48卷20冊	
85	性理大全	1건(24책)	新刻性理大全書 1건(70권24책)	1건	新刻性理大全書/ 胡廣(明) 等奉勅纂修 / 木版 / 永樂13(1415) 序 / C3-16 / 線 裝 70卷24冊	확인 필요
86	性理大全	1건(20책)	新刊憲臺釐正性理大全	1건	新刊憲臺釐正性理大全/胡 廣(明) 等奉	확인

			1건(70권20책)		勅編/木版/永樂13(1415) 序/C3-18/線裝 70卷20冊	필요
253	性理大全	1건(20책)	性理大全書 1건(70권20책)	1건	性理大全書// 胡廣(明) 等奉勅慕修; 木版 永樂(1415) 序 / C3-10 / 線裝 70卷20冊	
235	性理大全	1건(16책)	性理大全書 1건(70권16책)	1건	性理大全書 / 胡廣(明) 等奉勅纂修 / 木版 / 嘉靖38(1559) 序 / C3-11 / 線裝 70卷16冊	
360	性理指歸	1건(4책)	1건(28권4책)	1건	性理指歸 / 姚舜牧(明) 次訂 / 木版 / 萬曆38(1610) 序 / C3-12 / 線裝 28卷 4冊	
105	聖賢樂贊	1건(5책)	확인 안됨		확인 안됨	
299	世說補	1건(8책)	世說新語補 1건(20권8책)	1건	世說新語補 / 劉義慶(宋) 撰 / 木版 乾隆27(1762)重刊 / C4-230 / 線裝 20卷8冊	
246	世說新語補	1건(8책)	1건(20권8책)	1건	世說新語補 / 劉義慶(宋) 撰 / 木版 乾隆 27(1762) / C4-229 / 線裝 20卷8冊	
74	昭代叢書	1건(10책)	昭代叢書 乙集 1건(50권10책)	1건	昭代叢書 乙集/ 張 潮(清) 輯 / 木版 / 康熙39(1700) / C3-250 / 線裝50卷10冊	
142	昭明文選	1건(12책)	1건(60권12책)	1건	昭明文選 / 昭明太子統(梁) 撰 / 木版 / 乾隆37 (1772) 序 / C4-26 / 線裝 60卷12冊	
483	蘇文忠公詩合註	1건(24책)	1건(50권24책)	1건	蘇文忠詩合註/ / 蘇軾(宋) 撰 / 木版 / 同治9(1870) / C4-126 / 線裝 50卷24冊	
338	蘇米齋蘭亭考	1건(2책)	1건(8권2책)	1건	蘇米齋蘭亭考/ / 翁方綱(淸) 著; / 木版 / 嘉慶8(1803) 序 / C2-274 / 線裝 8卷2冊	
568	小石山房叢書	1건(16책)	1건(60권16책)	1건	小石山房叢書/ / 顧 湘(淸)編輯 / 木版 / 同治13(1874) / C3-251 / 線裝60卷16冊	
26	蘇詩補註	1건(12책)	東坡先生編年詩 1건(50권12책)	1건	東坡先生編年詩/ / 蘇 軾(宋) 著; / 木版 / 乾隆26(1761) / C4-87 / 線裝 50卷12冊	
445	邵子湘全集	1건(8책)	1건(30권8책)	1건	邵子湘全集 / 邵子湘(淸)纂; / 木版 / 康熙39(1700)增刊 / C4-127 / 線裝 30卷8冊	
131	蘇傳周易	1건(8책)	周易(1-37) 1건(8권8책)	1건	周易/程頤(宋)傳/木版/淸朝年間/C1-37/ 線裝, 8卷8冊	
472	小學註解	1건(4책)	확인 안됨		확인 안됨	
571	續考古圖	1건(6책)	1건(6권6책)	1건	續考古圖/ / 呂大臨(宋) 撰 / 木版 / 光緒13(1887) / C3-175 / 線裝, 6卷6冊	
491	續文獻通考鈔	1건(16책)	1건(30권16책)	1건	續文獻通考 / 王圻(明) 著 ; / 木版本 / 康熙2(1663) / C2-180 / 線裝 30卷16冊	

608	續自治通鑑節要	1건(10책)	1건(20권10책)	1건	治逋鑑節要//李燾(宋)編;/木版/嘉청13(1536)/C2-76/線裝20卷10冊 *治逋鑑節要는 續自治通鑑節要의 오기임.	
159	續藏書	1건(20책)	1건(27권20책)	1건	李贄(明)編輯 / 木版 / 明末(1600-1630) /C2-107/ 線裝, 27卷20冊	
208	遜志齋集	1건(10책)	1건(24권10책)	1건	方正學先生 遜志齋集// 方孝孺(明) 撰; / 木版 崇德8(1643)序 / C4-103 / 線裝 24卷10冊	
421	率祖堂叢書	1건(36책)	1건(78권36책)	1건	率祖堂叢書// 金祥(元)述; / 木版 / 光緖13(1887)識 / C3-254 / 線裝78卷36冊	
492	宋名臣言行錄	1건(12책)	1건(75권12책)	1건	宋名臣言行錄/ / 朱 熹(宋) 纂集; / 木版 / 道光1(1821) / C2-142 / 線裝 75卷12冊	
271	宋明臣言行錄	1건(19책)	확인 안됨	확인 안됨		
194	宋史	1건(100책)	1건(496권100책)	1건	宋 史/ 脫 脫(元) 等奉勅修 / 木版 / 康熙39(1700) / C2-34 / 線裝 496卷100冊	
343	宋四六選	1건(12책)	1건(24권12책)	1건	宋四六選// 曹振鏞 編 / 芸楣定本, 木版 / 乾隆41 (1776) / C4-27 / 線裝 24卷12冊	
128	宋書	1건(24책)	1건(100권24책)	1건	宋書//沈約(梁)撰;/木版/康熙39(1700)後刷/C2-36/線裝100卷24冊	
146	宋書	1건(24책)	1건(100권24책)	1건	宋書 / / 沈 約 (梁) 撰; / 木 版 / 乾 隆 4(1739)/C2-37/線裝100卷24冊	
383	宋書	1건(23책)	1건(100권23책)	1건	宋書/ / 沈約(梁) 撰; / 木版 / 崇禎 7(1634) / C2-35 / 線裝100卷23冊	
553	宋王忠文公全集	1건(10책)	宋王忠文公文集 1건(50권10책)	1건	宋王忠文公文集/ 王十朋(宋)撰 / 木版 / 雍正6(1728) / C4-132 / 線裝 50卷 10冊	
226	宋王忠文公集	1건(12책)	宋王忠文公文集 1건(52권12책)	1건	宋王忠文公文集/ / 王寸明(宋)著; / 木版 / 雍正6(1728)序 / C4-131 / 線裝 52卷12冊	
82	宋元明詩錄	1건(2책)	宋元明詩三百首 1건(불분권2책)	1건	宋元明詩三百首// 朱 梓 / 木版 / 咸豊3(1853) / C4-28 / 線裝 不分卷2冊	
243	宋元詩選	1건(20책)	1건(불분권20책)	1건	宋元詩選// 潘是仁(明) 輯 / 木版 / 萬磨43(1615) / C4-29 / 線裝 不分卷20冊	
222	宋元學案	1건(48책)	宋元學案(2-143) -101권48책 -同書3부	1건	宋元學案// 黃宗羲(淸) 原本; / 木版 / 光緖5 (1879) / C2-143 / 線裝 101卷48冊	확인 필요
374	宋元學案	1건(48책)	宋元學案(3-144)	1건	宋元學案1//黃宗載(淸)原本;/木版/光緖	확인

			-101권48책 -同書2부		5(1879)/C2-144/線裝101卷48冊 *1은 오기로 생각됨	필요
276	宋儒學案	1건(48책)	확인 안됨		확인 안됨	
158	水經注	1건(10책)	水經 1건(40권10책)	1건	水經/ 桑 欽(漢) 撰 / 木版 / 萬曆 43(1615) / C2-312 / 線裝 40卷10冊	
287	水經註	1건(8책)	1건(8권8책)	1건	水經往/ 력道元(後魏) 撰 / 木版 / 乾 隆38(1773) 序 / C2-314 / 線裝 8卷8冊	
585	水經注滙校	1건(16책)	1건(35권16책)	1건	水經注匯校/ 력道元(後魏) 撰; / 木版 / 光緖7(1881) / C2-315 / 線裝 35卷16冊	
149	隋書	1건(20책)	1건(50권20책)	1건	隋書// 魏 徵(唐) 等撰 / 木版 / 康熙 39(1700)/C2-38/線裝5卷20冊 *5권은 50권의 오기	
177	水心集	1건(10책)	水心文集 1건(29권10책)	1건	水心文集/ 葉適(宋)撰 / 木版 / 景泰 2(1451)序 / C4-134 / 線裝 29卷10冊	
516	隨園三十種	1건(60책)	1건(198권60책)	1건	隨園三十種/ 錢唐袁(淸) 編輯 / 木版 / 乾隆末(1790)頃 / C3-255 / 線裝 198 卷60冊	
524	水滸傳	1건(20책)	4-245 -1건(20권20책)	2건	評論出像水滸傳//施耐庵(元)著/木版/順 治14(1657)序/C4-245/線裝20卷20冊	
589	水滸傳	1건(20책)	4-246 -1건(20권20책)		評論出像水滸傳//施耐菴(淸)著; /木版/ 順治14(1657)後刷/C4-246/線裝20卷20冊	
345	荀子	1건(6책)	1건(32권6책)	1건	荀子// 楊 倞(唐) 註 / 木版 / [明朝年 間] / C3-15 / 線裝 32卷6冊	
64	詩經傳說彙纂	1건(24책)	欽定詩經傳說彙纂 1건(24권24책)	1건	欽定詩經傳說彙纂// 世宗(淸) 勅寨; / 木版 / 雍正5(1727)序 / C1-105 / 線裝 24卷24冊	
504	詩林正宗	1건(20책)	仰止子詳考古今名家 潤色詩林正宗 1건(!8권20책)	1건	仰止子詳考古今名家潤色詩林正宗//余 象斗 (淸) 編輯; / 木版 / 嘉慶 9(1804)/C3-300/ 線裝18卷20冊	
400	詩毛氏傳疏	1건(12책)	1건(12권12책)	1건	詩毛氏傳疏/ 陳奐(淸) 編 / 木版 / 光 緖10(1884)序 / C1-99 / 線裝, 12卷12冊	
397	詩緝	1건(12책)	1-101 1건(36권12책)		확인 안됨	
607	詩學集成押韻淵海	1건(11책)	1건(18권11책) -권17-18, 1책결	1건	詩學集成押韻淵海//嚴毅(元)編輯/木版 /[淸朝年間刊/C3-293/ 線裝18卷11冊(卷17-18, 1冊缺)	
354	新唐書	1건(60책)	唐書 1건(225권60책)	1건	唐書// 歐陽脩(宋) 奉勅撰 / 木版 / 萬 曆23(1595) / C2-18 / 線裝 225卷60冊	
561	呻吟語	1건(6책)	1건(6권6책)	1건	呻吟語/ 呂坤(明) 著 / 木版 / 光緖	

					24(1898) / C3-19 / 線裝 6卷6冊	
171	新齊譜	1건(12책)	1건(24권12책)	1건	新齋譜 / 哀枚 (渭) 編 / 木版 / 乾隆 53(1788)/C4-237/ 線裝 24卷12	
254	十三經	1건(160책)	확인불가	확인 불가	확인불가. 아래의 '十三經註疏'와 동일한 상황으로 생각됨. 『藏書閣圖書中國判總目錄』12~13쪽 참고.	
13	十三經摹本	1건(12책)	확인불가	확인 불가	확인불가. 『藏書閣圖書中國判總目錄』작성에서 '논어주소해경' '맹자주소해경' '모시주소' '상서주소' '예기주소' '의례주소' '이아주소' '주례주소' '주역겸의' '춘추곡량전주소' '춘추공양주소' '춘추좌전주소' '효경주소' 등으로 분철돼서 정리된 것으로 생각됨. 위의 책 '서명색인' 12~13쪽 참고.	확인 필요
17	十三經註明板	1건(131책)				
217	十三經注疏	1건(160책)				
283	十三經註疏	1건(160책)				
384	十三經註疏	1건(140책)				
519	十三經註疏	1건(165책)				
278	十子全書	1건(32책)	1건(128권32책)	1건	十子全書// 歸有光 批閱; 木版 / 嘉慶12(1807) / C3-256 / 線裝128卷32冊	
197	岳忠武王文集	1건(4책)	1건(8권4책)	1건	岳忠武王文集/ 黃邦寧(清)纂修 / 木版 / 乾隆35(1770) / C4-138 / 線裝 8卷4冊	
41	梁書	1건(8책)	2-40 -56권8책	2건	梁書// 姚思廉(唐) 撰; / 木版 / 康熙39(1700) / C2-40 / 線裝56卷8冊	
127	梁書	1건(8책)			梁書// 姚思廉(唐) 撰; / 木版 / 唐熙39(1700) / C2-41 / 線裝56卷8冊	
188	梁書	1건(8책)	2-41 -56권8책			
439	梁書	1건(6책)	1건(56권6책)	1건	梁書// 姚思廉(唐) 撰 / 木版 / 崇偵6(1633) / C2-39 / 線裝6卷6冊	
288	楊升菴文集	1건(20책)	升菴先生文集 1건(80권20책)	1건	升菴先生文集/ 楊愼(明)著; / 木版 / 萬曆29(1601)序 / C4-135 / 線裝 80卷20冊	
263	楊州畫舫錄	1건(6책)	1건(18권6책)	1건	揚州書舫錄/ / 李 斗(清)著 / 木版 / 乾隆60(1795) / C3-149 / 線裝, 18卷6冊	
110	兩漢金石錄	1건(6책)	兩漢金石記 (22권6책)	1건	兩漢金石記/翁方綱(清)輯/木版/[清朝年間刊/C2-275/線裝22卷6冊	확인 필요
195	御批歷代通鑑輯覽	1건(61책)	1건(116권61책)	1건	御批歷代逋鑑輯覽 / 傅 恒(清) 等奉勅編墓 / 木版 / 乾隆32(1767) / C2-80 / 線裝116卷61冊(卷6O, 69, 110 - 111, 4卷3冊缺)	
210	御批歷代通鑑輯覽	1건(60책)	1건(120권62책)	1건	御批歷代通鑑輯覽//傅恒(清)等奉勅編墓/木版/乾隆33(1768)序/C2-81/線裝120卷62冊	확인 필요
567	御選唐宋詩醇	1건(20책)	1건(47권20책)	1건	御選唐宋詩醇// 高 宗(清) 御選; / 木版 / 乾隆25(1760) / C4-35 / 線裝 47卷	

					20冊	
431	漁隱叢話	1건(18책)	확인 안됨		확인 안됨	
602	御製盛京賦	1건(32책)	1건(불분권32책)	1건	御製盛京賦/ / 高宗(淸) 撰 / 木版 / 乾隆8(1743) / C3-135 / 線裝, 不分卷32冊	
179	御製擬白居易樂府	1건(4책)	御製擬白居易新樂府 1건(불분권4책)	1건	御製 擬白居易新樂府 / [編者未詳] / 木版 / [淸朝中期] / C4-218 / 線裝 不分卷 4冊	
88	呂氏春秋	1건(6책)	1건(26권6책)	1건	呂氏春秋/ / 呂不韋(秦) 著; / 木版 / [明朝年間] / C3-193 / 線裝 26卷6冊	
166	易經(周易)	1건(4책)	1건(4권4책)	1건	周易 / 程頤(宋) 傳 / 木版 / 同治13(1874)/C1-39/線裝, 4卷4冊	
595	易經貫一	1건(22책)	1건(22권22책)	1건	和序堂易經貫一 / / 金誠(淸) 撰輯 / 木版 / 乾隆17(1752)序 / C1-67 / 線裝, 22卷22冊	
595.5	易經??註	1건(10책)	확인 안됨		확인 안됨	
20	易經蒙引	1건(13책)	1건(24권13책)	1건	易經蒙引/ / 蔡淸(明) 著; / 木版 / 嘉靖8(1529)序 / C1-26 / 線裝, 24卷13冊	
181	易經存疑	1건(6책)	增訂易經存疑的藁 1건(12권6책)	1건	增訂易經存疑的藁/林布元(明)著, 萬言較/木版/康熙17(1678)序/C1-64/線裝, 12卷6冊	
52	易經恒解	1건(4책)	확인 안됨		확인 안됨	
528	易經鴻譜	1건(10책)	1건(!2권10책)	1건	易經鴻寶/ / 方應祥(明) 纂 / 木版 / [明朝年間] / C1-28 / 線裝, 12卷10冊	
209	歷代名臣奏議	1건(100책)	1건(319권100책)	1건	歷代名臣奏議/ / 張溥(明); / 木版 / 崇禎8(1635) / C2-165 / 線裝 319卷100冊	확인 필요
239	歷代名臣奏議	1건(100책)				
466	歷代帝王年表	1건(6책)	帝王表 -1건(5책)	1건	帝王表//齊召南(淸)編輯/木版/道光4(1824)/C2-127/線裝, 5冊	확인 필요
230	歷代鐘鼎彛器款識	1건(4책)	확인 안됨		확인 안됨	
541	繹史	1건(24책)	1건(160권24책)	1건	繹史/ / 馬驌(淸) 撰 / 木版 / 康熙9(1670)序 / C2-94 / 線裝60卷24冊	
594	易酌	1건(14책)	1건(14권14책)	1건	易 酌 / / 勺 包(淸) 著; / 木版 / 雍正10(1732)序 / C1-33 / 線裝, 14卷14冊	
311	淵鑑類函	1건(200책)	3-302 -1건(454권200책)	2건	淵鑑類函/張英(淸) 等編輯;/木版/康熙49(1710)/C3-302/線裝454卷200冊	확인 필요
484	淵鑑類函	1건(200책)	3-303 -1건(426권190책, 10책결)		淵鑑類函/聖祖(淸)勅命編/木版/康熙49(1710)序/C3-303/線裝426卷190冊(冊 92-93, 102, 111-114, 120, 171, 188, 10冊缺)	
544	淵鑑類函	1건(200책)				

102	蓮洋集	1건(8책)	1건(20권8책)	1건	蓮洋集/ / 吳雯(淸)著; / 木版 / 乾隆 39(1774) / C4-143 / 線裝 20卷8冊
518	瀛奎律髓刊誤	1건(10책)	1건(49권10책)	1건	瀛奎律髓刊誤/ / 方 回(元) 選; / 木版 / 嘉慶5(1800) / C4-39 / 線裝 49卷 10冊
203	禮記	1건(5책)	1건(10권5책)	1건	禮記/ 陳澔(元) 編輯 / 木版 / 道光 16(1836) / C1-131 / 線裝10卷5冊
191	禮記析疑	1건(8책)	1건(48권8책)	1건	禮記析疑/ 方 苞(淸)著 / 木版 / [淸朝 年間] / C1-132 / 線裝48卷8冊
190	禮記註疏	1건(20책)	禮記注疏 1건(63권20책)	1건	禮記注疏/ 鄭 玄(漢) 注 / 木版 / 乾隆 4(1739) / C1-134 / 線裝 63卷20冊
103	藝林彙考	1건(8책)	1건(39권8책)	1건	藝林彙考/ / 沈自南(淸) 輯; / 木版 / 乾 隆16(1751) / C3-199 / 線裝 39卷8冊
334	藝文備覽	1건(42책)	1-241 -42권42책 -同書2부	1건 (同書 2부)	藝文備賢/ / 沙木(淸)集注 / 木版 / 嘉 慶11(1806) 序 / C1-241 / 線裝 42卷42冊
610	藝文備覽	1건(42책)			
485	藝文類聚	1건(16책)	1건(100권16책)	1건	藝文類聚/ 歐陽詢 (唐) 撰; / 木版 / 明, 萬磨15(1587)序 / C3-306 / 線裝, 100卷16冊
3	藝海珠塵	1건(64책)	1건(64책)	1건	藝海珠塵/ / 吳省蘭(淸) 編輯; / 木版 / [淸朝年間] / C3-260 / 線裝64冊
609	藝海珠塵	1건(48책)	1건(48책)	1건	藝海珠塵/ / 吳省蘭(淸) 編輯; / 木版 / [淸朝年間] / C3-261 / 線裝48冊
285	五經大全	1건(70책)	1건(104권70책)	1건	五經大全/ 胡廣(明) 等奉勅撰; / 木版 / 萬曆33(1605) / C1-9 / 線裝, 104卷70冊
359	五經大全	1건(50책)	1건(112권50책)	1건	五經大全/ 胡 廣(明) 等奉勅撰 / 木版 / 萬曆33(1605) / C1-8 / 線裝, 112卷50冊
38	五代史	1건(8책)	五代史記 1건(74권8책)	1건	五代史記/ 歐陽脩(宋) 撰; / 木版 / 萬 曆4(1576)後刷 / C2-43 / 線裝 74卷8冊
153	五代史	1건(10책)	五代史記 1건(74권10책)	1건	五代史記/ 歐陽脩(宋) 撰; / 木版 / 萬 曆5(1577) / C2-44 / 線裝 74卷10冊
23	五代史抄	1건(6책)	軟陽文忠公五代史抄 1건(20권6책)	1건	軟陽文忠公五代史抄// 茅坤(明) 批評/木 版/[萬曆年間]/C2-9/線裝20卷6冊 *軟은歐의오기
355	五禮通考	1건(90책)	1건(262권90책)	1건	五禮通考/ 秦蕙田(渭) 編輯; / 木版 / 乾隆18(1753)序 / C1-106 / 線裝262卷 90冊
264	吳梅村詩集	1건(12책)	1건(18권12책)	1건	梅村詩集箋注/ 吳翌鳳(淸) 撰 / 木版 / 嘉慶19(1814)序 / C4-95 / 線裝 18卷 12冊
527	吳梅村詩集箋註	1건(12책)	1건(18권12책)	1건	吳梅村詩集箋注// 吳偉業(明 - 淸)撰; /

					木版 / 嘉慶19(1814) / C4-144 / 線裝 18卷12冊	
207	吳梅村集	1건(16책)	梅村集 1건(40권16책)	1건	梅村集// 吳偉業(淸) 著; / 木版 / 朝年間 / C4-96 / 線裝 40卷16冊	
511	吳詩集覽	1건(16책)	4-145 -1건(20권16책)	2건	吳詩集覽//吳偉業(明-淸)撰/木版/乾隆40(1775)/C4-145/線裝20卷16冊	
521	吳詩集覽	1건(16책)	4-146 -1건(62권16책)		吳詩集覽/吳偉業(明-淸)著/木版/乾隆46(1781)/C4-146/線裝62卷16冊	
284	五子近思錄	1건(8책)	1건(14권8책)	1건	五子近思錄// 汪 佑 編 / 木版 / 康熙32(1693) 跋 / C3-21 / 線裝 14卷8冊	
81	五雜組	1건(10책)	1건(16권10책)	1건	五雜組/謝肇淛(明);/木版/明末淸初年間(1600-1700)/C3-307/線裝16卷10冊	
117	吳志	1건(4책)	三國志(C2-32)검색 (冊11~14.吳志)	1건	三國志/陳壽(晉) 撰/木版/乾隆4(1739)/C2-32의 한 題로 추정됨	
479	吾學錄(初編)	1건(6책)	1건(24권6책)	1건	吾學錄初編/ 吳榮光(淸) 述 / 木版 / 同治9 (1870) / C2-191 / 線裝 24卷 6 冊	
295	玉芝堂談薈	1건(19책)	1건(36권19책)	1건	玉芝堂談// 徐應秋(明)輯/木版/[淸朝年間/C3-228/線裝36卷19冊 *薈자가빠짐.	
367	玉海　附詞學指南 4卷	1건(120책)	1건(263권120책)	1건	玉海// 王應麟(元)纂輯 / 木版 / 嘉慶11(1806) / C3-309 / 線裝, 263卷120冊	
497	翁氏家事略記	1건(1책)	2-147 -1건(1권1책)	1건	翁氏家事略記// 翁方網(淸) 撰; / 木版 / [淸朝年間] / C2-147 / 線裝 1卷1冊	
534	王氏書畵苑	1건(23책)	1건(36권23책)	1건	王氏書畵苑/ 王世貞(明) 編; / 木版 / 萬曆19(1591) / C3-115 / 線裝, 36卷23冊	
104	王翁林題跋	1건(6책)	王翁林先生題跋 1건(17권6책)	1건	王翁林先生題跋// 王 澍(淸) 著; / 石印版 / 乾降54(1789) 序 / C2-279 / 線裝 17卷6冊	
221	王陽明全書	1건(24책)	확인 안됨	1건	王陽明全書/ 王守仁(明) 著/新鉛活字本/明治16(1883)刊/J4-94/線裝37卷24冊 (附年譜)	확인 필요
583	王陽明全書	1건(24책)	王文成公全書 1건(38권24책)	1건	王文成公全書/王守仁(明)著/木版/隆慶2(1568)序/C4-148/線裝 38卷24冊	
562	王陽明全集	1건(16책)	陽明先生全集 1건(16권16책)	1건	陽明先生全集/ 王守仁(明)著 / 木版 / 道光6(1826)序 / C4-140 / 線裝 16卷16冊	확인 필요
584	王陽明全集	1건(16책)				
24	王右丞集	1건(12책)	1건(28권12책)	1건	王右丞集/ 王維(唐)撰; / 木版 / 乾隆2(1737) / C4-149 / 線裝 28卷12冊	
35	遼史	1건(8책)	2-45:1건(116권8책)	2건	史// 脫脫(元)等奉勅撰; / 木版 / 嘉8(1529)/C2-45/線裝116卷8冊*遼가빠짐	확인 필요
121	遼史	1건(8책)	2-46:1건(126권8책) 2-47:1건(116권8책)		遼史//脫脫(元)等奉勅撰; / 木板/康熙	

139	遼史	1건(8책)			39(1700)/C2-46/線裝126卷8冊 *C2-47은 다른항목으로 검색됨. 입력상 의 오기로 생각됨.	
430	龍威秘書	1건(80책)	3-259 -173권80책(10집)	1건	龍威秘書// 馬俊良(淸) 輯; / 木版 / 乾 隆59(1794) / C3-259 / 線裝173卷80冊 (10集)	
558	龍威秘書	1건(80책)				
57	又問	1건(1책)	1건(1책/95張)	1건	又問 / 劉沅(淸)著; / 木版 / 咸豊 7(1857) / C3-22 / 線裝 1冊(95張)	
152	韻府群玉	1건(20책)	新增說文韻府群玉 1건(20권20책)	1건	新增說文韻府群玉// 陰時夫(元) 編輯; / 木版 / 萬曆42(1614) 序 / C3-296 / 線 裝20卷20冊	
300	韻府群玉	1건(20책)	新增說文韻府群玉 1건(20권20책)	1건	新增說文韻府群玉// 陰時夫(元) 編輯; / 木版 / 萬曆42(1614) 序 / C3-297 / 線 裝20卷20冊	
214	韻府約編	1건(24책)	1건(24권24책)	1건	韻府約編// 鄧愷(淸) 編輯; / 木版 / 乾 隆24(1759) / C3-312 / 線裝, 24卷24冊	
480	元史	1건(40책)	1건(210권40책)	1건	元史 / 宋濂(明)等泰束修 / 木版 / 同 治13(1874) / C2-49 / 線裝210卷40冊	
606	元史	1건(50책)	1건(210권50책)	1건	元史 / 宋용(明)等奉勅修; / 木板 / 萬 曆30(1602) / C2-48 / 線裝 210卷50冊	
423	元詩選癸集	1건(16책)	1건(16권16책)	1건	元詩選癸集/ 顧嗣立(淸) 編 / 木版 / 嘉慶3(1798) / C4-41 / 線裝 16卷 16冊	
186	元氏長慶集	1건(4책)	1건(60권4책)	1건	元氏長慶集/ 元진(唐)著 / 木版 / 萬曆 32(1604)序 / C4-154/ 線裝 60卷4冊	
83	元遺山全集	1건(8책)	遺山集 1건(40권8책)	1건	遺山集/ 元好問(金)撰; / 木版 / 道光 27(1847) / C4-159 / 線裝 40卷8冊	
101	袁中郎集	1건(8책)	1건(40권8책)	1건	袁中郎全集/ 袁宏道(明)著; / 木版 / 崇禎2(1629) / C4-156 / 線裝 40卷8冊	
92	月令輯要	1건(16책)	1건(24권16책)	1건	月令輯要// 李光地(淸)撰; / 木版 / 康 熙55(1716) / C3-77 / 線裝 24卷16冊	
113	魏書	1건(24책)	2-51 1건(130권24책)		*C2-51 검색 안됨	확인 필요
184	魏書	1건(24책)				
418	魏書	1건(20책)	1건(130권20책)	1건	魏書// 魏取(北齊)撰 / 木版 / 崇禎 9(1636) / C2-50 / 線裝130卷20冊	
321	魏志	1건(8책)	三國志(C2-32)검색 (冊1~8, 魏志)	1건	三國志/陳壽(晉) 撰/木版/乾隆4 (1739)/C2-32의 한 題로 추정됨	
451	柳文	1건(16책)	1건(43권16책)	1건	柳文// 柳子厚(唐)撰/ 木版 / [明淸年 間] / C4-158 / 線裝 43卷16冊	
155	由拳集	1건(6책)	1건(23권6책)	1건	由拳集/ 屠隆(明)著 / 木版 / [淸年間] / C4-157 / 線裝 23卷6冊	

604	劉氏金石圖說	1건(4책)	金石圖說 -1건(4권4책)	1건	金石圖說/ / 牛運震(淸) 集說; / 石印版 / 光緒22(1896) / C2-248 / 線裝(친裝) 4卷4冊	
465	類腋	1건(12책)	1건(56권12책, 4部)	1건	類腋/ / 姚培謙(淸)編輯/ / 木版 / 乾烽30(1765) / C3-313 / 線裝, 56卷12冊(4部)	
73	酉陽雜俎	1건(5책)	1건(20권5책)	1건	酉陽雜俎/ / 段成式(唐) 撰 / 木版 / [明朝年間] / C4-239 / 線裝 20卷5冊	
398	有正味齋全集	1건(24책)	1건(69권24책)	1건	有正味齋全集/ / 吳錫麒(淸) 撰 / 木版 / 嘉慶3(1818) / C4-161 / 線裝 69卷24冊	
332	留靑日札	1건(12책)	1건(39권12책)	1건	香宇外集/ / 田藝衡(明) 撰 / 木版 / 隆慶6(1572)序 / C3-214 / 線裝39卷12冊	
227	陸放翁全書	1건(48책)	확인 안됨		확인 안됨	
267	陸象山全集	1건(16책)	陸象山先生文集 (4-163) 1건(36책16책)	1건	陸象山先生文集//陸九淵(宋)著/木版/同治(1871)/C4-163/線裝36卷12冊	확인 필요
581	陸象山全集	1건(12책)	象山先生全集 1건(36권12책)	1건	象山先生全集/ / 陸九淵(宋)著 / 木版 / 同治10(1871) / C4-115 / 線裝 36卷12冊	
412	六書精蘊	1건(6책)	1건(6권6책)	1건	六書精蘊/ / 魏 校(明) 撰 / 木版 / 嘉靖19(1540)跋 / C1-243 / 線裝6卷6冊	
265	六書通	1건(10책)	1-244:同書3부 1-245:同書2부 1-246:同書2부	3건	六書通//閔齊級(淸) 撰/木版/康熙59(1720)序/C1-244/線裝10卷10冊 六書通//閔薺疲(渭) 撰/ / 木版/康熙59(1720)/C1-245/線裝10卷10冊 六奢通//閔齊伋(淸) 撰/ / 木版/康熙59(1720)/C1-246/線裝10卷10冊	확인 필요
389	六書通	1건(10책)				
586	六藝通考	1건(48책)	확인 안됨		확인 안됨	
450	六一集	1건(24책)	1건(76권24책)	1건	歐陽文忠公集/ / 歐陽脩(宋) 著 / 木版 / 淸朝年間 / C4-69 / 線裝 76卷24冊	
414	陰陽五要奇書	1건(12책)	1건(32권12책)	1건	陰陽五要奇書 / / 郭 璞(晉) 等著 / 木版本 / 乾隆55(1790) / C3-101 / 線裝32卷12冊	
175	儀禮注疏	1건(10책)	1건(17권10책)	1건	儀禮注疏/ 鄭 玄(漢) 注 / 木版 / 乾隆4(1739) / C1-124/ 線裝 17卷10冊	
328	義門讀書記	1건(16책)	1건(58권16책)	1건	義門讀書記/ / 何悼(淸) 撰 / 木版 / 乾隆34(1769) / C3-200 / 線裝, 58卷16冊	
327	李杜詩通	1건(8책)	1건(61권8책)	1건	李杜詩/ / 胡震亨(明) 編; / 木版 / 萬曆18(1590)跋 / C4-42 / 線裝 61卷8冊	
215	二十四史	1건(400책)	1건(3224권400책)	1건	二十四史/ / 高宗(淸)選定; / 木版 / 光緒34(1908) / C2-4 / 線裝3, 224卷400冊	

320	二十二史	1건(400책)	확인 안됨		확인 안됨	
96	二十一史畧編	1건(8책)	확인 안됨		확인 안됨	
173	二十一史約編	1건(8책)	甘一史約編 1건(8권8책)	1건	甘一史約編 // 鄭元慶(淸) 述; / 木版 / 康熙36(1697) / C2-7 / 線裝8卷8冊	
162	李氏焚餘	1건(5책)	1건(6권5책)	1건	李氏焚餘 // [撰者未詳] / 木版 [明朝 末期] / C4-166 / 線裝 6卷5冊	
612	爾雅義疏	1건(7책)	1건(7권7책)	1건	爾雅義疏 / / 학懿行(淸)學 / 寫本 / 嘉 慶年間 寫 / C1-211 / 線裝7卷7冊	
579	爾雅翼	1건(12책)	1건(32권12책)	1건	爾雅翼 // 羅 願(宋)撰 / 木版 / [淸朝 年間] 重刊 / C1-212 / 線裝32卷12冊	
95	爾雅正義	1건(5책)	1건(20권5책)	1건	爾雅正義 / / 邵晋涵 撰 / 木版 / 乾隆 53(1788) / C1-213 / 線裝20卷5冊	
165	爾雅注疏	1건(3책)	1건(11권3책)	1건	爾雅註疏 / / 郭璞(晋) 註; / 木版 / 崇禎 元(1628)後刷 / C1-214 / 線裝11卷3冊	
297	爾雅註疏	1건(6책)	爾雅疏 1건(10권6책)	1건	爾雅疏 / / 邢 昺(宋)疏; / 木版 / 光緒 18(1892) / C1-210 / 線裝10卷6冊	
90	二如亭群芳譜	1건(26책)	二如亭群芳諧 1건(27권26책)	1건	二如亭群芳諧//王象晋(明)纂輯/木版/ 天啓1(1621)/C3-187/線裝27卷26冊 -二如亭群芳譜의오기로판단됨.	
223	二如亭群芳譜	1건(32책)	二如亭群芳譜天部 1건(56권32책)	1건	二如亭群芳譜天部 / / 王象晋(明) 纂輯; / 木版 / 天啓1(1621) / C3-188 / 線裝 56拳32冊	
48	人子須知	1건(16책)	重刊人子須知資孝地 理心學統宗 1건(39권16책)		重刊人子須知資孝地理心學統宗./徐善 繼;/中國木板本/[刊年未詳]/C9B/2冊(缺 本)	확인 필요
308	日知錄	1건(10책)	1건(32권10책)	1건	日知弱/ / 顧炎武(淸)著 / 木版 / 康熙 34(1695)序 / C3-201 / 線裝32卷10冊	
26.5	詠物詩選	1건(32책)	佩文齋詠物詩選 1건(64권32책)	1건	佩文齋詠物詩選// 聖 祖(淸) 勅命編 / 木版 / 康熙45(1706)序 / C4-55 / 線裝 64卷32冊	
257	笠翁一家言全集	1건(20책)	1건(19권20책)	1건	笠翁全集/ / 李漁 述 / 木版 / 雍正 8(1730) / C4-167 / 線裝 19卷20冊	
368	笠翁傳寄十種	1건(20책)	1건(20권20책)	1건	笠翁傳奇十種/ / 笠 翁(明) 編 / 木版 / 康熙18(1679) / C4-241 / 線裝 20卷20 冊	
56	子問	1건(2책)	1건(2권2책)	1건	子 問 / / 劉 沅(淸)著 / 木版 / 咸豊 7(1857) / C3-24 / 線裝 2卷2冊	
216	子史精華	1건(48책)	1건(160권48책)	2건	子史精華//世宗(淸)御定;/木版/雍正 5(1727)序/C3-314/線裝, 160卷48冊	
296	子史精華	1건(48책)	1건(160권48책)		子史精華/和碩莊親王允錄(淸)等奉勅撰	

					/木版/雍正5(1727)刊/C3-315/線裝, 160권48冊	
471	字典考證	1건(4책)	확인 안됨		확인 안됨	
475	資治通鑑	1건(120책)	1건(307권120책)	1건	資治通鑑// 司馬光(宋) 奉勅編輯; / 木版 / 天啓 5(1625) / C2-84 / 線裝 307卷120冊	
429	資治通鑑綱目(三編)	1건(160책)	1건(91권160책)		확인 안됨	
211	資治通鑑綱目(三編)	1건(100책)	資治通鑑綱目 1건(134권100책)	1건	資治通鑑綱目// 朱熹(宋) 等編; / 木版 / 乾隆11(1746)重刊 / C2-86 / 線裝134卷100冊	
302	字彙	1건(14책)	1-247:同書2부 -1건(14권14책)	1건	字彙/ / 梅膺祚(明) 集; / 木版 / 萬曆43(1615)序 / C1-247 / 線裝14卷14冊	
488	字彙	1건(14책)	1-248:鳳儀字彙를重刊 1건(14권14책)	1건	字彙/ / 梅膺祚(明) 集; / 木版 / 萬曆43(1615)序 / C1-247 / 線裝14卷14冊	
449	昨非庵集	1건(20책)	1건(60권20책)	1건	昨非菴日纂/ / 鄭瑄(明)纂 / 木版 / 崇德8(1643)序 / C3-230 / 線裝60卷20冊	
470	蠶尾續文	1건(6책)	1건(20권6책)	1건	帶經堂集, 蠶尾續文 / 王士禎(淸) 撰; / 木板 / 淸初年間 / C4-79 / 線裝 20卷6冊	
198	蠶桑實濟	1건(1책)	6권1책 (同書2부)	1건	蠶桑實濟 /[編者 未詳]/ 木版 / 光緒8(1882)/C3-74/ 線裝 6卷1冊	
199	蠶桑實濟	1건(1책)				
325	潛確居類書	1건(48책)	1건(120권48책)	1건	潛確居類書// 陳仁錫(明) 纂輯 / 木版 / [明朝末期] / C3-316 / 線裝, 120卷48冊	
281	藏書	1건(24책)	1건(68권24책)	1건	藏書// 李贄(明) 著 / 木版 / 天啓(1621) / C2-109 / 線裝, 68卷24冊	
356	莊子雪	1건(6책)	1건(6권6책)	1건	莊子雪/ / 陸樹芝(淸) 輯註; / 木版 / 嘉慶4(1799) / C3-41 / 線裝 6卷6冊	
55	莊子約解	1건(4책)	1건(4권4책)	1건	莊子約解/ / 劉鴻典(淸) 輯註 / 木版 / 同治5(1866) 重刊 / C3-42 / 線裝 4卷4冊	
392	才子古文	1건(12책)	1건(22권12책)	1건	評註才子古文// 金聖歎(淸) 原選; / 木版 / 康熙23(1684)重刻 / C4-215 / 線裝, 22卷12冊	
232	積古齋鐘鼎彝器款識	1건(10책)	1건(10권10책)	1건	積古齋鍾鼎器款識// / 玩元(淸)編錄 / 木版 / 嘉慶9(1804)序 / C1-249 / 線裝 10卷10冊	
554	積語堂四種	1건(10책)	1건(10책)	1건	續語堂四種 / 魏錫曾(淸) 著 / 木版 / 光緒9(1883) / C4-170 / 線裝 10冊	
15	傳家寶	1건(32책)	1건(32권32책/4集)	1건	傳家寶// 石成金(淸) 撰 / 木版 / 乾隆4(1739) / C3-262 / 線裝32卷32冊(4集)	확인 필요

344	傳家寶	1건(32책)			傳家寶全集/ 石成金(淸) 撰 / 木版 / 乾隆4(1739) / C3-263 / 線裝32卷32冊	
174	傳家寶全集	1건(32책)	1건(32권32책)	1건	傳家寶全集/ 石成金(淸) 撰 / 木版 / 乾隆4(1739) / C3-263 / 線裝32卷32冊	
304	戰國策	1건(8책)	1건(33권8책)	1건	戰國策/ / 鮑彪(宋)校注; / 木版 / 萬曆9(1581)序 / C2-123 / 線裝, 33卷8冊	
58	全唐詩	1건(120책)	1건(12함120책)	1건	全唐詩/ / 聖祖(淸) 勅命編; / 木版 / 康熙46(1707)序 / C4-44 / 線裝 12函120冊	
192	全雅	1건(10책)	1건(79권10책)	1건	全雅/ 劉熙(漢)撰 / 木版 / [明朝年間] / C1-221/ 線裝 79卷10冊	
333	篆字彙	1건(20책)	1건(불분권20책)	1건	篆字彙/ 佟世男(淸) 編 / 木版 / 康熙30(1691) 序 / C1-250 / 線裝 不分卷20冊	
402	篆字彙	1건(12책)	1-251 -불분권12책 -同書2부	1건 (同書 2부)	篆字彙/ / 世男(淸) 編 / 木版 / 康熙30(1691) 序 / C1-251 / 線裝 不分卷12冊	
582	篆字彙	1건(12책)				
291	箋註唐賢絶句詩法	1건(4책)	1건(20권4책)	1건	箋註唐賢絶句三體詩法/ / 周弼(宋)選; / 木版 / [明朝年間] / C4-213 / 線裝, 20卷4冊	
115	前漢書	1건(32책)	1건(120권32책)	1건	前漢書/ / 班固(漢)撰; / 木版 / 乾隆4(1739) / C2-52 / 線裝120卷32冊	
240	前漢書	1건(19책)	1건(108권19책)	1건	班固(漢)撰/ 木版/明末-淸初(1630-1700)/ 線裝108卷19冊(卷1, 卷首1張落)	
248	前漢書	1건(16책)	확인 안됨		확인 안됨	
408	浙江採集遺書總錄	1건(6책)	1건(6책)	1건	浙江採集遺書總錄/ / 三寶(淸) 等 編; / 木版 / 乾隆40(1775) / C2-341 / 線裝 6冊	
597	占周易全書	1건(20책)	周易全書 -1건(21권21책) *表題:占周易全書	1건	周易全書/楊時喬(明)編輯/木版/萬曆20-27(1592-1599)/C1-53/線裝, 21卷21冊 *表題:占周易全書	확인 필요
65	定例全編	1건(34책)	1건(50권34책)	1건	定例全編/ 李珍(淸)編 / 木版 / 康熙55(1716) / C2-182 / 線裝 50卷34冊	
51	正僞	1건(3책)	正위(言+爲) 1건(8권3책)	1건	正訛 / / 劉沅(淸) 著 / 木版 /咸豊4(1854)/C3-25/線裝8卷3冊 *訛는言+爲의오기	
255	正字通	1건(40책)	1건(12권40책)	1건	正字通 / 參文英(淸) 輯 / 木版 /[淸朝年間] / C1-253 / 線裝12卷40冊	
317	正字通(殿板)	1건(24책)	1건(12권24책)	1건	正字通 / 參文英(淸) 輯 / 木版 / 康熙10(1671) 序 / C1-252 / 線裝12卷24冊	
362	靖節先生集	1건(4책)	1건(13권4책)	1건	靖節先生集/ 陶潛(唐) 撰; / 木版 / 光緖9(1883) / C4-183 / 線裝 13卷4冊	

509	政和經史証類本草	1건(10책)	1건(30권10책)	1건	重修政和經史證類備用本草//曹孝忠(宋)等奉勅校勘/木版/隆慶4(1570)重刊/C3-82/線裝30卷10冊	
393	精華錄訓纂	1건(16책)	1건(22권16책)	1건	漁洋山人精華錄訓纂// 王士禎(淸)撰;/木版 光緒17(1891) / C4-142 / 線裝22卷16冊	
455	諸家全書	1건(83책)	1건(327권83책)	1건	諸家全書// 浙江書局 編 / 木版 / 光緒1 - 3(1875 - 1877) / C3-264 / 線裝327卷83冊	
161	諸葛武候全集	1건(8책)	諸葛忠武全書 1건(13권6책)	1건	諸葛忠武全書//諸葛孔明撰;/木版/同治1(1862)/C4-171/線裝13卷6冊	확인 필요
99	諸葛忠武誌	1건(6책)	1건(10권6책)	1건	忠 武 誌 / 張鵬 (淸) 輯; / 木版 / 嘉慶19(1814) 跋 / C2-160 / 線裝 10卷6冊	
219	諸子奇賞	1건(40책)	1건(111권40책)	1건	諸奇賞//陣仁錫(明)選/木版/[明朝年間/C3-265/線裝111卷40冊 *책제목에 子가 빠짐	
2	諸子類函	1건(24책)	諸子彙函 1건(26권24책)	1건	諸子彙函// 有光(明)蒐輯//木版/天啓5(1625)後刷/C3-267/線裝26卷24冊	확인 필요
63	諸子品節	1건(20책)	1건(50권20책)	1건	諸子品節/ 陳 深(明) 輯 / 木版 / 萬曆18(1590)序 / C3-266 / 線裝50卷20冊	
326	曹氏墨林	1건(4책)	墨林 1건(4책)	1건	鬼林// 曹素功(淸)編/木版/[淸朝年間/C3-165/線裝, 4冊(上, 下卷2冊, 不分卷2冊) *鬼는墨의오기	
39	周書	1건(8책)	2건 (50권8책)	2건	周書// 令狐德분(唐)撰; / 木版, 順治16(1659) / C2-55 / 線裝50卷8冊	확인 필요
116	周書	1건(8책)			周書// 令狐德분(唐)撰; / 木版 / 乾隆4(1739) / C2-56 / 線裝50卷8冊	
138	周書	1건(8책)				
440	周書	1건(6책)	1건(50권6책)	1건	周耆// 令狐德분(唐)等撰 / 木版 / 崇禎5(1632) / C2-54 / 線裝50卷乞冊 *書를耆로오기.6책을乞로오기.	
286	註釋山海經	1건(6책)	山海經釋義 1건(18권6책)	1건	山海經釋義/ 郭璞(晉) 著傳; / 木版 / 康熙28(1689) / C4-224 / 線裝, 18卷 6冊	
150	周易大全	1건(21책)	확인 안됨		확인 안됨	
599	周易玩辭集解	1건(6책)	1건(10권6책)	1건	周易玩辭集解// 查愼行(淸) 編輯; / 木版 / 乾隆29(1753)序 / C1-49 / 線裝, 10卷6冊	
557	周易義海撮要	1건(12책)	1건(12권12책)	1건	周易義海撮要// 李衡(南宋) 撰 / 木版 / [淸朝年間] / C1-51 / 線裝, 12卷12冊	
489	周易傳義	1건(10책)	확인 안됨		확인 안됨	

132	周易折中	1건(16책)	御纂周易折中 1건(23권16책)	1건	御纂周易折中// 聖祖(淸) 御撰 / 木版 / 康熙54(1715) / C1-25 / 線裝, 23卷16冊	
600	周易指	1건(24책)	1건(45권24책)	1건	周易指// 端木國瑚(淸) 撰 / 木版 / 道光16(1836) 識 / C1-56 / 線裝, 45卷24冊	
506	周易函書約存	1건(16책)	1건(16권16책) -約存10, 別集6	1건	周易函書約存(別集)/ / 胡 煦(淸) 述; / 木版/ 康熙49(1710)序 / C1-60 / 線裝, 16卷16冊(約存10, 別集6)	
590	周易函書約存附約注, 別集	1건(26책)	1-58 -1건(52권26책)	2건	周易函書約存//胡煦(淸) 述/木版/雍正7(1729)序/C1-58/線裝, 52卷26冊	
603	周易函書約存附約註別集	1건(26책)	1-59 -1건(26권26책)		周易函書約存//胡煦(淸) 述;/木版/乾隆59(1794)/C1-59/線裝, 26卷26冊	
378	朱子語類	1건(40책)	1건(140권40책)	1건	朱子語類/ / 黃士毅(南宋) 編 / 木版 / [淸朝中期] / C3-27 / 線裝 140卷40冊	
238	朱子資治通鑑網目	1건(72책)	資治通鑑網目 1건(59권72책)	1건	資治通鑑網目 / 朱熹(宋) 等編; / 木版 / 乾隆2(1737) / C2-85 / 線裝59卷72冊	
135	遵生八牋	1건(16책)	弦雪居重訂遵生八牋 1건[17권15책(책9, 缺)]	1건	弦雪居重訂遵生八牋/高염(明) 著/木版/嘉慶8(1803)/C3-215/線裝17卷16冊	
130	遵巖集	1건(10책)	1건(10권10책)	1건	王遵巖集/王愼中(明) 著/木版/[康熙年刊]/C4-150/線裝 10卷10冊	
530	中州集附中州樂府	1건(12책)	1건(11권12책)	1건	中州集/ / 元好問(金) 編 / 木版 / 嘉靖5(1536) / C4-50 / 線裝 11卷12冊	
151	曾文正公奏議	1건(24책)	1건(29권24책)	1건	曾文正公奏議 / 薛福成(淸) 編輯; / 木版 / 同治13(1874) / C2-167 / 線裝 29卷24冊	
323	知不足齋叢書	1건(122책)	3-269(775권240책) -同書5부 -1부(라)116책 -1부(마)128책 -1부(나)238책	1건	知不足齋叢書// 鮑廷博(淸) 校刊 / 木版 / 乾隆41(1776) / C3-269 / 線裝775卷240冊, (30集)	확인필요
350	知不足齋叢書	1건(128책)				
352	知不足齋叢書	1건(238책)				
565	持靜齋書目豊順丁氏	1건(1책)	豊順丁氏持靜齋書目 1건(4권1책)	1건	豊順丁氏持靜齋書目//元和江(淸)編/木版/光緒21(1895)/C2-345/線裝4卷1冊	
353	晋書	1건(24책)	1건(131권24책)	1건	晋書// 唐大宗御撰; / 木版 / 萬曆年間重修 / C2-60 / 線裝 131卷24冊	
36	晋書	1건(38책)	1건(131권38책)	1건	晋書// 唐大宗 御撰; / 木版 / 順治16(1659) / C2-61 / 線裝131卷38冊	
111	晋書	1건(30책)	1건(130권30책)	1건	晋書// 唐太宗 御撰 / 木版 / 乾隆4(1739) / C2-62 / 線裝 130卷30冊	
126	陳書	1건(6책)	1건(36권6책)	1건	陳書// 姚思廉(唐)撰 / 木版 / 乾隆4(1739) / C2-59 / 線裝36卷6冊	

43	陳書	1건(4책)	2-57 -1건(36권4책) 2-58 -1건(36권4책)	2건	陳書// 姚思廉(唐)撰 / 木板 / 康熙39(1700) / C2-58 / 線裝36卷4冊 *2-57을2-58로오기. 陳書 / 木板 / 姚思廉(唐) 撰 ; 康熙39(1700)/C2-58/線裝36卷4冊	확인 필요
137	陳書	1건(4책)				
441	陳書	1건(4책)				
189	進堯史表	1건(8책)	확인 안됨		확인 안됨	
454	津逮秘書	1건(166책)	1건(158책) *166책을158책으로 오기한듯함	1건	津逮秘書/ [毛晋陽(明)] 編 / 木版 / C3-270 / 線裝166冊(冊51, 54, 61, 80-82, 92, 123-126,11冊缺)	확인 필요
322	秦漢文懷	1건(10책)	1건(20권10책)	1건	泰漢文懷// 鍾惺(明)評選 / 木版 / [萬曆年間] / C4-214 / 線裝, 20卷10冊	
337	集古印譜	1건(4책)	1건(4권4책)	1건	集古印譜// 王 常(明) 編; 木版 / 萬曆 3(1575)序 / C3-156 / 線裝, 4卷4冊	
499	昌黎詩集	1건(4책)	1건(11권4책)	1건	昌黎先生詩集注/ / 韓愈(唐) 撰; 木版 / 光緒9(1883) / C4-180 / 線裝 11卷4冊	
176	昌黎集	1건(18책)	昌黎先生集 1건(40권18책)	1건	昌黎先生集/ 韓愈(唐) 撰 / 木版 / 宋版後刷 / C4-181/ 線裝 40卷18冊	
330	滄溟集	1건(6책)	滄溟先生集 1건(31권6책)	1건	滄溟先生集/ 李攀龍(明) 著; 木版 / 萬曆2(1574) 序 / C4-179 / 線裝 31卷6冊	
453	滄溟集	1건(18책)	滄溟先生集 1건(31권18책)	1건	滄溟先生集/ 李攀龍(明) 著; 木版 / 隆慶6(1572)序 / C4-178 / 線裝 31卷18冊	
160	蒼霞草	1건(5책)	1건(12권5책)	1건	蒼霞草 / 葉向高(明) 著 / 木版 / [明朝年間] /C4-182/ 線裝 12卷5冊	
550	千甓亭古塼圖釋	1건(4책)	1건(20권4책)	1건	千甓亭古塼圖釋/ 陸心源(淸) 輯 / 石印版 / 光結17(1891) / C3-180 / 線裝, 20卷4冊	
564	鐵琴銅劍樓宋元本書目	1건(1책)	1건(4권1책)	1건	鐵琴銅劍樓藏宋元本書目 / /元和江(淸) 輯;/木版/光緒23(1897)/C2-343/線裝 4卷1冊(50張)	
394	鐵琴銅劍樓藏書目錄	1건(10책)	1건(24권10책)	1건	鐵琴銅劍樓藏書目錄/ 瞿 鏞(淸) 著 / 木版 / 咸豊7(1857) 序 / C2-342 / 線裝 24卷10冊	
204	鐵網珊瑚畵品	1건(7책)	1건(6권7책)	1건	鐵網珊瑚書品/ 朱存理(明) 編輯 / 木版 / [正德年間(1506 - 1521)] / C3-152 / 線裝, 6卷7冊	
549	鐵雲藏龜藏陶	1건(10책)	1건(불분권10책)	1건	鐵雲藏龜藏陶/ 劉鐵雲 輯 / 石印版 / [淸朝末期] / C3-181 / 線裝 不分卷10冊	
262	淸文彙補	1건(8책)	淸文補彙(C1-254) 인지확인요망		淸文補彙(C1-254)인지확인요망	확인 필요

228	淸文彙書	1건(12책)	1건(12권12책)	1건	淸文彙書/ / 李延基(淸) 輯 / 木版 / [淸朝年間] / C1-255 / 線裝12卷12冊	
205	淸河書畵舫	1건(12책)	1건(12호12책)	1건	淸河書畵舫 / 張丑(明)造 / 木版 / 乾隆28(1763) / C3-116 / 線裝, 12號12冊	
280	楚辭句解評林	1건(4책)	1건(17권4책)	1건	楚辭句解評林/ 劉 向(漢) 編集; / 木版 / 萬曆15(1587) [後刷] / C4-2 / 線裝 17卷4冊	
376	楚辭集註	1건(4책)	1건(16권4책)	1건	楚 辭/ / 朱 喜(宋) 集註 / 木版 / 光緒8(1882) / C4-1 / 線裝 16卷4冊	
462	草字彙	1건(6책)	1건(불분권6책)	1건	草字彙/ / 石梁(淸) 集 / 木版 / 乾隆53(1788) / C3-142 / 線裝, 不分卷6冊	
114	蜀志	1건(2책)	三國志(C2-32)검색 (冊9~10. 蜀志)	1건	三國志/陳壽(晉) 撰/木版/乾隆4(1739)/C2-32의 한 題로 추정됨	
34	秋坪新語	1건(8책)	1건[12卷7冊(1冊缺)]	1건	秋坪新語/ / 浮사散人(淸) 編 / 木版 / 乾隆57(1792) 序 / C4-243 / 線裝 12卷7冊(1冊缺)	
168	春秋左傳	1건(16책)	1건(50권16책)	1건	春秋左傳 / 左丘明(魯)撰 / 木版 / [淸朝年間] / C1-148/線裝50卷16冊	
169	春秋左傳	1건(10책)	1건(17권10책)	1건	春秋左傳/左丘明(魯) 撰/木版/嘉慶1(1796)/C1-147/線裝17卷10冊	
270	春秋左傳	1건(19책)	春秋左傳釋義評苑 - 目錄1, 本文19卷19冊.(卷1, 1冊缺)로추정	1건	春秋左傳釋義評苑/王錫爵(明)輯著/木版/萬曆18(1590)/C1-149/線裝 目錄1本文19卷19冊, (卷1, 1冊缺)로추정	
377	七經	1건(61책)	확인 안됨		확인 안됨	
556	太乙宗統寶鑑	1건(24책)	1건(24권24책)	1건	大乙統宗寶鑑/ / 曉山老人(元) 輯 / 寫本 / [淸朝年間] / C3-109 / 線裝, 24卷24冊	
134	太乙統宗寶鑑	1건(14책)	1건(20권14책)	1건	太乙統宗寶鑑/曉山老人(宋) 撰/寫本/寫年未詳/C3-108/線裝 20卷14冊	
539	太平御覽	1건(120책)	1건(1000권120책)	1건	太平御覽 / 李 肋(宋) 等奉勅算 / 木版 / 光緒18(1892) / C3-320 / 線裝, 1000卷120冊	
349	通鑑紀事本末	1건(62책)	紀事本末 1건(475권62책)	1건	紀事本末 / / 袁樞(宋) 等編; / 木板 / [明朝年間] / C2-88 / 線裝 475卷62冊	
473	通鑑紀事本末	1건(100책)	紀事本末 1건(455권100책)	1건	紀事本末 / 袁樞(宋) 等編; / 木板 / 順治15(1658)序 / C2-89 / 線裝 455卷100冊	
532	通俗編	1건(12책)	1건(38권12책)	1건	通俗編/ / 翟 灝(淸)撰 / 木版 / 乾隆16(1751) / C3-321 / 線裝, 38卷12冊	
614	通典	1건(5책)	1건(60권5책)	1건	通典/ / 杜 佑(唐) 撰 / 木版 / 淸朝年間 / C2-184 / 線裝 6卷5冊(卷75-109,	

					122-144)	
417	通志堂經解	1건(480책)	1건(1802권480책)	1건	通志堂經解// 成德(淸) 校訂; / 木版 / 同治12(1873) / C1-12 / 線裝, 1802卷480冊	
206	退菴金石書畫跋	1건(6책)	1건(11권6책)	1건	退菴金石書畫跋// 梁章鉅(淸) 撰 / 木版 / [淸朝年間] / C2-283 / 線裝 11卷6冊	
446	板橋詩抄	1건(4책)	1건(6편4책)	1건	板橋集/ 鄭變(淸) 著 / 木版 / 乾隆48(1783) / C4-187 / 線裝 6編4冊	
292	八代四六全書	1건(10책)	1건(!6권10책)	1건	八代四六全書/ 李天麟(明) 彙輯; / 木版 / 萬曆15(1587) / C4-52 / 線裝 16卷10冊	
16	八史經籍志	1건(17책)	1건(30권17책)	1건	八史經籍志/ 張延玉(淸) 等奉勅纂修 / 木版 / 光緒9(1883) 序 / C2-344 / 線裝 30卷17冊	
404	佩文韻府	1건(115책)	확인 안됨	확인 안됨		확인 필요
543	佩文韻府	1건(95책)	확인 안됨			
224	佩文齋廣群芳譜	1건(48책)	1건(100권48책)	1건	佩文齋廣群芳諸// 注灝(淸) 等奉勅編 / 木版 / 康熙47(1708) / C3-189 / 線裝 100卷48冊	
319	佩文齋書畫譜	1건(64책)	1건(100권64책)	2건	佩文齋書畫譜//孫岳頒(淸)等奉勅纂輯/木版/康熙47(1708)序/C3-117/線裝, 100卷64冊	
538	佩文齋書畫譜	1건(64책)	1건(100권64책)		佩文齋書畫譜//孫岳頒(淸)等奉勅纂輯/木版/康熙47(1708)序/C3-118/線裝, 100卷64冊	
517	佩文齋詠物詩選	1건(48책)	1건(64권48책)	1건	佩文齋詠物詩選// 聖祖(淸) 勅命編 / 木版 / 康熙46(1707) 序 / C4-54 / 線裝 64卷48冊	
419	彭文敬公集	1건(15책)	1건(44권15책)	1건	彭文敬公集/ 彭蘊章(淸) 著 / 木板 / 同治3(1864) / C4-189 / 線裝 44卷15冊	
495	平津館叢書	1건(16책)	1건(불분권16책)	1건	平津館叢書/ 平津館(淸) 編 / 木版 / 嘉慶20(1815) / C3-271 / 線裝 不分卷16冊	
523	敝帚齋遺書	1건(21책)	1건(42권21책)	1건	敝帚齋遺자書//徐자(淸)著/木版/光緒3(1877)/C4-190/線裝42卷21 *敝帚齋遺書의오기로생각됨	
225	曝書亭集	1건(20책)	1건(83권20책)	1건	曝書亭集/ 朱尊(淸) 撰 / 木版 / [淸朝年間] / C4-191 / 線裝 83卷20冊	
312	曝書亭集箋註	1건(12책)	曝書亭集 1건(23권12책)	1건	曝書亭集/ 朱尊(淸) 撰 / 木版 / 嘉慶9(l804) 跋 / C4-192 / 線裝 23卷12冊	
361	品字箋	1건(20책)	확인 안됨	확인 안됨		

68	避暑錄話	1건(2책)	1건(2권2책)	1건	避暑錄話// 葉夢得(宋) 著; / 木版 / [明朝年間] / C3-213 / 線裝2卷2冊	
468	河洛精蘊	1건(4책)	3-111 -1건(9권4책)	1건	河烙精蘊// 江永(清) 著/木版/乾隆39(1774)/C3-111/線裝, 9卷十冊 *十책은오기인듯함	확인 필요
601	河上周易	1건(6책)	河上易註 -1건(8권6책)	1건	河上易註// 黎世序(清) 學 / 木版 / 道光1(1821)序 / C1-65 / 線裝, 8卷6冊	
505	郝氏叢書	1건(19책)	赤氏叢書 1건(44권19책)	1건	赤氏叢書// 赤懿行(清) 編輯 / 木版 / 嘉慶14(809) / C3-273 / 線裝44卷19冊	
410	學統	1건(18책)	2-149 1건(53권18책) *책에2-149를3-149로 오기	1건	學統// 熊賜履(清) 編輯 / 木版 / 康熙25(1686) / C2-149 / 線裝 53卷18冊	
148	漢書	1건(30책)	없음	1건	漢書/班固(漢) 撰/木版本/刊年未詳/K2-8/線裝 100卷30冊	
12	漢隷字源	1건(6책)	1건(6권6책)	1건	漢隷字源/木版/[清朝年間]/C1-258/線裝不分卷6冊	
98	漢隷字源	1건(6책)	1건(불분권6책)			
269	漢魏六朝百三家集	1건(100책)	1건(불분권100책)	1건	漢魏六朝百三家集/ / 張 傳(明) 閲 / 木版 / 明末 - 淸初年間 / C4-57 / 線裝 不分卷100冊	
247	漢魏叢書	1건(70책)	1건(417권70책)	1건	漢魏叢書/ / 何允中(明)編 / 木版 / 萬曆20(1592)序 / C3-274 / 線裝417卷70冊	
409	漢魏叢書	1건(94책)	重刻漢魏叢書 1건(94책)	1건	重刻漢魏叢書//高宗(清)勅命序;/木版/乾隆58(1793)序/C3-268/線裝94冊	
364	閒情偶寄	1건(6책)	1건(16권6책)	1건	閒情偶寄// 李 漁(清) 著; / 木版 / 康熙10(1671) / C3-233 / 線裝16卷6冊	
487	閒情偶寄	1건(8책)	1건(16권8책)	1건	閒情偶寄// 李 漁(清) 著; / 木版 / 康熙10(1671) 序 / C3-232 / 線裝16卷8冊	
370	韓昌藜全書	1건(12책)	重刊五百家註音辨昌藜先生文集 1건(40권12책)	1건	重刊五百家註音辨昌藜先生文集//韓愈(唐) 輯/木版/乾隆49(1784)序/C4-174/線裝40卷12冊	
7	海峰文集	1건(10책)	확인 안됨	1건	海峯文集// 劉大괴(清)著; / 飜刻本 / 明治14(1881)刊 / J4-130 / 線裝8卷 10冊	
274	海山仙館叢書	1건(100책)	海山儒館叢書 1건(100책)	1건	海山儒館叢書// 海山儒館 編 / 木版 / 道光29(1849) / C3-275 / 線裝100冊	
4	諧聲品字箋	1건(14책)	1건(14권14책)	1건	諧聲品字箋/ 虞德升(清) 著 / 木版 / 康熙16(1677)序 / C1-267 / 線裝14卷14冊	
313	陔餘叢考	1건(16책)	1건(43권16책)	1건	陔餘叢考// 趙翼(清) 編 / 木版 / 乾隆56(1791)/C3-234/線裝43卷16冊	
566	海源閣藏書目聊	1건(1책)	1건(4권1책)	1건	海源閣藏書目// 元和江(清) 編 / 木版	

	城楊氏				/ 光緒14(1888) / C2-346 / 線裝 4卷1冊
97	香蘐山館集	1건(8책)	香蘐山館詩鈔 1건(36권8책)		확인 안됨
22	荊川左編	1건(50책)	歷代史纂左編 1건(142권50책)	1건	歷代史纂左編/ 唐順之(明) 編輯; / 木版 / 明, 嘉靖40(1561) / C2-146 / 線裝 142卷50冊
163	荊川集	1건(6책)	唐荊川先生文集 1건(12권6책)	1건	唐荊川先生文集/唐順之(明) 著 / 木板 / 淸朝初期 / C4-78/線裝 12卷6冊
8	湖海詩傳	1건(16책)	1건(46권16책)	1건	湖海詩傳// 王昶(淸) 纂 / 木版 / 嘉慶 8(1803) / C4-197 / 線裝 46卷16冊
266	湖海詩傳	1건(10책)	1건(46권10책)	1건	海湖詩集// 王昶(淸) 纂/木版/嘉慶 8(1803)/C4-198/線裝46卷10冊 *傳을 集으로오기함.10책을16책으로오기함.
592	皇極經世緒言	1건(10책)	1건(10권10책) -同書2部	1건	皇極絳世緒言// 黃泉泰(明)釋; / 木版 / 嘉慶4(1799) / C3-112 / 線裝, 10卷10冊(同書2部)
593	皇極經世緒言	1건(10책)			
531	皇極經世易知	1건(4책)	1건(9권4책)	1건	皇極經世易知/ 何夢搖(淸)編 / 木版 / 咸豊9(1859) / C3-113 / 線裝, 9卷4冊
289	黃山谷文集	1건(10책)	확인		확인 안됨
588	皇朝文獻通考	1건(20책)	1건(300권20책)	1건	皇朝文獻通考// 永 璇(淸) 等編; / 石印版 / 光緒28 (1902) / C2-185 / 線裝 300卷20冊
545	皇朝通典	1건(48책)	1건(100권48책)	1건	皇朝通典// 璜(淸) 等撰 / 木版 / 乾隆 32 (1767) / C2-186 / 線裝 100卷48冊
546	皇朝通志	1건(48책)	1건(216권48책)	1건	皇朝通志/ 嵆璜(淸) 等奉勅撰 / 木版 / 乾隆32 (1767) / C2-187 / 線裝 216卷48冊
237	皇淸經解	1건(400책)	확인 안됨		확인 안됨
314	皇淸經解正編	1건(360책)	1-13 -1건(1408권360책)		C1-13 확인 안됨
448	懷簏堂集	1건(22책)	1건(100권22책)	1건	積簏堂詩稿/ 李東陽(明) 撰 / 木版 / 嘉慶9(1804) / C4-201 / 線裝 100卷22冊
40	後漢書	1건(20책)	1건(130권20책)	1건	後漢書// 范曄(南朝宋)撰/ 木版/順治17(1660)/C2-66/線裝13卷20冊
147	後漢書	1건(20책)	1건(130권20책)	1건	後漢書// 范曄(南朝宋) 撰/ 木版/康熙39(1700)/C2-67/線裝130卷20冊
249	後漢書	1건(16책)	1건(130권16책)	1건	後漢書// 范曄(南朝宋) 撰/ 木版 / 光緒13(1887) / C2-65 / 線裝130卷16冊
486	彙刻書目	1건(20책)	1건(20권20책)	1건	彙刻書目// 顧 修(淸) 編; / 木版 / 光

					緒15(1889) / C2-348 / 線裝 20卷20冊	
490	彙刻書目	1건(10책)	1건(10권10책)	1건	彙刻書目// 顧 脩(淸) 編 / 木版 / 嘉慶25(1820) / C2-349 / 線裝 10卷10冊	
548	欽定古今圖書集成	1건(1628책)	확인 안됨	1건	古今圖書集成./將廷錫(淸)等奉勅編/中國鉛印本/[刊年未詳]/C15/35冊(第1-9, 12-67, 70-219, 221-746, 748-749, 756-757, 759-914, 920-944, 947-1296, 1304-1492, 1501-1628冊缺)	
598	欽定古今圖書集成	1건(7책)	확인 안됨	1건	확인 안됨	
268	欽定武英殿聚珍板書	1건(92책)	1건(213권92책)	1건	欽定武英殿聚珍版程式/ / 金 簡(淸) 撰 / 木活字版 / 乾隆沮(1776) /C3-276/線裝 213卷92冊	
309	欽定四庫全書	1건(112책)	1건(200권112책)	1건	欽定四庫全書總目/ 永 瑢(淸) 等奉勅編纂; /木版/ [同治年間] / C2-356 /線裝 200卷112冊	
244	欽定四庫全書簡明目錄	1건(10책)	1건(20권10책)	1건	欽定四庫全書簡明目錄/ 永 瑢(淸) 等奉勅編纂; 木版 / [淸朝年間] / C2-352 / 線裝 20卷10冊	
310	欽定四庫全書簡明目錄	1건(16책)	1건(21권16책)	1건	欽定四庫全書簡明目錄/永瑢(淸) 等奉勅編輯/木版/同治7(1868)/C2-350/線裝 21卷16冊	
236	欽定四庫全書總目提要	1건(32책)	확인 안됨	1건	확인 안됨	
493	欽定書經傳說彙纂	1건(14책)	1건(21권14책)	1건	欽定書經傳說彙纂/ / 世宗(淸) 勅撰; / 木版 / 雍正8(1730)序 / C1-86 / 線裝, 21卷14冊	
387	欽定西淸古鑑	1건(24책)	1건(56권24책)	1건	欽定西淸古鑑/ / 梁詩正(淸) 等編 / 石印 / 光緒14(1888) / C3-182 / 線裝 56卷24冊	
386	欽定西淸古鑑	1건(24책)				
363	欽定授時通考	1건(24책)	1건(78권24책)	1건	欽定授時通考/ / 蔣 溥(淸)等撰 / 木版 / 道光6(1826) / C3-76 / 線裝 78卷24冊	
498	欽定詩經傳說彙纂	1건(16책)	1건(23권16책)	1건	欽定詩經傳說彙纂/ / 世宗(淸) 勅纂; / 木版 / 雍正5(1727)序 / C1-104 / 線裝 23卷16冊	
587	欽定全唐詩	1건(32책)	全唐詩 -1건(32권32책)	1건	全唐詩/ / 上海同文書局 刊 / 石印版 / 光緒13(1887) 刊 / C4-46 / 線裝 32卷32冊	
576	欽定天祿琳瑯書目	1건(10책)	欽定天祿琳瑯書目 1건(30권10책)	1건	欽定天祿琳瑯書目/ / 于敏中(淸) 等編撰 / 木版 / 光緒10(1884) / C2-357 / 線裝 30卷10冊	

510	欽定戶部則例	1건(48책)	1건(100권48책)	1건	欽定戶部則例/ / 倭 仁(淸) 等輯; / 木版 / 同治 4 (1865) / C2-170 / 線裝 100卷48冊	
180	甔甀洞集	1건(20책)	甔甀洞藁 1건(54권20책)	1건	甔甀洞藁/吳國倫(明)著/木版/明朝年間/C4-77/線裝54卷20冊	

<h1 align="center">〈法帖之部〉</h1>

『唐版財産目錄』 수록 도서 정리 현황		장서각 자료 2책 검토		장서각 소장 여부(홈페이지 확인)		
法帖之部		法帖之部		法帖之部		
순번	도서명	『唐版財産 目錄』	『藏書閣圖書中國版 總目錄』	검색 건수	일제 강점기 구매 추정 판본	비고
734	刻本觀音像	1건(1첩)	확인 안됨	1건	刻本觀音像/ / [書者未詳] / 拓印版 / [拓年未詳 / K3-545 / 帖裝(旋風葉), 1 帖(6折)	
821	故實卷物	1건(1첩)	확인 안됨		확인 안됨	
807	古制徵證	1건(5첩)				
800	古制徵證今泉雄 作谷口良嵜共著 雄井小三郎	1건(4첩)	확인 안됨	1건	古制徵證/ / 今泉雄作(日) 等著 / 影印 本 / 明治36(1903)印 / J3-300 / 帖裝 5 卷5帖	
806	求古圖錄	1건(1첩)	확인 안됨	1건	求古圖錄/ / 瀧澤 淸(明治) 著 / 木板本 / 明治41(1908) 刊 / J3-375 / 線裝 不 分卷1冊	
776	歐陽詢皇甫府君 碑	1건(1첩)	1건[1帖(16張)]	1건	歐陽詢皇甫碑// 于志寧(唐) 撰; 拓 印版 / [淸朝中期] / C2-245 / 帖裝 1帖 (16張)	
818	國民畫鑑	1건(1첩)	확인 안됨		확인 안됨	
771	國華餘芳古書之 部	1건(1첩)	확인 안됨		확인 안됨	
752	蘭亭記	1건(1첩)	확인 안됨		蘭亭記./[書者未詳]. 著/木板本(陰刻)/ 嘉慶5(1800)/C10C/1帖(15折) 蘭亭記./王羲之(晋) 撰幷書/木板本(陰 刻)/[刊年未詳]/C10C/1帖(5折)	확인 필요
751	蘭亭帖 (卷物)	1건(1첩)	확인 안됨		확인 안됨	
778	南唐拓澄淸堂帖	1건(1첩)	확인 안됨	1건	澄淸堂帖//內藤虎(日)編/影印本/大正 (1912)印/J3-293/帖裝4卷1帖(45折)	
727	唐隆闡法師碑銘	1건(1책)	1건[1帖(20折)]	1건	唐降闡法師碑銘/ / [撰者未詳] / 拓印 / [明朝中期] / C2-258 / 帖裝 1帖(20折)	
730	唐本願寺舍利塔 碑	1건(1책)	大唐本願寺舍利塔碑 1冊(18折)	1건	大唐本願寺舍利塔碑/ / [撰者未詳] / 拓印版 / [淸朝年間] / C2-261 / 帖裝 1 冊(18折)	
779	唐拓十七帖	1건(1책)	확인 안됨		확인 안됨	
788	大唐多寶塔感應 碑帖	1건(2첩)	확인 안됨		확인 안됨	
726	三藏聖敎序	1건(1첩)	2-262(1첩/26절)	4건	大唐三藏聖敎序//大宗文皇帝(唐) 製; /	확인

740	三藏聖教序	1건(1첩)			拓印版/[拓印年未詳]/C2-262/帖裝1帖 (26折)	
738	大唐三藏聖教序	1건(1첩)			大唐三藏聖教序//太宗文皇帝(唐)製;/ 拓印版/[拓印年未詳]/C2-263/帖裝1帖 (19折)	
789	大唐三藏聖教序	1건(1첩)	2-263(1첩/39절) 2-266(1첩/55절) 2-267(1첩/42절)		大唐三藏聖教序//太宗文皇帝製/拓印 版/[拓印年未詳]/C2-266/帖裝(木板表 帖)1帖(29折)	필요
					[大唐三藏聖教序//太宗文皇帝(唐)製;/ 拓印版/[拓印年未詳]/C2-267/帖裝1帖 (22折)	
808	大日本美術圖譜	1건(4첩)	확인 안됨		확인 안됨	
762	道教碑 趙孟頫	1건(4첩)	확인 안됨	1건	初拓趙松雪道教碑 / 趙孟부(元) 書 / 中國拓印本 / [拓年未詳] / C10C / 1冊	
813	圖案百題	1건(3책)	확인 안됨	1건	圖案百題//荻野一水(明治)著/鉛活字本 /明治43(1910)刊/J3-306/ 帖裝(第九十號參冊之內)3帖	
801	陶添	1건(1첩)	확인 안됨		확인 안됨	
769	妙蹟圖錄	1건(5첩)	확인 안됨	1건	妙蹟圖錄 / / 神木猶之助(明治) 編著 / 影印本 / 明治43(1910)印 / J3-258 / 線 裝5卷5冊	확인 필요
770	妙蹟圖錄					
732	顔眞卿家廟碑	1건(1책)	확인 안됨	1건	顔眞卿家廟碑// 顔眞卿(唐) 書 / 拓印 版 / [年紀未詳] / K2-3952/帖裝(旋風 葉) 1帖(23折)	
820	東洋美術大觀	1건(12책)	확인 안됨		확인 안됨	
812	東洋美術圖譜	1건(2책)	확인 안됨		확인 안됨	
819	東瀛珠光	1건(5책)	확인 안됨		확인 안됨	
775	萬古際會圖像	1건(10책)	확인 안됨	1건	萬古際會圖像//田琦(朝鮮) 著/原本/哲 宗 5(1854)/K3-548 /帖裝(旋風葉) 不分 卷10冊	확인 필요
736	晩香堂蘇帖	1건(12첩)	1건(12첩)	1건	晩香堂蘇帖/ / 蘇 軾(宋) 書 / 拓印版 / [淸朝中期] / C3-122 / 帖裝(綿表裝), 12卷12冊	확인 필요
787	晩香堂蘇帖	1건(12첩)				
799	輞川圖(卷物)	1건(1첩)	확인 안됨		확인 안됨	
810	模樣ノクラ	1건(1책)	확인 안됨		확인 안됨	
774	蒙古襲來會圈(卷 物)	1건(1책)	확인 안됨		확인 안됨	
757	武候碑	1건(1첩)	확인 안됨		확인 안됨	
748	末臨十七帖	1건(1첩)	확인 안됨		확인 안됨	
764	攀雲閣法帖	1건(16첩)	확인 안됨	1건	初榻攀雲閣//[編者未詳]/拓印版/刊年	확인

202

						未詳/K3-526/帖裝(旋風葉),16帖	必要
817	撥雲餘興	1건(2책)	확인 안됨			확인 안됨	
755	白月碑	1건(1첩)	확인 안됨	1건		白月碑/ / 崔仁연(新羅) 奉敎撰; / 拓印版 / 拓年未詳 / K2-3933 / 帖裝(旋風葉) 1帖(25折)	
805	法樂帖	1건(1첩)	확인 안됨			확인 안됨	
761	寶賢堂集古法帖	1건(6첩)	1건(12卷6帖)	1건		寶賢堂集古法帖/ 奇源(明) 編輯 / 拓印版 / [淸朝初] / C3-129 / 帖裝, 12卷6帖	
790	北宋拓集王聖敎序	1건(1첩)	확인 안됨	1건		北宋拓集王聖敎序/ /王羲之(晋) 書/影印本/大正2(1913)印/J3-276/絹裝 1帖(25張)	
791	北宋拓皇甫明公碑	1건(1첩)	확인 안됨			확인 안됨	
773	佛像曼茶羅卷(卷物)	1건(8첩)	확인 안됨			확인 안됨	
760	斐將軍碑帖 顔眞卿	1건(1첩)	1건[1帖(7折)]	1건		裵將軍碑帖/ / 顔眞卿(唐) 書 / 拓印版 / [明朝年間] / C2-271 / 帖裝 1帖(7折)	
795	司馬使君墓銘	1건(1첩)	확인 안됨	1건		司馬使君墓名/ / 羅振王(淸) 書 / 拓本 [拓年未詳] / J2-247 / 帖裝 7折 1帖	
766	史徵墨寶(附考證五冊)	1건(9첩)	확인 안됨			史徵墨寶考證//編者未詳/鉛活字本/明治20(1887)刊/J2-111/線裝 上下卷2冊	확인 필요
741	三藏聖敎序字抄	1건(1첩)	大唐三藏聖序字抄 1帖(8折)	1건		大唐三藏聖序字抄/ /太宗文皇帝(唐) 製;/拓印版/[拓印年未詳/C2-268/帖裝 1帖(8折)	
759	釋王寺碑	1건(1첩)	확인 안됨	1건		御製御筆安邊雪峯山釋王寺碑//[正祖(朝鮮王,1752-1800) 撰竝書/拓印版/[正祖14(1790)]拓/K2-3958/帖裝(旋風葉)1帖(16折)	
753	聖敎序	1건(1첩)	확인 안됨			확인 안됨	
803	世外庵鑒賞	1건(1첩)	확인 안됨			확인 안됨	
745	少林寺碑	1건(1첩)	1건[1冊(37折)]	1건		少林寺碑/ / 董其昌(明) 撰幷書 / 拓印版 / [淸朝中期] / C2-273 / 帖裝 1冊(37折)	
798	宋朱子書易繫	1건(1첩)	확인 안됨			확인 안됨	
780	宋拓開皇本蘭亭敍(卷物)	1건(1첩)	확인 안됨			확인 안됨	
792	宋拓羅池廟碑	1건(1첩)	확인 안됨	1건		宋拓羅池廟碑/ / 韓愈(唐) 撰; / 影印本 / 大正2(1913)印 / J3-282 / 帖裝 1帖(22折)	

783	宋拓神龍本蘭亭 敍	1건(1첩)	확인 안됨		확인 안됨	
781	宋拓定武本蘭亭 序	1건(1첩)	확인 안됨		확인 안됨	
793	宋拓熹平石經	1건(1첩)	확인 안됨	1건	宋拓熹平石經/ / 油谷達(日) 編 / 影印 本 / 大正2(1913)印 / J3-284 / 帖裝 1 帖(8折)	
809	新撰模樣ノシオ リ	1건(2책)	확인 안됨		확인 안됨	
786	阿刀羅帖	1건(5첩)	확인 안됨	1건	阿刀羅帖/ /釋, 法全(日) 等書(幷)畵/ 影印本/天保8(1837)印/J3-146/ 帖裝(蝴 蝶裝) 5帖	
797	顔魯公黙蹟	1건(1첩)	확인 안됨		확인 안됨	
731	顔眞卿恩勅批答 碑陰記	1건(1책)	확인 안됨		확인 안됨	
804	野山靈寶	1건(1첩)	확인 안됨		확인 안됨	
746	繹山碑	1건(1첩)	확인 안됨		확인 안됨	
742	醴泉銘	1건(1첩)	1건(1첩)	1건	九成宮醴泉銘/ / 魏 徵(唐) 奉勅撰; / 拓印版 / [明朝后期] / C2-242 / 帖裝 1 帖(18折)	
754	醴泉銘	1건(2첩)	확인 안됨	1건	九成宮醴泉銘/ / 魏徵(唐) 奉勅撰; / 拓印版 / [刊年未詳] / K3-469 / 旋風葉 2帖	
796	王居士塼塔銘	1건(1첩)	확인 안됨	1건	大唐王居士塼塔之銘/ / 上官靈芝(?) 撰/ / 拓印本 / [拓年未詳] / J2-246 / 帖裝 6折1帖	
749	雲興碑	1건(1첩)	확인 안됨	1건	雲興碑// [書者未詳] / 拓印版 / [拓年 未詳] / K2-3969 / 線裝1帖(17折, 9張)	
743	阮堂蘭話	1건(1첩)	확인 안됨	1건	阮堂蘭話/ /金正喜(朝鮮) 撰書/拓本/ 哲宗 4(1853) 頃拓/K3-503/旋風葉, 1帖 (6張 17折)	
784	耳比磨利帖	1건(2첩)	확인 안됨	1건	耳比磨利帖 / / 玉田成章(日) 編 / 寸石 本 / 天明7(1787)印 / J3-288 / 帖裝 2帖	
733	李陽氷謙卦碑	1건(1책)	확인 안됨	1건	李陽氷謙卦碑//李陽氷(1489-1547)/拓 印版/[刊年未詳]/K2-3980/ 帖裝(旋風葉)1帖(28折)	
814	日本古鏡圖錄	1건(1책)	확인 안됨		확인 안됨	
811	日本考古資料寫 眞集	1건(1책)	확인 안됨		확인 안됨	
767	日本名畵鑑	1건(9첩)	1건(9권9첩)	1건	日本名畵鑑// 田中茂一(明治) 畵幷編	

					/ 影印本 / 明治31(1898)印 / J3-322 / 帖裝 9卷9帖	
772	臨濤閣帖	1건(1첩)	확인 안됨		확인 안됨	
735	林尋翁興福碑	1건(1첩)	1건[1帖(38張)]	1건	林尋翁跋集興福碑// 裴 休(唐) 撰; / 拓印版 / [淸朝中期] / C2-281 / 帖裝 1帖(38張)	
744	爭座位帖 顔眞卿	1건(1첩)	顔魯公爭座位帖 1건[1帖(8折)]	1건	顔魯公爭座位帖 / / 顔眞卿(唐) 書 / 拓本 / [淸朝中期] / C3-134 / 帖裝(木板表裝), 1帖(8折)	
782	定武蘭亭五字未損本	1건(1첩)	확인 안됨		확인 안됨	
758	井田紀積碑	1건(1첩)	확인 안됨		확인 안됨	
725	彫本孟子	1건(14첩)	孟子 1건(7권14첩)	1건	孟 子 / / 朱熹(宋) 集註 / 拓印版 / [淸朝中期] / C1-197 / 帖裝(梧桐表帖) 7卷14帖	
802	支那古銅器集	1건(1첩)	확인 안됨		확인 안됨	
777	眞草千字文	1건(1첩)	확인 안됨	1건	眞草千字文(二체千字文) / / 永師(唐) 書 / 筆寫本(影印版及寫本) / 1912 重刊 / K1-204 / 帖裝 1帖(68折,34張)	
763	陳希祖筆帖	1건(1첩)	확인 안됨		확인 안됨	
768	集古浪華帖附假名卷	1건(7첩)	확인 안됨	1건	集古浪華帖//森川世黃(日)模勒;/浪華森川世黃家版木板本/文政2(1819)刊/J3-292 線裝 不分卷5冊	확인필요
785	集古浪華帖 附假名卷	1건(7첩)				
815	千歲ノタメシ	1건(1책)	확인 안됨		확인 안됨	
765	初榻寶漢齋	1건(10첩)	1건(10권10첩)	1건	裵漢齋藏眞//蔡邕(後漢) 等書/拓印版/[淸朝中期]/C2-272/帖裝10卷10帖 *裵는寶의오기.표제는初榻寶漢齋로되어있음	
794	崔敬邕墓銘	1건(1첩)	확인 안됨	1건	崔敬邕墓名/ / 羅振玉(淸) 撰 / 拓印本 / [拓年未詳] / J2-251 / 帖裝 17折 1帖	
750	治川碑	1건(1첩)	확인 안됨		확인 안됨	
756	退潮碑	1건(1첩)	확인 안됨		확인 안됨	
728	玄武殿碑	1건(1책)	佑聖觀重建玄武殿碑 1帖(19張)	1건	佑聖觀重建玄武殿碑/ / 元·明善(元)선; / 拓印版 / [淸朝中期] / C2-277 / 線裝 1帖(19張)	
737	玄秘塔碑銘帖	1건(1첩)	확인 안됨	1건	玄秘塔碑銘/裵休(唐)撰;/拓印本/[拓年未詳]/B14B/1冊(9張)	확인필요
729	黃庭經	1건(1책)	확인 안됨	1건	黃庭經/ / 王羲之(晋) 書 / 拓印版 /	확인

					[年紀未詳] / K3-542 / 帖裝(旋風葉), 1帖(7折)	필요
747	興法寺碑	1건(1첩)	확인 안됨		확인 안됨	
739	興法寺碑帖	1건(1첩)	확인 안됨	1건	興法寺眞空大師塔碑帖/ /崔光胤(高麗)奉敎集/拓印版/壬亂后/K2-4936/帖裝, 1帖(18折)	확인 필요
816	マキエノ鏡	1건(2책)	확인 안됨		확인 안됨	

〈大正三年度唐版財産目錄〉

『唐版財産目錄』 수록 도서 정리 현황		장서각 자료 2책 검토		장서각 소장 여부(홈페이지 확인)		
大正三年度 唐版財産目錄		大正三年度 唐版財産目錄		大正三年度 唐版財産目錄		
순번	도서명	『唐版財産目錄』	『藏書閣圖書中國版總目錄』	검색건수	일제 강점기 구매 추정 판본	비고
682	康熙字典	1건(40책)	1건(40책)		앞 쪽의 시트 '唐板之部' 참조할 것	
666	乾坤正氣集	1건(200책)	4-3 1건(574권220책) *220은 200의 오기	1건	乾坤正氣集//潘錫恩(淸)輯校/本版/光緒7(1881)/C4-3/線裝574卷220冊 *220은 200의 오기	
623	乾隆三經周易述義詩義折中春秋直解	1건(30책)	1건(10권8책)	1건	御纂周易述義/ / 高宗(淸) 勅撰 / 木版 / 乾隆20年(1755) / C1-24 / 線裝, 10卷8冊	
			1건(20권12책)	1건	御纂詩義折中/ / 汪由敦(淸) 奉勅撰 / 木版/ 乾隆20(1755) / C1-102 / 線裝20卷12冊	
			1건(12권10책)	1건	御纂春秋直解/ / 傳 恒(淸) 等奉勅撰 / 木版 / 乾隆23(1758)序 / C1-142 / 線裝 12卷10冊	
701	景德鎭陶錄	1건(4책)	1건(10권4책)	1건	景德鎭陶錄// / 藍 浦(淸) 原著; 木版/ 光緒17(1891)/C3-158/線裝,10卷4冊(卷11-?缺)	
707	古瓶山牧道者究心錄	1건(1책)	1건(1책91장)	1건	古瓶山牧道者究心錄// / 機 峻(淸)編 / 木版 / 康熙61(1722) / C3-43 / 線裝 1冊(91張)	
649	顧亭林先生遺書十種	1건(10책)	顧亭林遺書十種 1건(26권10책)	1건	顧亭林遺十種/顧炎武(淸)著/木版/淸朝年間/C4-65/線裝26卷10冊 *顧亭林遺十種은 顧亭林遺書十種의 오기	
686	顧亭林遺書十種	1건(16책)	1건(26권16책)	1건	顧亭林遺書十種/ / 顧炎武(淸) 著 / 木版 / 淸朝年間 / C4-64 / 線裝 26卷16冊	
653	顧亭林音樂五書	1건(12책)	顧氏音學五書 1건(20권12책)	1건	顧氏音學五書/ / 顧炎武(淸) 著 / 木版 / 崇禎6(1633)序 / C1-259 / 線裝20卷12冊	
716	古周易訂詁	1건(8책)	1건(16권8책)	1건	古周易訂詁/ / 何楷(明) 著 / 木版 / 乾隆16(1751) / C1-14 / 線裝, 16卷8冊	
624	空同集	1건(10책)	腔桐集 -1건(63권10책)	1건	腔桐集/ / 李夢陽(明) 撰 / 木版 / 嘉債年間 / C4-67 / 線裝 63卷10冊	
662	甌北全集	1건(48책)	1건(175권48책)	1건	구北全集// / 趙 翼(淸) 撰; 木版/ 光緒3 (1877)重刊 / C4-68 / 線裝 175卷48冊	
715	國朝文錄	1건(66책)	1건(69권30책)	1건	國朝文錄// / 李朝陶(淸) 輯 / 木版 / 道	

					光18(1838) 序 / C4-9 / 線裝 69卷30冊	
698	歸恩堂集	1건(5책)	확인 안됨	1건	歸恩堂集/南公轍(朝鮮) 著/木活字本(聚珍字)/[純祖年間/D3B/1冊(第1,3-5冊缺)	확인 필요
632	筠淸館金石綠	1건(5책)	1건(5권5책)	1건	筠淸館金石文字/ 吳榮光(淸); / 木版 / 道光22(1842) / C2-246 / 線裝 5卷5冊	
677	金剛般若波羅密經	1건(1책)	1건(2권1책)	1건	大方廣圓覺修多羅了義經/ /佛陀多羅(唐) 譯/木版/雍正13(1735)/C3-45/線裝 2卷1冊	
648	金石索	1건(12책)	2-252 -1건(12권12책)	1건	金石索/ / 馮雲鵬(淸); / 拓印版 / 道光15(1835) / C2-252 / 線裝 12卷12冊	
722	金石苑	1건(6책)	1건(6책)	1건	金石苑/ 劉燕庭 輯 / 石印版 / [淸朝年間 / C2-253 / 線裝 6冊	
672	南華眞經	1건(4책)	1건(7권4책)	1건	南華經/ / 莊 周(戰國楚) 著: / 木版 [明末淸初(1600-1700)] / C3-29 / 線裝 7卷4冊	
631	老壯翼	1건(10책)	1건(11권10책)	1건	老 莊 翼/ 焦 雄(明) 輯; / 木版 / 萬曆16(1588) / C3-32 / 線裝 11卷10冊	
655	老莊精解	1건(10책)	玉堂校傳如崗陳先生二經精解 1건(10권10책)	1건	玉堂校傳如崗陳先生二經精解/ 陳懿典; / 木版 / 萬曆27(1594) / C3-40 / 線裝 10卷10冊	
635	唐詩觀瀾集箋註	1건(10책)	唐詩觀瀾集 -1건(24권10책)	1건	唐詩觀瀾集/ / 凌應曾 編; / 木版 / 乾隆37(1772). / C4-15 / 線裝 24卷10冊	
719	大學衍義	1건(12책)	1건(43권12책)	1건	大學衍義/ 眞德秀(宋) 彙輯; / 木版 / 崇禎5(1632) 字 / C3-4 / 線裝 43卷12冊	
703	大慧禪師語錄	1건(8책)	大慧普覺禪師住徑山能仁禪院語錄 1건(30권8책)	1건	大慧普覺禪師住徑山能仁禪院語錄//宗고(南宋)著;/木版/[淸朝年間/C3-48/ 線裝30卷8冊	
671	道德經	1건(2책)	1건(2권2책)	1건	道 德 經/ / 老 담(周楚) 著; / 木版 / [明末淸初(1600 - 1700)] / C3-33 / 線裝 2卷2冊	
669	圖書編	1건(60책)	1건(127권60책)	1건	圖書編/ / 章 漢(明) 甫編; / 木版/ 天啓3(1623)序 / C3-283 / 線裝127卷60冊	
694	讀禮通考	1건(20책)	1건(120권20책)	1건	讀禮通考/ / 徐乾學(淸) 編輯 / 木版 / 康熙35(1696) / C1-119 / 線裝12卷20冊	
718	東林列傳	1건(12책)	1건(26권12책)	1건	東林列傳/ / 陳鼎(淸)輯 / 木版 / [淸朝年間 / C2-134 / 線裝, 26卷12冊	
720	東坡禪喜集	1건(4책)	1건(14권4책)	1건	東坡禪喜集/ / 蘇 軾(宋) 撰; / 木版 / 淸朝年間 / C4-88 / 線裝 14卷4冊	
724	東坡詩集註	1건(10책)	1건(32권10책)	1건	東坡先生文集/ 蘇 瞻(宋) 著; / 木版 / 明朝年間 / C4-82 / 線裝 32卷10冊	

708	明文奇賞	1건(20책)	1건(40권20책)	1건	明文奇賞/ / 陳仁錫(明) 評選 / 木版 / 天啓3(1623)序 / C4-17 / 線裝 40卷20冊
663	毛西河合集	1건(120책)	1건(493권120책)	1건	西河合集/ / 毛奇齡(淸)橋; / 木版 / 嘉慶 1(1796)序 / C4-121 / 線裝 493卷120冊
691	毛詩昀訂	1건(4책)	1건(10권4책)	1건	毛詩昀訂 / / 苗夔(淸) 著 / 木版 / 咸豊 1(1851)/C1-88/線裝,10卷4冊
713	文房肆考圖說	1건(4책)	1건(8권4책)	1건	文房肆攷圖說 / / 唐秉鈞(淸)著; / 木版 / 乾隆43(1788) 序 / C3-168 / 線裝, 8卷 4冊
668	文苑英華	1건(100책)	1건(1000권100책)	1건	文苑英華/ / 塗澤民(明) 編輯 [明朝年間] / 木版 [明朝年間] / C4-22 / 線裝 1, 000卷100冊
642	文帝全書	1건(24책)	1건(42권21책) -권30~38,3책결	1건	文帝全書// 劉體恕(淸)編輯;/木版/乾隆 40(1775)/C3-36/線裝42卷23冊(卷 36-38,1冊缺) *23冊(卷36-38, 1冊缺)은21책(卷30-38, 3冊缺)의 오기로보임
705	密雲禪師語錄	1건(4책)	1건(13권4책)	1건	密雲禪師語錄/ / 如學(明) 等編 / 木版 / 順治2(1645) 序 / C3-49 / 線裝 13卷4冊
629	班馬字類	1건(4책)	1건(4권4책)	1건	班馬字類/ / 婁 機(南宋)編 / 木版 / 光 緒9(1883) / C1-229 / 線裝4卷4冊
665	百川學海	1건(65책)	1건(10集25冊)	1건	百川學海/ / 禹 錫 編輯;陳太史 重訂 / 木版 / [淸朝中期] / C3-245 / 線裝10集 25冊
658	法華大嚴	1건(8책)	확인 안됨		확인 안됨
681	寶古堂重考古玉 圖	1건(1책)	1건(2권1책)	1건	寶古堂重考古玉圖/ / 朱德潤(元) 撰輯 / 木版 / [淸朝年間] / C3-171 / 線裝, 2卷 1冊
680	寶古堂重修考古 圖	1건(5책)	1건(10권5책)	1건	寶古堂重修考古圖/ / 呂大臨(宋) 撰輯; / 木版 / [淸朝年間] / C3-172 / 線裝, 10 卷5冊
644	卜法詳考	1건(4책)	1건(4권4책)	1건	卜法詳考/ / 胡 煦(淸) 輯; / 木版 / 雍 正6(1728) / C3-95 / 線裝 4卷4冊
646	覆宋本莊子注疏	1건(5책)	확인 안됨		확인 안됨
674	佛祖正傳古今捷 錄	1건(1책)	1건(1책:59장)	1건	佛祖正傳古今捷錄/ / 果 性(淸) 編輯 / 木版 / 康熙5 (1666) / C3-50 / 線裝 1 冊(59張)
636	批點世說新語	1건(8책)	1건(8권8책)	1건	世說新語/ / 劉義慶(宋) 撰; / 木版 / 萬 曆 9(1581) / C4-228 / 線裝 8卷8冊
641	詞學叢書	1건(8책)	1건(23권8책)	1건	詞學叢書/ / 曾 造; / 木版 / 嘉慶

					21(1816)跋 / C4-217 / 線裝, 23卷8冊	
675	三峯藏和尙語錄	1건(1책)	1건(4권1책)	1건	三峰藏和尙語錄// 弘儲(明) 記 / 木版 / 順治1(1644) / C3-51 / 線裝 4卷1冊	
699	西齋偶得	1건(1책)		1건	西齋集/ 搏明(淸)著 / 木版 / 嘉慶 6(1801) / C4-119 / 線裝 7卷1冊	
620	書集傳蔡氏集傳	1건(7책)	1건(7권7책)	1건	書 卷/ 蔡沈(宋)編輯; / 木版 / 至正 23(1336) / C1-83 / 線裝, 7卷7冊	
628	禪林僧寶傳	1건(3책)	확인 안됨	확인 안됨		
690	說文聲訂	1건(2책)	1건(28권2책)	1건	說文聲訂 // 苗 夔(淸) 撰 / 木版 / 道光 21(1841)序 / C1-263 / 線裝28卷2冊	
657	性理大全	1건(23책)	新刊性理大全 1건(70권23책)	1건	新刊性理大全/ 胡 廣(明) 等奉勅纂修 / 木版 / 萬曆22(1594) / C3-17 / 線裝 70卷23冊	
712	少微通鑑 (節要?)	1건(35책)	1건(41권35책)	1건	新刊憲臺攷正少徽通鑑/ 吉澄(明)等 校 正;/木版/嘉靖 38 (1559) 序/C2-77/線裝 41卷35冊	
630	邵亭知見傳本書 目	1건(10책)	1건(!6권10책)	1건	邵亭知見傳本書目//莫友芝(淸)編輯/新 鉛活字版/宣統1(1909)序/C2-337/ 線裝16卷10冊	
687	續資治通鑑	1건(64책)	1건(220권64책)	1건	續資治通鑑/ / 畢沅(淸) 編輯 / 木版 / 嘉慶6(1801)引 / C2-74 / 線裝220卷64冊	
683	續資治通鑑綱目	1건(36책)	1건(28권36책)	1건	資治通鑑網目// 憲宗(明) 勅撰; / 木版 / 弘治18(1505) / C2-75 / 線裝28卷36冊	
660	首楞嚴經	1건(5책)	1건(10권5책)	1건	大佛頂如來密因脩證了義諸菩薩萬行首 楞嚴經// 般刺密帝(唐) 譯; / 木版 / 隆 慶6(1572) / C3-46 / 線裝 10卷5冊	
676	首楞嚴經集註	1건(11책)	1건(11권11책)	1건	大佛頂如來密因脩證了義諸菩薩萬行首 楞嚴經四依解// 觀 衡(明) 述 / 木版 / 崇禎5(1632) 序 / C3-47 / 線裝 11卷11冊	
659	心賦註	1건(4책)	註心賦 1건(4권4책)	1건	註 心賦 / 延 壽(宋)述 / 木版 / 光緖 3(1877) / C3-57 / 線裝 4卷 4冊	
627	十三經注疏	1건(160책)	확인불가	확인 불가	확인불가. 『藏書閣圖書中國判總目 錄』 작성에서 '논어주소해경' '맹자주 소해경' '모시주소' '상서주소' '예기주 소' '의례주소' '이아주소' '주례주소' '주역겸의' '춘추곡량전주소' '춘추공양 주소' '춘추좌전주소' '효경주소' 등으 로 분철돼서 정리된 것으로 생각됨. 위의 책 '서명색인' 12~13쪽 참고.	
633	楊誠齋詩集	1건(10책)	1건(16권10책)	1건	誠齋詩集// 楊萬里(宋) 著; / 木版 / 嘉	

					慶7(1802) / C4-124 / 線裝 16卷10冊	
621	御選唐宋詩醇	1건(24책)	1건(47권24책)	1건	御選唐宋詩醇// 高 宗(淸) 御選 / 木版 / 乾隆25(1760) / C4-34 / 線裝 47卷24冊	
625	輿地紀勝	1건(64책)	2-295 192卷45冊		輿地紀勝// 王象之(宋) 編 / 木版 / 道光29(1849)/C2-295/ 線裝192卷45冊(卷13-16, 50-54, 136-144, 168-173, 193-200. 31卷缺)	확인 필요
710	歷代輿地沿革險要圖	1건(1책)	1건(1권1책72장)	1건	歷代輿地沿革險要圖/ / 楊守敬(淸) 撰/ 木版/光緖32(1906) /C2-326/線裝 1卷1冊(72張)	
617	瀛奎律髓刊誤	1건(12책)	1건(49권12책)	1건	瀛奎律髓刊誤/ / 方 回(元) 原選; / 木版 / 嘉慶5(1800)序 / C4-38 / 線裝 49卷12冊	
717	永樂大典	1건(1책)	3-305 1건(11권5책)	1건	永樂大典//成祖(明) 命;/影印版/[淸,康德年間]/C3-305/半洋裝,11卷 5冊(卷19416-19426, 22勘第10-14)	확인 필요
647	隸篇	1건(10책)	확인 안됨		확인 안됨	
673	五家語錄	1건(2책)	1건(2권2책)	1건	五家語錄// 釋圓悟(明) 編輯 / 木版 / 崇禎5(1632) / C3-53 / 線裝 2卷2冊	
692	五經類編	1건(16책)	1건(28권16책)	1건	五經類編/ / 周世樟(?)編輯 / 木版 / 乾隆37(1772) / C1-10 / 線裝, 28卷16冊	
704	五峰禪師語錄	1건(1책)	1건(1책78장)	1건	五峯禪師語錄/ / 孫智海(淸)重刊 / 木版 / 順治9(1652) / C3-54 / 線裝 1冊(78張)	
689	玉井山館文略	1건(2책)	1건(5권2책)	1건	玉井山館文略/ / 許宗衡(淸)著 / 木版 / 同治4(1865) / C4-147 / 線裝 5卷2冊	
656	王陽明三編集要	1건(10책)	陽明先生集要 1건(15권10책)	1건	陽明先生集要/ / 王守仁(明)著; / 木版 /[淸朝年間] / C4-141 / 線裝 15卷10冊	
654	王龍溪語錄鈔	1건(8책)	확인 안됨		확인 안됨	
702	龍池幻有禪師語錄	1건(3책)	1건(12권3책)	1건	龍池幻有禪師語錄// 圓悟(明)等編輯 / 木版 / 崇德3(1638) / C3-56 / 線裝 12卷3冊	
626	元遺山集	1건(16책)	元遺山先生集 1건(48권16책)	1건	元遺山先生集/ / 元好問(金) 撰; / 木版 / 光緖3(1877)重刻 / C4-155 / 線裝 48卷16冊	
721	元朝征緬錄	1건(1책)	1건 [不分卷1冊(9張)]	1건	嚴元照(淸) 錄/寫本/嘉慶 8(1803)/線裝, 不分卷1冊(9張)	
661	元豊類藁	1건(12책)	1건(51권12책)	1건	南豊先生元豊類藁/ / 曾 鞏(宋) 著 / 木版 / 康熙271688) / C4-73 / 線裝 51卷	

					12冊	
697	劉禮部集	1건(6책)	1건(12권6책)	1건	劉禮部集/ / 劉逢祿(淸) 著 / 木版 / 道光10(1830) / C4-160 / 線裝 12卷6冊	
700	二曲集	1건(8책)	1건(23권8책)	1건	二曲集/ 李옹(淸) 著/ / 木版 / 康熙44(1705)序 / C4-164 / 線裝 23卷8冊	
667	二十一史	1건(642책)	2-5 640冊(冊347,348,2冊缺)	1건	二十一史// 世祖(淸) 命刊/木版/順治16(1659)序/C2-5/線裝640冊/(冊347, 348, 2冊缺) *책 수가 2책 차이남. 확인요망	확인 필요
622	伊川擊壤集	1건(10책)	확인 안됨	확인 안됨		
637	李太白詩集	1건(12책)	확인 안됨	확인 안됨		
685	潛邱箚記附左汾近古	1건(8책)	1건(8권8책)	1건	潛邱箚記/ / 閻若璩(淸) 著述; / 木版 / 乾隆10(1745) / C3-203 / 線裝8卷8冊	
619	莊子鬳齋口義	1건(9책)	확인 안됨	1건	莊子鬳齋口義/莊周(周)著/林希逸(宋)口義/庚子字覆刻本/成宗5(1474)/C3^21	
693	全史宮詞	1건(4책)	1건(20권4책)	1건	全史官詞/ / 史夢蘭(淸) 編 / 木版 / 咸豊 6(1856) 跋 / C4-47 / 線裝 20卷4冊	
711	周易洗心	1건(6책)	1건(10권6책)	1건	周易洗心/ / 任啓運 著; / 木版 / 光緒8(1882) / C1-47 / 線裝, 10卷6冊	
618	周易姚氏學	1건(6책)	1건(16권6책)	1건	周易姚氏學/ / 姚配中(淸) 撰 / 木版 / 光緒3(1877) / C1-50 / 線裝, 16卷6冊	
688	朱子年譜	1건(4책)	1건(10권4책)	1건	朱子年譜// 王懋(淸) 纂訂 / 木版 / 同治9(1870) / C2-159 / 線裝 10卷4冊	
664	知不足齋叢書	1건(240책)	3-269(775권240책) -同書5부 -1부(가)240책	1건	知不足齋叢書//鮑廷博(淸)校刊/木版/乾隆41(1776)/C3-269/線裝775卷240冊,(30集)*同書5部	
651	陳眉公全集	1건(24책)	陳眉公先生全集 1건(60권24책)	1건	陳眉公先生全集/ / 陳繼儒(明) 著 / 木版 / [明末淸初年間] / C4-176 / 線裝 60卷24冊	
678	冊府元龜	1건(200책)	1건(1000권202책)	1건	冊府元龜// 王欽若(宋)等奉勅撰/木版/崇禎7(1642)序/C3-319/線裝1,000卷202冊	확인 필요
670	天目中峰和尙廣錄	1건(6책)	1건(30권6책)	1건	天目中峯和尙廣錄/ / 慈 寂(元)編輯 / 木版 / 洪武20(1387) [後刷] / C3-58 / 線裝 30卷6冊	
706	千巖禪師語錄	1건(2책)	1건(2권2책)	1건	千巖和尙語錄/ / 嗣詔(明)錄, 大?(明) 重校 / 木版 / 洪武 9(1376) / C3-59 / 線裝 2卷2冊	
709	焦氏澹園集	1건(10책)	확인 안됨	확인 안됨		
638	草韻彙編	1건(5책)	1건(27권5책)	1건	草韻彙編/ / 陶南望(淸) 編輯; / 木版 /	

					乾隆20(1775) / C3-141 / 線裝, 27卷5冊	
695	通典(御製重刊)	1건(36책)	1건(200권36책)	1건	通典/ / 杜 佑(唐) 撰 / 木版 / 乾隆 12(1747)序 / C2-183 / 線裝 200卷36冊	
684	彭文敬公全集附 古文年譜制義	1건(15책)	1건(44권15책)	1건	彭文敬公集/ / 彭蘊章(淸) 著 / 木板 / 同治3(1864) / C4-189 / 線裝 44卷15冊	
640	霞客遊記	1건(12책)	1건(21권12책)	1건	霞客遊記/ / 徐宏祖(淸) 著; / 木版 嘉 慶13(1808) / C2-322 / 線裝 21卷12冊	
714	河洛理數	1건(8책)	1건(8권8책)	1건	新刊補訂簡明河洛理數/ /陳 搏(宋) 著;/ 木版/萬曆24(1596) 後刷/C3-99/線裝 8 卷8冊	
652	何氏語林	1건(10책)	1건(30권10책)	1건	何氏語林/ / 何良俊(明) 撰井註 / 木版 / 嘉淸29(1550) / C4-247 / 線裝 30卷10冊	
645	汗簡箋正	1건(2책)	1건(7권2책)	1건	汗 簡/ / 郭忠恕(宋) 撰 / 石印版 / 光緒 16(1890) / C1-256 / 線裝7卷2冊	
634	幸魯盛典	1건(12책)	1건(40권12책)	1건	幸魯盛典/ / 孔毓圻(淸) 等奉勅撰 / 木 版 / 康熙50(1711) 表 / C2-193 / 線裝 40卷12冊	
696	湖海文傳	1건(16책)	1건(75권16책)	1건	湖海文傳/ / 王昶(淸) 集 / 木版 / 道光 19(1839) 序 / C4-196 / 線裝 75卷16冊	
723	皇明名臣言行錄	1건(6책)	1건(26권5책)	1건	皇明名臣言行錄//徐咸重(明)重箋;/木版 /嘉靖39(1560)跋/C2-152/線裝26卷5冊	확인 필요
679	皇朝靈器圖式	1건(16책)	1건(18권16책)	1건	皇朝禮器圖式/ / 允 祿(淸) 等纂 / 木版 / 乾隆31(1766) / C2-194 / 線裝 18卷16冊	
650	欽定同文韻統	1건(6책)	1건(6권6책)	1건	欽定同文韻統/ / 允 稼(淸) 集 / 木版 / 乾隆15(1750) / C1-269 / 線裝6巷6冊	
643	欽定錢錄	1건(8책)	1건(16권8책)	1건	欽定 錢錄/ / 紀윤(淸) 等奉勅賽; / 木 版 / 乾隆52(1787) / C3-184 / 線裝 16 卷8冊	
639	皕宋樓藏書志	1건(32책)	1건(120권32책)	1건	皕宋樓藏書志//陸心源(淸)編/新鉛活字 版/光緒8(1882)/C2-333/線裝120卷32冊	

〈大正三年度法帖之部〉

『唐版財産目錄』 수록 도서 정리 현황			장서각 자료 2책 검토		장서각 소장 여부(홈페이지 확인)		
大正三年度法帖之部			大正三年度法帖之部		大正三年度法帖之部		
순번	도서명	『唐版財産目錄』	『藏書閣圖書中國版總目錄』	검색건수	일제 강점기 구매 추정 판본	비고	
828	假名遣及假名字體沿革史料	1건(1책)	확인 안됨		확인 안됨		
833	白雲居米帖	1건(12책)	1건 10卷10冊(卷3,5,2冊缺)	1건	白雲居米帖//米予(宋) 書/拓印版/[淸朝中期]/C3-126/旋風葉, 10卷10冊(卷3, 5, 2冊缺)		
829	多寶塔碑帖	1건(1책)	확인 안됨		확인 안됨		
834	唐石經	1건(101책)	唐開成石經拓本 1건(274권101책)	1건	唐開成石經拓本/ / 鄭玄(漢) 等註 / 拓印版 / [淸朝初期] / C2-257 / 帖裝 274卷101冊		
825	先賢像讚	1건(6책)	확인 안됨		확인 안됨		
831	雲麾將軍神道碑	1건(1책)	1건[1帖(19張)]	1건	雲麾將軍神道碑//[書者未詳]/拓印版/[淸朝中期]/C2-278/帖裝(木板表帖) 1帖(19張)	확인 필요	
832	雲麾將軍神道碑	1건(1책)					
827	揖古帖	1건(1책)	확인 안됨		확인 안됨		
823	爭座位帖	1건(1책)	1건[1帖(8折)同書2部]	1건	爭座位帖//顏眞卿(唐) 書/拓印版/[淸朝中期]/C3-137/帖裝,1帖(8折) 同書2部		
824	爭座位帖	1건(1책)					
830	停雲館帖	1건(12책)	1건(12권12책)	1건	停雲館帖/ / 文徵明(明) 編 / 拓印版 / 嘉靖39(1560) / C3-138 / 帖裝(木板表帖), 12卷12冊		
822	玄秘塔碑帖	1건(1책)	1건(2帖張)	1건	玄秘塔碑/ / 裵 休 撰; / 拓印版 / [淸朝中期] / C2-286 / 帖裝 2帖張		
826	熒陽鄭文公碑	1건(16책)	1건(帖裝 18冊)	1건	熒陽鄭文公碑帖/ / [編者未詳] / 拓印版 / [淸朝中期] / C2-287 / 帖裝 18冊		

「唐版財産目錄」 주요 도서 해제

柳鐘守

(서울대 동양사학과 박사과정)

【일러두기】

본 해제는 『唐版財産目錄』(이하 『당판』으로 약칭)에 수록된 현존 도서 중에서 국내 주요 해제들을 통해 소개되지 않은 도서를 대상으로 하였다.

중국학 관련 기존의 대표적인 국내 간행 해제집으로는 (1) 이춘식 주편, 『중국학자료해제』(서울: 신서원, 2003), (2) 연세대학교 중국문학사전 편역실 편역, 『중국문학사전Ⅰ(저작편)』(서울: 다민, 1992), (3) 곽노봉 편저, 『中國書學論著解題』(서울: 다운샘, 2000) 등이 있다. 또한 규장각한국학연구원에 소장된 중국 고서에 대한 (4) 규장각한국학연구원 홈페이지(http://e-kyujanggak.snu.ac.kr)에 기재된 해제도 참고할 만하다.

본 해제는 가나다순으로 게재했으며, 두음 법칙을 따랐다.

『乾坤正氣集』: 淸 姚瑩(1785~1853) 輯, 顧沅 補. 574권. 역대 문장의 총집이다. 전국시대 屈原부터 명말 朱集璜 등의 朝臣·義士에 이르기까지 모두 101家의 문장을 집록하였다. 먼저 각 인물의 略傳과 생애를 기재하여 독자가 고찰하기에 편리하게 하였다. 글을 집록한 취지가 '乾坤正氣'에 있어서, 절개가 곧은 행위를 집록하여 '以文存人' 하도록 했으니, 이는 편집자의 정통 관념을 반영한 것이다. 道光 연간(1821~1850)에 처음 板刻되고 이후에 다시 重刊되었다. 顧沅이 『小乾坤』 20권을 補輯하고, 吳煥采가 『乾坤正氣集選鈔』를 펴냈으니, 모두 세간에 전해졌다.

『謙受堂集』: 淸 邵大業(1710~1771) 著. 15권. 嘉慶 2년(1797)에 板刻되었다.

『景德鎭陶錄』: 淸 藍浦 原著, 鄭廷桂 補輯. 10권. 청대 景德鎭 御器廠을 중심으로, 경덕진요의 窯業에 대해서 상술한 책이다. 권1은 경덕진 어기창의 제작공정 등에 대한 圖說, 권2는 어기창의 연혁, 권3·4는 도요·도공의 종별이나 원료·제법·燒成·거래 등, 권5~7은 역대도요, 권8·9는 도자기에 관한 문헌, 권10은 정정규의 고찰을 수록하고 있다.

『經史辨體』: 淸 徐與喬 評輯. 20책. 『周易』, 『尙書』, 『詩經』, 『春秋』, 『禮記』, 『國語』, 『戰國策』, 『史記』, 『漢書』, 『後漢書』에 대해 평하였다.

『經學叢書初編』: 淸 朱記榮(1836~1905) 輯. 38권. 『孫谿朱氏經學叢書初編』이라고도 한다. 주기영은 책을 좋아하여 서적 간행과 독서를 업으로 삼았고, 소장한 도서도 매우 풍부하여 서적 감별에 정통하였다. 그의 소장처로는 '槐廬'·'行素堂'가 있다. 「당판」에는 '經學叢書' 12책으로 기록되어 있고, 장서각 소장본은 38권 12책이다.

『啓雋類函』: 明 兪安期(1650~?) 編. 109권. 萬曆 46년(1618)에 刻印되었다. 먼저 職官考 5권이 있고 다음으로 箋·疏·表·啓가 있는데, 古體 2권과 近體 102권으로 나뉜다. 그 중 近體는 다시 29부로 나뉜다. 위로는 諸王·재상으로부터 아래로는 丞簿·敎職·婚書 및 募緣疏에 이르기까지 채록하였다.

『古今書刻』: 明 周弘祖 著. 2권. 상권에는 명대 각지의 刻書를 기재했고, 하권에는 명대 당시 현존했던 역대 碑刻을 기재하였다. 상권에서는 각지를 총 16개 구역으로 나눠 기재했고, 하권에서는 총 176개 부문으로 분류하여 2,306종의 刻書를 저록하였다. 특히 상권의 지역에 따른 분류는 명대 서적 출판의 지역적 전모를 파악하는 데에 도움이 된다.

『古文析義』: 淸 林雲銘 評註. 16권. 「당판」에는 16책 두 부가 기록되어 있고, 장서각 소장본 역시 16권 16책 두 부이다.

『古文淵鑑』: 淸 徐乾學 編註. 64권. 「당판」에는 37책으로 기록되어 있다.

『古瓶山牧道者究心錄』: 淸 機峻 編. 1책. 『明嘉興大藏經』에 수록된 책이다.

『顧氏音學五書』: 明末淸初 顧炎武(1613~1682) 撰. 38권. 청대 古音學의 기초를 닦은 저작이다. 『音論』3권, 『詩本音』10권, 『易音』3권, 『唐韻正』20권, 『古音表』2권으로 구성되었다. 「당판」에는 '顧氏音樂五書' 12책으로 기록되어 있고, 장서각 소장본 또한 20권 12책이다.

『古玉圖譜』: 宋 龍大淵 著. 100권. 중국 최초의 玉器 전문서로, 700폭의 그림에 남송 高宗 시기(1127~1163) 황궁 소장의 옥기를 기재하였다.

『顧亭林先生遺書』: 明末淸初 顧炎武(1613~1682) 著, 潘末 編. 10종. 고염무의 저술을 엮은 책이다. 「당판」에는 '顧亭林先生遺書十種' 10책과 '顧亭林遺書十種' 16책의 두 부가 기록되어 있다.

『古周易訂詁』: 明 何楷 著. 16권. 崇禎 6년(1633)에 완성되었는데, 권말에 「答客問」 1편을 첨부하여 易經 해석을 빌어 시사를 논하였다. 「上·下經」을 6권으로 나누고, 「彖」·「象」·「繫辭」 諸傳의 배치를 卦에 따라 분류했는데 7권 뒤에 「十翼」 원문을 배치했으니, 田何의 방식을 하나같이 따른 것이었다. 본서는 자료가 풍부하여 漢晉 이래의 옛 설을 모두 채록하고 진술했으니 一家의 언설에 구애받지 않았다. 또한 언설에 근거가 있어 멋대로 억단하지 않았다. 명대인들의 경전 해석에는 대부분 소략하고 견강부회하는 측면이 있는데, 본서는 광범위하게 증거를 수집하고 널리 채록했으니, 난잡하다는 단점이 있더라도 그 결점이 장점을 가릴 수 없다.

『古泉滙』: 淸 李佐賢 編. 64권. 首集 4권, 元集 14권, 亨集 14권, 利集 18권, 貞集 14권으로 구성되어 있다. 각 集의 앞에는 모두 鮑康의 序, 李佐賢의 自序, 각 家의 題詞가 있고, 각 集의 뒤에는 鮑康과 李佐賢의 跋이 있다. 옛 錢幣를 다룬 책으로, 본서와 같이 상세하고 방대한 특징을 지닌 책은 없다고 한다.

『古香齋鑒賞袖珍初學記』: 唐 徐堅 등 奉勅撰. 30권. 「당판」에는 '古香齋初學記' 12책으로 기록되어 있다.

『郭靑螺先生崇論』: 明 郭子章(1542~1618) 著, 明 李衷純 輯. 8권. 다양한 역사적 소재에 대하여 저자 자신의 의견을 서술하였다.

『廣陵通典』: 淸 汪中(1745~1794) 著. 10권. 揚州의 역사를 다룬 책으로 정치사를 중심으로 서술되었다. 揚州의 역대 建置 연혁, 호구 수, 사회 변동, 도시의 흥망성쇠 등에 대한 기사가 수록되어 있다. 편년체로, 춘추 시대 吳王 夫差의 邗沟에서부터 시작하여 당 昭宗 乾寧 원년(894) 楊行密의 사적으로 끝을 맺는다. 본래 저자는 명청교체기 史可法이 揚州를 사수한 일을 기사의 하한으로 잡았으나, 병사하여 그 뜻을 이루지 못하였다.

『校訂困學紀聞三箋』: 宋 王應麟(1223~1296) 著, 淸 閻若璩·何焯·全祖望 箋注. 20권. 왕응

린에 의해 저술된 『困學紀聞』은 원 咸淳 연간(1265~1274)에 완성된 것으로 보이는데 「說經」 8권, 「天道」·「曆數」·「地理」·「諸子」 2권, 「考史」 6권, 「評詩」·「評文」 3권, 「雜識」 1권으로 분류하여 고증하고 평론하였다. 이후 『困學紀聞』은 청대 학술에 큰 영향을 끼쳐, 康熙 연간에 閻若璩와 何焯가 箋注하였다. 全祖望은 두 箋注를 합본하여 번잡한 것을 삭제하고 간략히 하였으며 300여 조를 늘려 乾隆 6년(1741) 본서를 완성하였다.

『國朝文錄』: 淸 李朝陶 輯. 69권, 續編 70권. 「당판」에는 '國朝文錄' 66책이 기록되어 있는데, 장서각 소장본으로 『國朝文錄』 69권 30책과 『國朝文錄續編』 70권 36책이 소장되어 있다.

『奇賞齋古文彙編』: 明 陳仁錫(1581~1636) 評選. 236권. 崇禎 7년(1634) 작성된 서문이 수록되어 있다.

『羅經解定』: 胡國楨 著, 徐用霖 등 校正. 7권. '羅盤'이라는 풍수 기구를 구체적으로 서술한 권위 있는 저작이다.

『唐詩觀瀾集箋註』: 淸 凌應曾 編, 淸 沈德潛 選定. 24권. 당대 시인 400여 인의 시를 수록하고 評註하였다.

『道言內外秘訣全書』: 明 彭好古 著. 6권. 道經의 총집이다. 서명은 본서가 크게 '道言內'와 '道言外'의 두 부분으로 나뉘는 것에 기인한 것이다. 전자는 경전, 淸修丹書, 修眞詩歌 등이고, 후자는 地元外丹 및 음양수련 서적이 포함되어 있다. 본서는 淸修·음양·外丹 등 '三元丹法'이 포함된 기본 경적을 수집하여 『道藏』에 싣지 못한 명대 이전 修眞 저작을 보존하였다.

『陶齋吉金錄』: 淸 端方(1861~1911) 編撰. 8권. 본서는 석판 인쇄를 사용했고, 그림은 여전히 옛 방식을 사용했으나, 銘文은 오히려 탁본을 사용하였다. 商周시대의 彝器 140건과 병기 9건, 秦~唐의 저울 32기, 秦~明의 여러 기물 148기, 六朝~隋唐의 造像 30건을 수록하였다.

『陶齋藏石記』: 淸 端方(1861~1911) 輯. 46권. 「당판」에는 12책 두 부가 기록되어 있고, 장서각 소장본 역시 46권 12책 두 부이다.

『東瀛詩選』: 淸 俞樾(1821~1907) 編. 正編 40권, 補遺 4권. 537인의 5,319수라는 방대한 양의 일본 한시를 수록한 한시집이다.

『同原錄』: 淸 徐道 등 述. 23권. 『三敎同原錄』 혹은 『歷代神仙通鑑』이라고도 한다. 漢族의

신선 고사를 서술한 저작이다.

『東坡禪喜集』: 明 凌濛初(1580~1644) 編. 14권. 이전에 徐長孺가 蘇軾의 불교 관련 문장을 모아 엮고, 唐文獻이 서문을 써서 간행하였다. 능몽초는 이를 완비되었다고 여겼지만, 더욱 증보·개정하였다. 萬曆 31년(1603), 馮夢禎과 함께 吳閶을 유람할 때 본서를 가지고 가서 배 안에서 각기 비평하였다. 天啓 원년(1621), 『山谷禪喜集』과 같은 시기에 발간하였다.

『杜詩註釋』: 唐 杜甫(712~770) 著, 淸 許寶善 註釋, 淸 曹洪志 參訂. 24권. 두보의 시에 대한 주석서이다.

『遯盦古陶存』: 淸 吳隱(1867~1922) 輯. 2권. 遯盦은 오은의 호이다.

『遯盦古塼存』: 淸 吳隱(1867~1922) 輯. 8권.

『遯盦秦漢瓦當存』: 淸 吳隱(1867~1922) 審定. 2권.

『晩香堂蘇帖』: 淸 姚學經 輯. 12권. 일찍이 명대 陳繼儒가 수집한 『晩香堂蘇帖』의 서명을 습용했기 때문에, 세간에서 '小晩香堂'으로 불리었다. 그러나 내용은 진계유의 것과 다르다. 帖 중 「烟江疊嶂圖詩」, 「與畢君札」, 「次韵送梅詩」 및 「題畫」 네 종만 蘇軾의 작품이고, 그 나머지는 소식과 관련 없는 것이지만 '蘇帖'이라 수록하였으니 정밀함을 잃은 것이다.

『明文奇賞』: 明 陳仁錫(1581~1636) 評選. 20권.

『名山勝槩記』: 저자 미상. 46권, 圖 1권, 부록 1권. 「당판」에는 이 48권 48책과 별도로 20권 20책이 존재한다. 何鏜의 『古今游名山記』를 증보하여 완성한 것이다.

『毛詩吋訂』: 淸 苗夔(1783~1857) 著. 10권.

『毛詩訂詁』: 淸 顧棟高(1679~1759) 著. 8권, 부록 2권. 毛詩를 訂正하고 傳을 訓詁한 것이다. 毛詩鄭疏를 저본으로 삼아 대부분 毛亨과 鄭玄의 설을 따랐지만, 朱熹의 설도 취하였다. 歐陽脩·王柏·李光地 등의 설에 대해서는 대부분 채록했지만, 진한 諸家의 논설은 대부분 채록하지 않았다. 이로 인해 후대인 중에는 고동고가 진한의 논설에 대하여 편견이 있다고 여기는 자들도 있었다.

『蒙齋集』: 宋 袁甫 著. 20권. 蒙齋는 원보의 호이다.

『武編』: 明 唐順之(1507~1560) 著. 12권. 『左編』·『右編』·『文編』·『儒編』·『稗編』과 더불어 당순지의 '六編'으로 불린다. 이 책은 用兵의 요지를 논했는데, 前集과 後集으로 구분

된다. 前集 6권은 진법, 병기 운용, 화약, 군수, 잡술 등 총 54門으로 구성되었다. 後集 6권은 고사를 검증하여 서술했는데 총 97門으로 구성되었다. 체례는 『武經總要』과 대략 동일하다.

『墨苑』: 明 程大約 編. 11권. 명말 徽州의 墨商 정대약이 편찬한 墨譜이다.

『文選詩集旁註』: 梁 昭明太子 蕭統(501~531) 著, 明 虞九章 訂註. 8권.

『問心錄周易解』: 淸 鄧子賓 輯, 淸 鄧梓材 등 校正. 22권.

『文帝全書』: 淸 劉體恕 編輯. 42권. 「당판」에는 24책으로 기록되어 있으나, 장서각 소장본은 권36~38이 수록된 1책이 일실된 23책이다.

『美術叢書』: 淸 笪重光(1623~1692) 등 著. 40책.

『方輿記要簡覽』: 淸 潘鐸(?~1863) 輯. 34권.

『白石樵眞稿』: 明 陳繼儒(1558~1639) 著, 淸 章台鼎 訂定. 24권. 진계유의 호는 白石山樵로, 그의 시문을 모은 책이다.

『寶古堂重考古玉圖』: 元 朱德潤(1294~1365) 輯著. 2권.

『寶古堂重修考古圖』: 宋 呂大臨(1046~1092) 輯著, 元 羅更翁 考訂. 10권.

『卜法詳考』: 淸 胡煦(1655~1736) 著. 4권. 본서는 당시 현존했던 대표적인 점복서를 편집하여, 중국 점복술의 전반적인 과정과 방법을 언급하였다. 「당판」에는 4권 4책 두 부가 기록되어 있으나, 장서각 현존본은 한 부뿐이다.

『卜筮正宗』: 淸 王維德(1660~1749) 輯. 14권. 卜筮의 바른 이치를 기록하여 宗으로 삼는다는 의미에서 본서를 지었다. 동시대에 출간된 『增刪卜易』과 함께 六爻學의 중요한 텍스트로 여겨지고 있다.

『鳳儀字彙』: 明 梅膺祚 著. 14권.『說文解字』의 부수를 214개로 간략화했고, 몇몇 자전에 수록되지 않은 俗字를 수록하여 민속학적 가치가 풍부하다.

『分類字錦』: 淸 何焯·陳鵬年 등 奉敕纂輯. 64권. 고적에서 成語를 채집하여 類로 나누고 편집하여 완성하였다. 각 類에는 字數 순서대로 배열되었고, 각 條의 아래에 원문을 상세히 인용해 놓았다. 체례가 상세하여, 작문하고 시를 짓는 용도에 매우 편리하다.

『佛祖正傳古今捷錄』: 淸 雪兆果性(1666~?) 編輯. 불분권. 송대 승려 密庵咸杰 이하 傳燈에 수록되지 않은 원·명대의 17·18대 臨濟宗 傳燈 祖師의 사적·朝代·法臘·시호·法嗣

등을 편집하고, 達磨부터 密庵까지의 諸師의 機緣·요지 등을 약술해서 法系를 명확히 하였다.

『史記選』: 淸 儲芝五 選, 淸 吳振乾 등 校, 淸 儲欣(1631~1706) 評. 6권. 「당판」에는 5책으로 기록되어 있지만, 장서각 소장본은 6권 6책이다.

『事類統編』: 淸 黃葆眞 增輯, 淸 何立中 校字. 93권.

『四書朱子異同條辨』: 淸 李沛霖 등 著. 40권. 유가의 여러 학설 중에서 朱子의 학설과 같은 것과 다른 것들을 구별하여 조목대로 수록하고 변별한 것으로, 주자의 유학 이론을 학습하고 연구하기에 편리하도록 한 것이다. 그 체례를 보면, 우선 『集注』나 『章句』를 수록하고 그 다음으로 『四書或問』과 『朱子語類』를 차례로 실은 후, 그 다음에 諸家의 설을 분별하여 주자의 학설과 같은 것은 '同' 자의 아래에, 주자의 학설과 다른 것은 '異' 자의 아래에 각각 나누어 수록하였다. 그리고 마지막에 '辨' 條 아래에는 저자 자신의 견해를 써서 全章의 의의를 설파하는 형식을 취하였다. 「당판」에는 30책으로 기록되어 있고, 장서각 소장본으로 30권 30책과 40권 30책 두 본이 존재한다.

『四書恒解』: 淸 劉沅 著. 10권. 평이하고 소박한 설을 견지하고 참신한 것을 추구하지 않았다는 의미에서 제목에 '恒解'를 붙였다. 『大學』의 경우, 朱子의 改本을 사용하지 않았다. 『中庸』의 경우, 오히려 주자가 나눈 33장의 맥락과 순서가 鄭玄의 것에 비해 정밀하다고 보았다. 다만 수미상관하는 취지만은 子思의 본의에 따라야지 주자를 따라서는 안 된다고 보았다. 『論語』의 경우, 何晏·邢昺의 설로부터 주자 集注 장구의 이치를 차례로 해석하고, 본문을 해석할 때에도 해석을 덧붙여서 상세히 하였다. 『孟子』의 경우, 孟子와 孔子가 처한 시세가 다르므로, 仁과 義를 말하고 心과 性의 다름을 말하며 養氣와 不動心 등을 말한 諸說은 모두 공자에 근본을 둔 것이라고 보았으니, 이는 추호의 오류도 없는 것이다. 다만 『孟子』에서 문하의 제자를 '子'라 하고 제후왕에 대해 대부분 '謚'라 한 것은 맹자 스스로 편집한 것이 아니라 문하의 제자들에 의해 편집되었기 때문이라고 보았는데, 이는 오류이다.

『事言要玄』: 明 陳懋學 著. 32권. '提要鉤元'한 문장을 취한다는 것이 서명의 의미이다. 「天部」 3권, 「地部」 8권, 「人部」 14권, 「事部」 4권, 「物部」 3권으로 구성되었다. 그러나 내용이 비교적 난잡하다.

『射鷹樓詩話』: 淸 林昌彝(1803~1854?) 輯. 24권. ‘射鷹樓’는 곧 ‘射英樓’로, 영국 침략자에 항
거한다는 의미이다. 아편전쟁과 관련된 시가 및 기록을 수집하여 중국 인민의 애국주
의 정신과 당시 사회상을 보여준다.

『史存』: 淸 劉沅(1768~1855) 輯. 30권. 주 敬王(?~B.C. 476) 시기부터 후한 시대까지를 다
룬 편년체 역사서이다.

『詞學全書』: 淸 査繼超 編. 14권. 毛先舒의 『塡詞名解』 4권, 王又華의 『古今詞論』 1권, 賴以邠
의 『塡詞圖譜』 6권, 續集 1권, 仲恒의 『詞韻』 2권을 엮은 것이다. 상세히 밝혀 고증한 바
는 없다.

『詞學叢書』: 淸 秦恩復(1760~1843) 輯. 23권.

『山海經釋義』: 晉 郭璞(276~324) 著傳, 明 王崇慶(1484~1565) 釋義, 明 董漢儒 校訂. 18권.
『山海經』를 고증하고 주석을 단 것이다.

『三峯藏和尙語錄』: 明 弘儲(1606~1672) 記. 4권. 본서를 통해 臨濟宗의 漢月法藏 禪師가 人
·事·物에 따라 변화가 수시로 禪機를 드러냈다고 한 것을 살펴볼 수 있다. 이후 法藏
선사는 그의 스승 密雲圓悟 禪師와 관점에 대한 차이로 사이가 벌어졌는데 본서에서 그
사상의 전환점을 찾아낼 수 있다.

『賞雨茅屋詩集』: 淸 曾燠(1760~1831) 著. 22권, 外集 1권. 저자의 시는 명성이 탁월하여 동
시대에 白居易·歐陽脩·蘇軾에 비견되었다. 본집에는 시 1,540여 수가 수록되어 있고,
外集에는 변체문 42편이 수록되어 있다. 그가 지은 사륙문은 문체가 바르고 뜻이 심오하
여 자못 육조·당초의 음운을 갖추었다. 최초의 판본은 嘉慶 9년(1804) 刻本으로 알려져
있다. 「당판」에는 ‘賞雨茆屋集’ 6책으로 기록되어 있으며, 장서각에는 嘉慶 8년(1803)의
본집 19권 6책과 외집이 소장되어 있다.

『書經講義會編』: 明 申時行(1535~1614) 著. 12권. 저자가 翰林院 재직 시 日講할 때 진헌한
것이기 때문에, 문장이 모두 평이해서 쉽게 이해할 수 있으나 심오한 논의는 비교적 부
족하다.

『書經恒解』: 淸 劉沅 著. 6권. 義理를 상세히 밝혀내는 것을 위주로 하여 고증하여 교정한
작업이다. 남송의 蔡沈은 『書經』의 서문이 공자의 저술이 아니라고 판별하여 이를 권말
에 부기하고 그 중에 의심할 만한 것을 疏證하였다. 유원은 채심의 체례에 따르고 그 기

반 위에서 더 나아가 고증하고 판별하는 작업을 진행하였다. 유원은 古文이 위작이 아니라고 주장하거나 후대인에 의해 增入된 부분이 있을지도 모른다고 하더라도, 모두 義理를 가지고 그것을 판단하여 신뢰할 만한 부분을 구하고 나서 그것을 신뢰하려고 해야지, 부화뇌동해서는 안 된다고 보았다.

『西溪叢語』: 宋 姚寬(1105~1162) 著. 3권. 주로 전적의 異同을 고증한 것으로 취할만한 것이 많다. 「당판」에는 '西溪叢話' 2책으로 기록되어 있고, 장서각 소장본도 2권 2책으로 明 毛晉이 訂한 崇禎 6년(1633)본이다.

『西林詩萃』: 淸 戴玉華 著. 8권.

『徐文長逸稿』: 明 徐渭(1521~1593) 著. 24권. 서위는 詩文書畵에 모두 능하였다. 본서는 그의 鄕人 張汝霖·王思任에 의해 선별된 것이다. 마지막 권에 수록된 「優人謔」·「吃酸梨偈」·「放鷄圖偈」·「對聯」·「燈謎」 등의 저작은 이리저리 뒤섞여서 문집에 들어 있다.

『說文聲訂』: 淸 苗夔(1783~1857) 著. 2권. 祁雋藻에 의해 宋本『說文系傳』이 교감될 때 지은 것으로, 후대인이 古音에 통달하지 못한 연유로 멋대로 삭제하거나 부가시킨 8백여 건을 정정하였다.

『說文通檢』: 淸 黎永椿 撰. 14권. 일종의 '檢字書'로, 『說文』의 篆書를 眞書로 고쳐 쓰고 진서의 획수에 따라 차례대로 편집하였다. 우선 부수자를 획수순으로 배열하고, 다음으로 부수 내의 글자도 획수순으로 배열했다. 이렇게 하여 각 글자마다 그 아래에, 그 글자가 해당 部의 몇 번째에 나오는지를 기록해 주었다. 해결이 곤란한 글자의 경우 권말에 배열하였다. 『說文』을 뒤져 읽는 면에서 가장 편리한 책이다.

『性理指歸』: 明 姚舜牧(1543~?) 次訂. 28권.

『邵亭知見傳本書目』: 淸 莫友芝(1811~1871) 編輯. 16권. 經·史·子·集部로 대별하고 細目을 두어 서지의 注記가 상세히 기재되어 있다.

『續考古圖』: 宋 趙九成 著. 6권. 본래 저자가 呂大臨(1046~1092)으로 알려졌으나, 청대 陸心源의 고증을 통해 저자가 조구성임이 밝혀졌다. 金文을 저록한 서적으로 오늘날 고고학, 역사학, 고문자학 연구에 중요한 의의를 지니고 있다.

『率祖堂叢書』: 元 金履祥(1232~1303) 著, 元 許謙(1269~1337) 校正. 78권. 『尙書表注』, 『大學疏義』, 『論語攷證』, 『孟子攷證』 등이 수록되어 있다.

『宋四六選』: 淸 曹振鏞(1755~1835) 編. 24권.

『宋元明詩三百首』: 淸 朱梓·冷昌言 編輯. 불분권. 청대 가장 널리 간행된 어린이용 시 선
집이다. 「당판」에는 '宋元明詩錄'으로 기록되어 있다.

『宋元詩選』: 明 潘是仁 輯. 20책.

『隨園三十種』: 淸 袁枚(1716~1798) 編輯. 198권. '隨園'은 원매의 호로, 그의 自刊 시문집이다.

『詩緝』: 宋 嚴粲 著. 36권. 남송 시대 비교적 영향력이 있었던 尊序派의 대표작 중 하나이
다. 呂祖謙의 『呂氏家塾讀詩記』와 함께 남송 시대 『詩經』을 설명한 善本으로 병칭된다.
毛詩를 저본으로 하여 詩序와 詩經 각 편의 장절마다 해석을 진행하였다. 해석 시, 먼저
간단명료하게 그 대의를 총괄하고 나서, 音訓, 어의, 장의 의미에 대해 해석하였다. 우선
적으로 요점을 개괄하는 방식은 詩經 주석서에서 많이 보이지 않기 때문에 입문과 학술
에 편리하다. 그러나 총체적으로 '風雅正變'설 및 옛 『詩經』 해설 체계를 철저히 지켜서,
일부 부분에 오류가 있다. 본서의 영향력은 비교적 커서, 저자의 설은 朱熹의 『詩集傳』,
馬瑞辰의 『毛詩傳箋通釋』, 唐莫堯의 『詩經全譯』 등에 인용되었다. 「당판」에는 12책으로
기록되어 있는데, 장서각 소장본은 32권 18책이다.

『詩學集成押韻淵海』: 元 嚴毅 編輯. 18권. 장서각 소장본은 권17·18이 수록된 1책이 빠진
결본이다.

『新刊補訂簡明河洛理數』: 宋 陳搏(906~989) 著, 宋 邵雍(1011~1077) 述. 8권. 진박에서부터
소옹에게 전해진 河圖·洛書의 학문을 후인이 수집하여 정리한 것이다. 「당판」에는 '河
洛理數'로 기록되어 있다.

『新增格古要論』: 明 曹昭 原著, 舒敏 編校, 王佐 校增. 13권. 고금의 유명 감상품의 진위와
우열에 대해 상세하게 분석하였다. 「古銅器」, 「古畵」, 「古墨迹」, 「古碑法帖」, 「古琴」, 「古
硯」, 「珍奇」, 「金鐵」, 「古窯器」, 「古漆器」, 「錦綺」, 「異木」, 「異石」의 13門으로 나누고, 각
門에는 다시 세목을 두었는데, 많은 것은 30~40조, 적은 것은 5, 6조가 있다.

『十子全書』: 淸 王子興 輯. 128권. 老子, 莊子, 荀子, 列子, 管子, 韓非子, 淮南子, 楊子, 文中子,
鶴冠子 순으로 수록되어 있다.

『仰止子詳考古今名家潤色詩林正宗』: 淸 余象斗(1561~1637) 編輯, 淸 李廷機 校正. 18권. 표
제명은 '詩林正宗'이다.

『楊誠齋詩集』: 宋 楊萬里(1124~1206) 著, 清 徐達源(1767~1846) 選編. 16권. 본래 양만리의 시문집 원본은 130권인데, 송대에 판각된 후 雕本이 사라졌다. 서달원은 그 抄本, 즉 吳焯의 甁花齋鈔本의 副本을 얻어 수백 곳의 오류를 바로잡고 교열하였다. 또한 스스로 생각하기에 지나치게 기분에 맞춰 멋대로 쓰인 작품을 삭제하였다. 즉 원집 42권 2,687편으로부터 본집은 16권 1,461편이 되었으므로, 그는 원집의 거의 절반에 해당하는 1,226편의 작품을 삭제한 것이다.

『御選唐宋詩醇』: 清 高宗 乾隆帝(1711~1799) 著. 47권. 당대 李白·杜甫·白居易·韓愈와 송대 蘇軾·陸游 6家의 시 총 2,500여 수가 수록되었다. 이백 360여 수, 두보 650여 수, 백거이 390여 수, 한유 104수, 소식 530여 수, 육유 520여 수이다. 시를 선정한 후에 그 시와 관련된 평론과 발문을 첨부하여 이해하기에 편하다. 건륭제의 논설은 컬러로 인쇄되었다. 「당판」에는 20책과 24책의 두 부가 수록되어 있고, 장서각 현존본은 47권 24책 한 부와 47권 20책 두 부이다.

『御製盛京賦』: 清 高宗 乾隆帝 著. 32책. 乾隆 8년(1743) 가을, 건륭제는 황태후를 모시고 황성을 출발하여 옛 도읍인 興京(허투 알라)를 두루 살피고, 그 祖宗의 창업을 회고하면서 詩賦로 읊었는데, 이를 乾隆 13년(1748)에 공표하였다.

『易經貫一』: 清 金誠 著. 22권. 元·亨·利·貞 4部로 구성되어 있다. 元部에는 「略言」6則, 「談余雜錄」4권, 「易學問經說」, 程子의 『易傳序』, 周子의 『太極圖說』, 張子의 『西銘』 및 河洛卦象의 諸圖와 강설을 기록하였다. 亨·利 두 部는 上·下經을 해석한 것인데, 亨部는 「經文定本」4권 및 程子의 『篇義』로 시작한다. 貞部는 「繫辭」·「說卦」·「序卦」·「雜卦」를 해석한 것인데, 注疏本을 이용했기 때문에 여기에는 이 네 傳만 있다. 그 요지는 程頤의 『易傳』과 朱子의 『周易本義』에 귀결된다.

『易經蒙引』: 明 蔡清(1452~1508) 著. 24권. 朱熹의 『周易本義』를 설명하는 것을 위주로 했기 때문에, 『周易本義』를 經文과 함께 서술하였다. 『周易本義』와 일치하지 않는 점도 있지만, 『周易本義』를 설명하는 면에서 본서만한 것이 없다.

『易經鴻寶』: 明 方應祥(1560) 著. 12권.

『歷代興地沿革險要圖』: 清 楊守敬(1839~1915) 著. 1권. 청말의 저명한 지리학자인 저자의 대표 저작이다.

『淵鑑類函』: 淸 張英(1637~1708)・王士禎(1634~1711) 등 奉勅纂. 450권, 總目 4권. 명 兪安期의『唐類函』의 미비점을 보완하는 측면에서 증보하여 이루어진 책으로 康熙 49년(1710)에 완성되었다. 『太平御覽』・『玉海』・『山堂考索』・『天中記』 등 10여 종의 유서 및 總集, 子部・史書・소설 등 명대 이전의 문장 고사를 채록하였다. 『唐類函』의 체례에 의거하여 45部로 분류했는데, 「藥菜部」를「藥部」와「菜蔬部」로 나누고「花部」를 신설했다는 점에서만『唐類函』과 다르다. 각 部는 몇 가지 類로 나뉘는데, 각 類의 내용은 (1) 명칭 해석・총론・연혁, (2) 典故, (3) 對偶, (4) 摘句, (5) 詩文의 다섯 가지 항목으로 나뉜다. 다섯 가지 항목 중 해당 내용이 없는 항목은 비어두었다.

『瀛奎律髓』: 元 方回(1227~1307) 編. 49권. 당송대 律詩의 휘편으로, 모두 5・7언 근체시를 취하였다. 自序에 '十八學士登瀛洲'와 '五星聚奎'의 의미를 취하여 본서의 이름으로 삼았다고 하였다. 시를 선정하는 원칙에서 杜甫를 '祖'로 삼고 黃庭堅・陳師道・陳與義를 '宗'으로 삼는 '一祖三宗'설을 제창하였다. 송대 여러 인물의 율시가 대부분 본서를 통해 보존되어 있고, 주석에 일화가 많이 기재되어 있어서 사서에 빠진 부분을 보충할 만하다. 「당판」에는 '瀛奎律髓刊誤'란 명의로 10책과 12책 두 부가 있고, 장서각 소장본으로 49권 12책 두 부와 49권 10책 한 부가 있다.

『禮記析疑』: 淸 方苞(1668~1749) 著. 46권. 본서는 舊說을 융합하거나 諸家의 시비를 판별하는 것에 대해 자신의 의견을 가지고 판단하여 완성된 것이다. 해석에 독단적인 부분도 있지만, 대의에 지장이 없고 취할 만한 부분이 많이 있다. 「당판」에는 8책으로 기록되어 있고, 장서각 소장본은 48권 8책이다.

『藝文備覽』: 淸 沙木 著. 120권. 원래 명칭은『藝文通覽』이다. 총 214부로 나뉘고, 자획의 수에 따라 배열하였다. 취할 만한 부분이 없지 않으나, 저자가 음성 훈고의 방법에 통달하지 못하여, 종종 글자만 보고 대강 뜻을 짐작하여 해석상의 오류를 초래하였다. 「당판」에는 42책 두 부가 기록되어 있고, 장서각 소장본으로 120권 42책과 42권 42책이 있다.

『五家語錄』: 明 圓悟 編輯. 2권. 중국 선종의 여러 祖師들의 어록을 모았다.

『五經類編』: 淸 周世樟(1636~?) 輯. 28권. 五經 문장을 취하여 君道, 治道, 禮樂, 制度, 人倫, 儒術, 天文, 地理, 物産 등 10가지 편목으로 분류하였다.

『吳梅村詩集箋註』: 明末淸初 吳偉業(1609~1672) 著. 18권.

『吳詩集覽』: 明末淸初 吳偉業 著, 淸 靳榮藩 輯. 20권. 근영번은 줄곧 오위업의 시집 20권에 대한 주석본이 없음을 생각하여 본서를 완성하였다. 시 1,030수와 詩餘 92수를 수록하였다. 「당판」에는 16책 두 부가 기록되어 있는데, 장서각 현존본으로 20권 16책과 62권 16 책이 있다.

『玉井山館文略』: 淸 許宗衡 著. 2권.

『翁氏家事略記』: 淸 翁方綱(1733~1818) 編, 아들 翁英和 校訂. 1권. 明 正德 2년(1507) 편자 의 고조 翁洪中이 順天 鄕試에 응시한 것으로부터 시작하여, 증조 翁演, 조부 翁麟標, 아 버지 翁希舜의 사적을 차례대로 서술하고, 淸 嘉慶 23년(1818) 편자의 사망까지를 다루고 있다. 전반부에 기록된 고조와 증조의 사적은 비교적 간략하지만, 후반부에 기록된 편자 와 조부 및 아버지 3대의 사적은 비교적 상세한데, 특히 편자의 사적이 가장 상세하다.

『王蒻林先生題跋』: 淸 王澍(1668~1743) 著, 淸 溫純 校正. 17권. 저자는 청대 유명한 서법가 로 다양한 금석문에 대한 題跋을 작성하였다.

『龍池幻有禪師語錄』: 明 圓悟 等 編輯. 12권.

『韻府群玉』: 元 陰時夫 編, 동생 陰中夫 注. 20권. 당대 顔眞卿이 일찍이 『韻海鏡源』을 편찬 한 이후 전해지지 않았는데, 원대에 저자가 본서를 편집하였다. 韻字를 4聲에 106韻으로 분류한 다음 각 韻에 해당하는 중요한 글자들을 중심으로 채록했으며, 한 글자가 여러 곳에서 나오는 경우는 略記하고 註로써 상세히 기록하였다. 체제는 먼저 韻字와 그에 대 한 설명을 기록한 다음, 그 韻字에 속하는 한자들을 차례로 수록하였다. 그리고 각 한자 마다 글자 밑에 細註 형식으로 한자의 음과 뜻, 그 글자가 포함된 단어들, 주요 전적에서 의 용례 및 인용 출처, 인명·지명·시가 등에서 사용된 예 등을 차례로 정리하였다.

『韻府約編』: 淸 鄧愷 編輯. 24권.

『元詩選癸集』: 淸 顧嗣立(1669~1722) 選輯, 淸 席守朴 訂補, 淸 席世臣 輯刊. 10권. 고사립 은 康熙 연간 원대 시가의 총집인 『元詩選』을 편집하였다. 이 책은 初集·二集·三集으로 나뉘었는데, 각 集은 천간 순서대로 배열되었다. 그 중 甲·乙·丙·丁·戊·己·庚·辛 ·壬集에 수록된 것은 모두 세간에 널리 전해진 시집이 있는 시인을 대상으로 한 것이지 만, 癸集은 그렇지 않은 시인만을 대상으로 기록하였다. 그러나 고사립이 세상을 떠나 미완의 상태가 되었다. 그의 문인 석수박이 본서를 편집하여 대략적으로 완성하였으나 간행에 이르지는 못하였다. 그의 아들인 석세신이 고사립이 남긴 원고에 근거하여 다시 본서를 수정·정리·편집하였다. 청초 당시 세간에 널리 전해지지 않은 원대 시인 2,300여 家를 수록하였다. 「당판」은 16책으로 기록하였고, 장서각 소장본도 16권 16책이다.

『元朝征緬錄』: 저자 미상. 불분권. 몽골제국의 버마 침략을 기록한 서적이다. 원대에 지어진 것으로 여겨진다.

『月令輯要』: 淸 李光地(1642~1718) 編. 24권.

『劉禮部集』: 淸 劉逢祿(1776~1829) 著. 12권.

『類腋』: 淸 姚培謙(1693~1766)·張卿雲 著. 55권. 天部 8권, 地部 16권, 人部 15권, 物部 16권으로 구성되어 있다. 天·地 두 部는 요배겸이 저술했고, 人·物 두 部는 요배겸과 장경운이 함께 저술하였다. 요배겸은 당 虞世南의 『北堂書鈔』와 송 歐陽脩의 『藝文類聚』이래로 여러 유서가 편찬되었으나 점차 착오가 생겼으니 이를 헤아려 유서를 편찬할 필요가 있다고 여겼다. 독서할 때에 매 건마다 반드시 그 출처를 찾고 유서에 의거하지 않은 채 바로 札記를 작성하였으며, 그 중 실용적이지 않은 것은 삭제하였다.

『有正味齋全集』: 淸 吳錫麒(1746~1818) 著. 69권.

『六書精蘊』: 明 魏校(1483~1543) 著. 6권. 저자는 自序에서 이 책은 "古文을 이용하여 小篆의 오류를 바로잡고, 小篆의 쓸 만한 것을 선택하여 古文의 부족한 부분을 보충"하였으며 "오직 蒼頡을 근본으로 삼아 여러 籀文과 李斯의 小篆을 참고하여, 쓸 만한 것은 취하고 쓸 만하지 않은 것은 개정"하는 데에 취지가 있다고 하였다.

『陰陽五要奇書』: 32권. 乾隆 55년(1790) 重刊本. 術數類 고적들을 모은 책이다. 晉 郭璞(276~324) 著 『郭氏元經』, 晉 趙載 著 『璿璣經』, 明 陳復心老人 著 『陽明按索』, 明 劉伯溫 著 『佐元直指』, 元 慕講禪師 著 『三白寶海』가 수록되어 있다.

『義門讀書記』: 淸 何焯(1661~1722) 著, 蔣維鈞 編. 58권. '義門先生'이라고 불린 저자는 서적을 교감하여 본서를 저술하였다. 총 58권 중 四書 6권, 『詩』 2권, 『左傳』 2권, 『公羊傳』 1권, 『穀梁傳』 1권, 『史記』 2권, 『漢書』 5권, 『後漢書』 6권, 『三國志』 2권, 『五代史』 1권, 『韓愈集』 5권, 『柳宗元集』 3권, 『歐陽脩集』 2권, 『曾鞏集』 5권, 『蘇統文選』 5권, 『陶潛詩』 1권, 『杜甫集』 6권, 『李商隱集』 2권이다. 대부분 송·원대의 舊刻이고, 진위와 시비에 관해서는 모두 題記가 있으니 매우 정밀하다.

『二曲集』: 淸 李顒(1627~1750) 著. 23권. 저자는 眉縣 李柏, 富平 李因篤과 함께 '關中三李'로 불리었다. 저자의 철학과 교육사상, 학술적 교류를 연구하는 데에 중요한 가치를 지닌다.

『李杜詩通』: 明 胡震亨 編. 61권.

『爾雅翼』: 宋 羅願(1136~1185) 著. 32권. 서명은 『爾雅』의 補翼으로 삼으라는 의미이다. 『爾雅』의 체례를 따라 「釋草」, 「釋木」, 「釋鳥」, 「釋禽」, 「釋虫」, 「釋語」 6편으로 분류되어 있다. 『埤雅』와 성격이 가까워 동식물의 명칭을 해석하는데 책 전체에 수집된 어휘는 407개이다. 고증이 정밀하고 풍부하며 체례가 신중하고 엄밀하다. 고서를 근거로 인용한 것이 매우 많고, 동식물 형태의 특징 및 기질과 기능을 세세하게 묘사하였다. 또한 종종 字形을 분석할 때 史實을 근거로 인용하여 서술했는데, 의미를 해석한 것에 아직 견강부회한 점이 있고, 여전히 王安石의 『字說』의 구습에서 벗어나지 못하였다.

『二如亭群芳譜』: 明 王象晉(1561~1653) 編輯. 30권. 식물 재배를 소개한 저작이다. 「당판」에는 32책과 26책 두 부가 기록되어 있는데, 장서각 소장본은 56권 32책과 27권 26책이다.

『笠翁一家言全集』: 明末淸初 李漁(1611~1679) 著. 19권.

『笠翁傳奇十種』: 明末淸初 李漁(1611~1679) 著. 20권.

莊子雪』: 淸 陸樹芝 輯註. 6권. 『莊子』의 주석서이다.

『莊子約解』: 淸 劉鴻典 輯註. 4권.

『潛邱箚記』: 淸 閻若璩(1636~1704) 著. 6권. '潛邱'는 晉, 즉 太原 지역을 의미하는데, 염약거의 고향이다. 서명에 '潛邱'를 취한 것은 그가 고향을 잊지 않았다는 의미가 담겨 있다. 그의 수필 箚記로서 經籍의 문장을 고증한 것이나, 본래 책으로 정리된 것은 아니었다. 후대인이 수집하고 정리하여 책으로 완성되었으나, 그의 모든 필적을 정리한 것은 아니다. 그러나 어구마다 근거가 있고 고증이 있는데, 당대인들이 칭송했던 顧炎武의 『日知錄』에 대해서도 논박하여 증명한 바가 있다. 이를 통해 그의 깊은 학식과 고증에 능한 천부적 자질을 충분히 알 수 있다. 「당판」에는 '潛邱箚記 附左汾近藁' 8책이 기록되어 있고, 장서각 소장본은 8권 8책이다.

『續語堂四種』: 淸 魏錫曾 著. 불분권.

『傳家寶』: 淸 石成金(1658~?) 著. 32권. 권선징악적 훈계와 격언, 좌우명을 모은 勸善書이면서, 詩文, 俚語, 趣聞, 小曲 등의 문장과 각종 생활상식, 잡다한 지식의 내용이 담겨 있는 이른바 日用類書 혹은 通俗類書라고 할 수 있는 실용적인 민간백과전서이다.

『定例全編』: 淸 李珍 編. 50권. 宗人府, 吏部, 戶部, 禮部, 兵部, 刑部, 工部 순으로 분류되어 있다.

『精選故事黃眉』: 明 鄧景南 增補. 10권. 「당판」에는 '故事黃眉' 5책으로 기록되어 있다.

『諸家全書』: 浙江書局 編. 327권. 『老子道德經』, 『莊子』, 『管子』, 『列子』, 『荀子』, 『墨子』, 『孔子集語』, 『尸子』, 『晏子春秋』, 『呂氏春秋』, 『山海經』, 『董子春秋繁露』, 『文子纘義』, 『新書』, 『楊子法言學行』, 『補注黃帝內經素問』, 『黃帝內經靈樞』, 『竹書紀年統箋』, 『韓非子』, 『韓非子識誤』, 『商君書』, 『淮南子』, 『文中子中說』 등이 수록되어 있다.

『諸子品節』: 明 陳深 輯. 50권. 諸子를 雜抄한 것으로, 內品·外品·小品으로 구분하였다. 內品은 『老子』·『莊子』·『荀子』·『商子』·『鬼谷子』·『管子』·『韓非子』·『墨子』로 구성되었다. 外品은 『宴子』·『子華子』·『孔叢子』·『尹文子』·『文子』·『桓子』·『關尹子』·『列子』·『屈原』·『司馬相如』·『揚子』·『呂覽』·『孫子』·『尉繚子』·『陸賈新語』·『賈誼新書』·『淮南子』로 구성되었다. 小品은 『說苑』·『論衡』·『中論』으로 구성되었는데, 桓譚의 『陳時政疏』, 崔實의 『政論』, 班彪의 『王命論』, 竇融의 『奉光武』와 『責隗囂』, 賈誼의 『弔屈原的賦』, 司馬相如와 揚雄의 諸賦 및 『喩巴蜀檄』·『難蜀父老』·『劇秦美新』도 수록하였으니 심히 번잡한 점이 있다.

『諸子彙函』: 明 歸有光(1507~1571) 編. 26권. 주대에서 명대까지의 子書 중 여러 조목을 채록하여 완성하였다. 그 중에는 본래 子書가 아닌데 다른 책의 구절을 따와서 子書라고 僞稱한 것도 많고, 명칭을 바꿔 수상쩍거나 이치에 맞지 않은 것도 있다. 예를 들어 屈原을 玉虛子로, 劉向을 靑藜子로, 王充을 委宛子로 칭한 것은 모두 터무니없는 것이다. 「당판」에는 서명이 '諸子類函'으로 게재되어 있다.

『註心賦』: 宋 延壽(904~975) 述. 4권. 「당판」에는 '心賦註'로 기록되어 있는데, 본서의 表題는 '心賦註'이고 版心題는 '註心賦'이다. 一心, 唯心, 無生의 초기 禪宗 楞伽禪旨를 근간으로 화엄·법화·유식·중관·능엄선·열반·정토·밀교 등 불교를 망라한 핵심 요지를 소개·해설하고, 이를 회통함으로써 불교의 修證論을 펼친 책이다.

『周易古今文全書』: 明 楊時喬(1531~1609) 著. 21권. 총 6부로 나뉜다. 『論例』 2권, 『古文』 2권, 『今文』 9권, 『易學啓蒙』 5권, 『傳易考』 2권, 『龜卜考』 1권이다. '古今'을 겸하여 칭했

지만, 존숭하고 따르는 바는 오직 程·朱 2家이다. 「당판」에는 '占周易全書' 20책으로 기록되어 있고, 장서각 소장본은 21권 21책이다.

『周易洗心』: 淸 任啓運(1670~1744) 著. 10권. 본서의 대의는 『周易』을 독서하는 데에 우선 도록을 봐야 한다는 것이다. 그리하여 권두에 여러 그림을 배열했는데, 朱熹·邵雍 이외에 청대 李光地·胡煦가 그린 그림도 채록하였다. 문구의 차이는 대부분 馬融·鄭玄·王弼·王肅 등의 諸家本에 따랐는데, 이러한 舊本에 따르지 않는 경우에도 반드시 그 출처를 주를 달아 밝혀서 옛 해석을 보존하였다.

『周易玩辭集解』: 淸 査愼行(1651~1727) 著. 10권. '集解'라고 명명되었지만, 실은 자신의 견해를 표명한 것이다. 요지는 義理를 주된 것으로 하지만, 象數를 완전히 배제한 것은 아니다.

『周易姚氏學』: 淸 姚配中(1791~1844) 著. 16권. 鄭玄의 易學을 밝히는 데에 그 요지가 있다. 만일 정현이 미치지 못한 경우에는 荀爽·虞翻의 학설을 취하여 보완했지만, 정현의 학설에 부회하려고 하였다. 만약 순상·우번도 미치지 못한 경우에는 스스로 평하였는데 명백히 밝힌 바가 있었다.

『周易義海撮要』: 宋 李衡(1100~1178) 著. 12권. 神宗 시기 房審權은 易家의 諸說이 대부분 상이하고 멋대로 골라 뽑아 설명한다고 여겨, 鄭玄에서 王安石에 이르기까지 총 100家의 설을 가지고 『周易義海』100권을 편찬하였다. 이형은 『周易義海』가 번잡하다고 여겨, 생략하고 정리하여 그 精要한 것만 취하고, '雜論' 및 蘇軾·鄭頤·朱震 3家의 易說을 증보하여 본서를 저술하였다.

『周易函書約存』: 淸 胡煦(1655~1736) 著. 約存 18권, 約注 18권, 別集 16권으로 총 52권으로 구성되어 있다. 대체로 漢學과 宋學 사이를 참작하여 『易』을 해설했으므로, 朱熹의 『周易本義』와 자못 차이가 있다. 「당판」에는 세 부가 수록되어 있다.

『重修政和經史證類備用本草』: 金 張存惠 撰. 30권. 이전에 唐愼微가 『嘉祐本草』와 『本草圖經』을 합편하여 元豊 5년(1082)에 『經史證類備急本草』를 저술하였다. 이 책은 약물 1,558종을 수록했는데, 그 중 당신미가 새로 포함시킨 것은 476종이고, 처방은 총 4천여 조이다. 풍부한 민간 처방 경험과 대량의 전적 자료를 보존하여, 송대 本草學의 최고 성취를 반영하였다. 大觀 2년(1108) 仁和縣尉 艾晟의 修訂을 거쳐 『大觀經史證類備急本草』로 改題

하여 전국에 반포되었다. 그리고 政和 6년(1116) 勅에 의해 提擧醫學 曹孝忠 등이 校正하여 『政和新修經史證類備用本草』로 改題하였다. 紹興 29년(1159) 王繼先 등의 修訂을 거쳐 『紹興校訂經史證類備急本草』로 改題했고, 마침내 金 大定 29년(1189) 장존혜가 寇宗奭의 『本草衍義』를 합하여 『重修政和經史證類備用本草』로 增訂하였다. 이 장존혜 본이 가장 널리 유행하였다.

『增刪卜易』: 淸 野鶴老人 著, 淸 李文輝 校正. 6권. 六爻 예측학의 중요 저작이다. 「당판」에는 '卜易'으로 기록되어 있다.

『持靜齋書目』: 淸 丁日昌(1823~1882) 編. 4권. 편자는 풍부한 서적을 소장하였다. 특히 교감을 정밀하게 하였다. 본 서목은 四部의 배열에 따라 각 부가 한 권을 이루었다. 서명, 권수, 판본, 찬자를 기록하고, 인쇄양식, 題跋, 인장을 注로 기록했으며, 대략적으로 설명하였다.

『集古印譜』: 明 王常 輯, 明 顧從德 校. 6권. 顧氏 가문은 上海의 의원 집안으로 소장한 문물이 풍부하였다. 고종덕은 자신의 가문에서 수집한 것 이외에 지인이 모은 古印을 왕상과 함께 탁본했는데, 총 玉印 150여 개, 銅印 1,600여 개였다. 이전의 印譜들은 대부분 본떠서 그리거나 翻刻한 것이 전전하여 변조를 피하지 못했는데, 본서는 진한 시대 인장의 본래 면모를 정교하게 재현하였다.

『昌黎先生詩集注』: 唐 韓愈(768~824) 著, 淸 顧嗣立(1665~1722) 刪補. 11권. 현존 최초의 한유 시 단행 주석본으로, 청대인들이 한유 시에 주석을 다는 풍조를 열었다.

『蒼霞草』: 明 葉向高(1559~1627) 著. 12권. 저자의 문집이다. 명말의 정치·사회 여러 방면에 걸친 풍부한 사료가 수록되어 있다. 또한 수록된 「擬朝鮮國謝賜勅昭雪宗系表」는 이성계가 『太祖實錄』, 『大明會典』 등에 고려의 權臣 李仁任의 아들로 되어 있던 것을 바로 잡는 宗系辨誣의 내용이 담겨져 있다. 「朝鮮考」는 주로 명의 입장에서 이성계가 명을 두려워하여 위화도 회군을 결정했고, 공민왕과 우왕이 모두 왕위에 있을 수 없었던 것이 대의에 어긋나지 않음을 강조하면서 자연히 조선건국에 정당성을 부여한 것이다.

『天目中峰和尙廣錄』: 元 慈寂 編輯. 30권. 禪僧들의 중심사상이 禪淨雙修, 敎禪一致임을 알 수 있는 책이다.

『千甓亭古塼圖釋』: 淸 陸心源(1834~1894) 輯. 20권. 육심원이 수집한 한대부터 원대까지의

古磚을 石印 출판한 책이다.

『鐵雲藏龜』: 淸 劉鶚(1857~1909) 著. 불분권. 유악은 초기 갑골 수장가 중 한 명이다. 그는
　갑골 5,000편 이상을 소장했는데, 그 가운데 1,058편을 선별하여 본서를 편찬하였다. 「당
　판」에는 '鐵雲藏龜藏陶' 10책으로 기록되어 있는데, 불분권 10책인 장서각 소장본 중 제
　1~6책이 본서이다.

『鐵雲藏陶』: 淸 劉鶚 撰. 3권. 先秦 陶片 568매가 저록되어 있다. 「당판」에는 '鐵雲藏龜藏陶'
　10책으로 기록되어 있는데, 불분권 10책인 장서각 소장본 중 제7~10책이 본서이다.

『楚辭句解評林』: 漢 劉向(B.C.77~B.C.6?) 編集, 漢 王逸(89?~158) 章句, 明 馮紹祖 校正. 17
　권. 『楚辭』를 평하고 논변한 저작이다.

『草韻彙編』: 淸 陶南望 輯. 26권. 도남망은 한대 이래 명말까지의 草書를 『佩文』의 韻目에
　의거하여 수집하였다. 수십 년간의 노력 끝에 平上去聲 부분을 완성하였으나 사망하였
　다. 그의 아들 陶鋸이 入聲 부분 2권을 수집하여 다시 교정하여 완성하였다. 「당판」에는
　5책으로 기록되어 있고, 장서각 소장본은 27권 5책이다.

『秋坪新語』: 저자 미상. 12권. 청대 志怪小說集이다. 저자는 乾隆 연간(1736~1795)의 인물
　로 추정된다. 진기한 이야기와 기이한 사건을 많이 채록하여, 내용이 풍부하고 잡다하
　다. 대부분 황당하고 엽기적인 이야기이다. 災異의 영험함이나 인과응보의 교훈을 담고
　있는 이야기도 있고, 귀신과 요괴, 요술을 부리는 도사와 괴승, 효자, 열부 등을 기록하
　였다. 인물묘사에 있어서도 마치 살아있는 인물을 그려낸 듯 생동감이 있다. 「당판」에는
　8책으로 기록되어 있으나, 장서각 소장본은 7책으로 1책이 소실되었음을 알 수 있다.

『退菴金石書畫跋』: 淸 梁章鉅(1775~1849) 著. 11권. 題跋의 형식으로 양장거 자신이 소장한
　金石書畫를 저록하였다.

『八代四六全書』: 明 李天麟 輯. 16권.

『彭文敬公全集』: 淸 彭蘊章(1792~1862) 著. 46권. 그 중 시집 『松風閣詩鈔』 26권은 1,500여
　수를 수록하고 있다.

『評註才子古文』: 淸 金聖歎(1608~1661) 原選, 淸 王之績 評註. 22권. 「당판」에는 '才子古文'
　으로 기록되어 있다.

『避暑錄話』: 宋 葉夢得(1077~1148) 著. 2권. 저자는 宋室의 南渡 초에 장서가 3만여 권에

이르렀을 정도로 諸儒 중에 손꼽히는 인물로, 고금에 통효하여 주장에 모두 근거한 바가 있었다. 남송 초기, 사람들은 북송 멸망에 대해 논하면서 대부분 王安石의 변법과 蔡京의 전횡을 책망했는데, 저자는 일찍이 蔡京의 문객이었으나 이를 배척하지 않았다. 朝野의 전해지는 말이나 經史의 고사 등을 서술했는데, 모두 근거가 있고 상세하여 참고할 만하다.

『郝氏叢書』: 淸 郝懿行(1755~1823) 編輯. 44권. 『山海經箋疏』, 『補宋書刑法志』 등의 저작이 수록되어 있다.

『諧聲品字箋』: 淸 虞德升 著. 14권. 본서는 字韻의 학이 줄곧 두 가지로 나뉘어 서로 통섭하지 못했기 때문에 六書 중 諧聲의 의의를 취하여 字數를 분류하고 열거한 것이다.

『湖海文傳』: 淸 王昶(1724~1806) 編. 75권. 편자는 嘉慶 8년(1803)에 『湖海詩傳』을 펴낸 이후, 사망하기 1년 전인 嘉慶 10년(1805)에 본서를 펴냈다. 康熙 중엽에서 嘉慶 초의 작자 100여 家, 작품 700여 篇을 선별하여 수록하였다. 감별하여 취사선택함이 엄격하고 온당하여, 문예계에 널리 칭송되는 청조 중엽의 산문 선집이 되었다.

『皇朝禮器圖式』: 淸 允祿(1695~1767) 등 纂. 18권. 祭器, 儀器, 冠服, 樂器, 鹵簿, 武備 순으로 수록되어 있다.

『欽定同文韻統』: 淸 和碩親王 允祿이 저술했다고 하나, 실제로는 廣慈國師 章嘉胡土克圖에 의해 저술되었다. 6권. 乾隆 15년(1750)에 완성되었다. 저술 목적은 산스크리트 문자 자모와 티베트 문자 자모를 한문 문자 자모와 비교하여 본래 그 근원이 같음을 논증하기 위해서였다.

『欽定授時通考』: 淸 鄂爾泰・張廷玉 등 奉勅撰. 78권. 乾隆帝의 명을 받아 시행된 본서의 편찬 작업은 5년이 걸렸다. 서명은 통치자의 '敬授民時'라는 의의를 취한 것으로, 역사상 전해져 내려 온 수많은 농업자료의 휘편이다. 「天時」・「土宜」・「穀種」・「功作」・「勸課」・「蓄聚」・「農餘」・「蠶餘」 8門으로 구성되었다.

『欽定詩經傳說彙纂』: 淸 王鴻緖(1645~1723) 등 著. 21권, 詩序 1권. 康熙帝의 御纂書 중 하나로, 당대의 『毛詩正義』나 명대의 『詩傳大全』과 같이 국가의 편찬활동을 계승한 성격을 지니고 있다. 『詩集傳』을 위주로 했기 때문에, 본질적으로는 朱熹의 설을 견지한 저작으로, 주희와 부합하는 관점은 詩마다 제시한 『詩集傳』의 견해 뒤에 이어서 '集說'의 형식으로 열거하였다. 그러나 『詩集傳』의 해석과는 관점이 다르지만 우수한 견해는 '附錄'의 형식으로 '集說' 뒤에 기재하였다. 이러한 '詩集傳-集說-附錄'이라는 삼층 구조는 『詩集傳』에 대한 존숭을 보여주기도 하지만, 260여 家의 『詩經』 해석 자료를 수록함으로써, 『詩傳大全』처럼 주희의 견해와 부합하는 것만 수록하고 그의 견해와 부합하지 않는 것을 모두 삭제한 『詩經』 해석 원칙을 깬 것이라는 의의도 가지고 있다. 즉, 청 이전의 모든 詩經學 연구 성과를 집대성한 것으로, 雍正 연간에 간행되어 당시 官學 『詩經』 연구의 표준본으로 널리 알려졌다. 「당판」에는 24책과 16책 두 부가 수록되어 있다.

참고자료

1. 사료

『困學紀聞』([宋]王應麟 著, [淸]翁元圻 等 注, 樂保群·田松靑·呂宗力 校點, 上海: 上海古籍出版社, 2008).

『廣陵通典』([淸]汪中 著, 田漢雲 點校, 揚州地方文獻叢刊本, 揚州: 廣陵書社, 2004).

2. 연구서

최환, 『漢·中 類書文化槪觀』, 경산: 영남대학교출판부, 2008.

沈津, 『美國哈佛大學哈佛燕京圖書館 中文善本書誌』, 上海: 上海辭書出版社, 1999.

寧稼雨, 『中國文言小說總目提要』, 濟南: 齊魯書社, 1996.

劉江, 『中國印章藝術史』, 杭州: 西泠印社出版社, 2005.

李學勤·呂文郁 主編, 『四庫大辭典』, 長春: 吉林大學出版社, 1996.

張林川 等 編著, 『中國古籍書名考釋辭典』, 鄭州: 河南人民出版社, 1993.

中國道敎協會·蘇州道敎協會, 『道敎大辭典』, 北京: 華夏出版社, 1994.

陳遠·于首奎·梅良模 等 主編, 『世界百科名著大辭典(社會和人文科學)』, 濟南: 山東敎育出版社, 1992.

黃卓越·桑思奮 主編, 『中國大書典』, 北京: 中國書店, 1998.

阿辻哲次, 『漢字學-『說文解字』の世界-』, 神奈川: 東海大學出版會, 1985(심경호 譯, 『漢字學『설문해자』의 세계-』, 서울: 보고사, 2008).

3. 연구논문

金秀玹, 「淸代 石成金 『傳家寶』 삽화의 '快樂圖'와 기물 도안」, 『漢文學論集』 42, 2015.

金鎬, 「藏書閣 所藏本 『楚辭句解評林』」, 『中語中文學』 43, 2008.

金鎬, 「한국학 중앙연구원 藏書閣 所藏《新刊補訂簡明河洛理數》의 文獻價値」, 『中國文學研究』 39, 2009.

金鎬, 「조선후기 중국문집의 조선유입과 수용양상에 관한 일고-葉向高의 《蒼霞草》를 중심으로-」, 『中國語文學誌』 34, 2010.

唐潤熙, 「《四書朱子異同條辨》의 朝鮮으로의 전래와 영향에 대한 一考」, 『中國語文學誌』 40, 2012.

蘇岑, 「『欽定詩經傳說彙纂』이 徐瀅修와 徐有榘의 『詩經』 解釋에 끼친 影響」, 『漢文學論集』 38, 2014.

崔鶴根, 「滿文으로 쓰여진 乾隆帝의 『御製盛京賦』에 對해서」, 『國文學論集』 2, 1968.

段惠子, 「翁方網著作研究-以經學・金石學・書學爲中心-」, 復旦大學博士學位論文, 2011.

李德鋒, 「唐順之"六編"編纂體系的思想解構」, 『淮北煤炭師範學院學報(哲學社會科學版)』 2008-6.

張家振, 「淸嘉慶本《楊誠齋詩集》與日刻本《楊誠齋詩鈔》敍錄」, 『江西教育學院學報』 1993-1.

川邉雄大, 「『東瀛詩選』」編纂に關する一考察-明治漢詩壇と日中關係との關わりを中心に-」, 『日本漢文學研究』 8, 2013.

IV. 中文翻译部

出版寄语

《永乐大典》是中国明朝初期永乐帝成祖(1402～1424)在位时编纂的一部百科全书。大英百科全书评价称，这部书是人类历史上规模最宏大的一部百科全书。本文22,877卷，目录60卷，每两卷订为一册，共10,095册，约三亿七千万字。嘉靖帝世宗(1506～1566)因为担心只有一版的手抄本会因火灾被毁，又在原有的基础上手抄了一版。然而，这样的鸿篇巨著流传至今仅存800余册。彼时，清朝国运衰微，三番五次深陷于内忧外患的困境之中，那些珍贵的书卷也随之销声匿迹。现存于中国的，已被国家指定为"国家二级文物"，妥善珍藏。如此珍贵的书卷，首尔也有一册，现藏于首尔大学中央图书馆，包含在被称为"旧刊图书"的京城帝国大学时期藏书之中。我在20世纪90年代初期既偶然得书，然而确认此书来历却颇费一番周折。现对此书所包含的论文内容做一概述，作为出版寄语。

本书是1914年由朝鲜总督府管辖的李王職图书室，在日本京都帝国大学学者内藤湖南的推荐下购入的。当时李王職图书室的日本人相关人员用该图书室的预算购入了大量的中国古书唐版典籍。《永乐大典》的购入价格为200圆，与同期购入的其他图书相比价格不菲。这是卷8,782和卷8,783合并的一册。1986年，北京中华书局出版的张忱石《永乐大典史话》中明确提到，上述两卷藏于"南朝鲜旧京李王職文库"。由此可知，事实上中国书志学者们早已对这部书的去向有所知晓。我在2010年9月末被任命为韩国国史编纂委员会委员长后，才得以与藏书库中的中枢院及朝鲜史编修会的研究资料接触。一个偶然的机会，我发现了藏书库中一本图书贴着"(永樂大典 殘闕本に就いて)(4B6B44)"(收录在本书〈Ⅰ.解说〉)的标签。这部书详细记载了本图书的购入经过。购入之初，虽然有人说这本书是"伪物"(冒牌货)，但经过有关人员鉴定，确定为嘉庆帝时期手抄真本。书中还记载了推荐李王職图书室购入此书的人是京都帝国大学的著名历史学者内藤湖南的事实。

所属于朝鲜总督府的李王职图书室藏书现存于韩国学中央研究院的"王室图书馆"藏书阁中。从而，根据上面的记述，在李王職图书室购书账簿《唐版财产目录》中也发现了1914年购入一册《永乐大典》的记录。根据书中记载，能够确认本书是由该图书室在1910年10月起到1914年11月期间，包含在共680余种(2万余册)唐版典籍图书中一起购入的。此外，通过首尔大学中央图书馆所藏的京城帝国大学附属图书馆《图书原簿》的记载，也能够确认1935年京城帝国大学附属图书馆向李王职图书室借本书并进行"誊写"的事实。依据《图书原簿》中的记载，1935年(昭和10年)3月22日，"誊写"工作已经获批，6月11日装订成册。手抄本封底内侧标注了"昭和10年 2月李王職所藏寫本ヨリ謄寫ス"(昭和10年2月由李王职版本誊写)的字样。

综上所述，1935年2月从李王職手中借来手抄原本，3月22日，得到了上级的确认签字以后把完成的誊写本，再在6月11日装订成册并放置在图书馆。然而，就在这样结束调查的瞬间，被誊写的原本却根本不存在的这个事实却浮出水面。按照流程，京城帝国大学附属图书馆在完成誊写后，应当将原本还给李王职图书室，但现在韩国学中央研究院的藏书阁藏书中却并没有这部书。我们只能推测，在京城帝国大学附属图书馆借阅还书的过程中发生了遗失。就此，首尔大学中央图书馆收藏的"誊写本"成了原书的唯一版本。今日出刊本书影印本的意图也缘由于此。

影印本《永乐大典》卷八千七百八十二和卷八千七百八十三合编成的一册虽然是在1935年制作的誊写本，但从学术价值看，是相当于中国"国家二级文物"珍贵文献。本书是包含了所有与'僧'字有关用语的明朝之前历代佛教书籍记录的总汇。该影印本不仅是为中国也是为世界佛教研究者们的学习和研究提供便利而重印的。在这部书的追溯过程中，我们发现日本帝国主义侵略时期收藏和整理的古书典籍、首尔大学校中央图书馆旧刊图书、韩国学中央研究院藏书阁藏书、韩国国史编纂委员会中枢院及朝鲜史编修会作业资料等历史文献是存在横向联系的。这一方面增强了我们对历史文献之间关系的认识，也提醒了我们对韩国国内古文献资料开展综合性整理是必要的。

本影印本的重刊得到了各界人士的帮助。首先，我要对首尔大学中央图书馆和韩国学中央研究院王室图书馆藏书阁相关人员的帮助致以诚挚的谢意。首尔大学中央图书馆批准影印这部书，韩国学中央研究院的王室图书馆藏书阁的相关人员们提供了确认李王职图书室购入唐版典籍的收藏状态的机会。感谢国史编纂委员会允许使用'残缺本'手抄本原稿。其次，感谢京城帝国大学古文献资料室的宋志莹研究员，他帮助我搜集到了旧刊"原本图书"。再次，感谢首尔大学

韩国史专业博士生金信会和东洋史专业博士生柳钟守，他们在基础调查阶段给予了我很大的帮助。金信会整理了李王職图书室购入的唐版典籍目录在藏书阁中的收藏状况，并做了目录来进行对比，柳钟守负责了对唐版典籍中比较不容易接触的图书作解题的工作。2015年，大韩民国学术院资助的研究经费对于此次协同研究的顺利开展帮助非常大。本影印本上梓之时，为了能与中国学者共享相关论文及学术成果，崔桂花女士完成了中文版本的翻译工作。感谢徐相文博士通读梳理了中文译稿。2013年9月，我访问日本东京大学东洋文化研究所，平势隆郎教授特给我们提供参观学习研究所所藏唐版资料的机会，特此深表感谢。

韩国历史研究院计划今后将政府机关单位不能刊行的历史资料编辑为《石梧文化财团历史资料系列》，并将《永乐大典》作为其第一号刊物出版发行。感谢尹东汉财团理事长的支持。在此向完成本系列图书出版的太学社池贤求社长，负责编辑工作的崔衡弼理事，以及李宝雅设计部长表示衷心的感谢！

2017年12月

韩国历史研究院长　李泰镇

韩国历史研究院

2010年成立。

2016年3月起接受石梧文化财团的支援，改设为附属研究所设。

李泰镇院长，首尔大学名誉教授，大韩民国学术院会员，韩国史专业。

吴定燮事务局长兼任常任研究员，首尔大学国史系博士结业。

地址：首尔市江南区彦州路79街33，恩石大厦305号

homepage: www.koinhistory.co.kr

石梧文化财团

是韩国科玛(kolmar korea)会长尹东汉先生为了培养优秀人才，为教育弱势群体提供接受教育机会于2010年成立的。主要履行了培养未来新型人才的奖学事业，为教育弱势群体提供接受教育机会的事业，并于2016年起对韩国历史研究院(院长李泰镇)的学术研究提供支援。财团旨在通过缩小个人间、地区间、阶层间的教育差距，进而促进社会和谐，另一方面，对促进国家发展的学术事业也非常重视，不惜余力对其进行支持。

『永樂大典』是什么样的书?

李泰镇

(首尔大学名誉教授)

崔桂花 译

　　明初的皇位继承采取嫡长孙的塬则。太祖朱元璋因长子夭折立二子朱标为太子，而二子也在太祖在位的1392年(洪武25)早死。朱标的长子朱雄英也先死于朱标，异母的二子朱允炆(1377～1402)被朱元璋认为嫡长孙。1398年太祖朱元璋驾崩，朱允炆即位，是为惠帝。

　　太祖武治而惠帝文治，因此惠帝将年号定为建文、改修『大明律』、平地方藩镇、力行改革，以此指向'宽政'。而这种举措却遭朱元璋的四子朱棣(1360～1424)的反抗。驻扎外方的燕王朱棣于1402年举兵下南京攻侄子建文帝，废其位，自立为帝，是为明成祖永乐帝。这一历史事件与朝鲜王朝初期的"王子之乱"李芳远(太宗)夺权的过程非常相似。

　　永乐帝成祖的掌权引出曾支建文帝文治的方孝孺等士大夫的反感。永乐帝为解决这个局面，决定离开士大夫的势力强人的南京，并试图缓和士大夫阶层的不满气氛。1403年(永乐1)7月永乐帝命翰林学士解缙以及胡广、胡俪、杨士奇等综合历代典籍编辑类书。解缙是当时代表性的文人，深得朱元璋的赏识。解缙选拔文士147人，于第二年11月完成编撰，定名为『文献大成』。因编撰时间较短，『文献大成』暴露出很多的缺陷。明成祖也觉得『文献大成』'未备之处'繁多，且不太符合皇帝本人的要求。1405年(永乐3)姚广孝、郑赐、刘季篪、解缙等奉旨重新修纂类书。姚广孝是僧侣出身诗人，当时为永乐帝的策士，曾在靖难巨事中立过大功。

　　重修事业的负责人姚广孝聚集朝廷文士以及全国各地的宿学老儒2,169名，分工分派编辑、校正、绘图、圈点等工作。此次编纂形式独特，可说史无前例。《永乐大典》的编纂者们活用『洪武正韵』的韵目，采用了"用韵以统字，用字以系事"的方法，对经，史，子，集，释藏，道经，北剧，南戏，平话(民间　说话)，工技，农艺，医学，志乘等项目进行分类。例如卷8782，前头有"十九

庚 僧 襟录诸僧 四"的目次，其下抄录'齐朗 续庐山记'等在内的历代记文的全文。"十九 庚"为韵的分类，"僧 襟录诸僧 四"为字的分类。据悉这样分为字的项目多达7～8千种。龙大的编纂事业于1407年(永乐5)大功告成，姚广孝撰表文奏皇帝，成祖对结果非常满意，亲自写序文，并定名为《永乐大典》。接着从全国各地招募善书人开始订书，于两年后的冬天最终完成。本文22,877卷、目录60卷，订成书，其数量多达10,095册。前代虽然也有过『艺文类聚』、『太平御览』、『册府元龟』等类书，但《永乐大典》在规模上已经超出了5倍以上。(张忱石『永乐大典史话』4叶。)后世人评《永乐大典》为"中国最初、最大的百科全书"并非夸张。

规模庞大的《永乐大典》，其传承过程坎坷多难。永乐帝的编纂工程是在南京进行的。迁都北京之后新建宫阙，将《永乐大典》便移到新京，文渊阁文楼位置。1557年宫中失火，这一次虽然幸免于火灾，但世宗嘉靖帝(1506～1566)意识到有备无患，开始了重录《永乐大典》的编纂事业，于五年之后完成。(本文中详细说明了编纂经过。)从此《永乐大典》有了永乐钞本和嘉靖钞本共两个版本。

明代引以为荣的《永乐大典》为了传承安全，虽重禄一本以防万一，但国运衰退的厄运是什么都阻挡不了的。嘉靖死后，万历年间(1573～1620)《永乐大典》的保全还算是可以的，但是到了所谓明末清初的混乱期，大量典籍'秩失'不知去向。清初有名学者顾炎武也曾经记录《永乐大典》全部遗失。不过这是指《永乐大典》的正本(永乐钞本)，副本嘉靖钞本在康熙年间据说还收藏完整。重禄本嘉靖钞本在隆庆以后的150馀年间也一直稳妥地藏在新建皇史成。可是至1772年(乾隆37)编撰四库全书时，却发现有1千馀册(2422卷)的缺本，可见其间管理出现疏忽。

1840年鸦片战争爆发，西洋列强开始侵略瓜分中国，《永乐大典》的传承面临严重的考验。腐败的清朝官吏，按照西洋人的要求，以每册十两的高价暗中贩卖《永乐大典》。这种卖国求荣的氛围当时很是盛行，更是助长了西洋人公然的掠夺行为。1880年(咸丰10)英法联军入侵北京时，英国人拿走了多数的《永乐大典》。到了1875年(光绪1)翰林院重修《永乐大典》时，只剩5千册左右。二十年后的1894年(光绪20)6月又仅剩800册前后。最后1900年(光绪26)英国，美国，德国，法国，俄罗斯，日本，意大利，奥地利等八国联军进京时，收藏剩余《永乐大典》的敬一亭被毁，宫中所剩无几。(『永乐大典史话』第4章《永乐大典》的厄运)《永乐大典》现有400馀册保存在中国内，其余各自分藏在几个强大国家的图书馆。(参考〈附表〉及〈永乐大典现存本一览表〉)

'李王职'所藏《永乐大典》一册购入过程追踪[*]
- 朝鲜总督府大量购买中国古文献之意图 -

李泰镇

(首尔大学名誉教授)

崔桂花 译

Ⅰ. 前言

《永乐大典》是明初编撰的古文献大百科全书。开国初期明成祖(在位1402~1424)下令收集当时流传的历代文献，以韵分类，笔写历代典籍成册，其数量多达22,877卷10,095册(概两卷为一册，目录60卷)，其字数也应有三亿七千万字。但是，如前文所提及，过了约450年后，800余册书已所剩无几。目前中国境内仅存《永乐大典》400余册，其余散落在海外各国图书馆和研究机构。

中国国内保存下来的《永乐大典》已被指定为'国家级文物二等'。中国的文化财产一般以文物的名称下分为国家级和省级，各级又再分为3等，这与韩国的国家文化财与地方文化财并按照重要度再将其分类成各3等的分类法大体相同。所谓'国家级文物2等'，就韩国而论相当于'国宝'级或者其次的'宝物'级。如此贵重的文献韩国也有一册(二卷)收藏在首尔大学中央图书馆。这个事实早被中国方面所掌握，[1] 但韩国国内学界却尚无人知晓。如下所述，笔者在首尔大学任职的2000年代初期在该图书馆内偶然发现这一古书，之后一直设法想弄清其来龙去脉，经过十几年的岁月，于2012年在韩国国史编纂委员会所藏中枢院·朝鲜史编修会资料当中终于找到了一个线索，由此得知1914年2月朝鲜總督府用'李王职'资金购买此书的重要历史事实。并且了解到京城帝国大学附属图书馆于1935年'誊写'(抄写原本)李王职所藏之原本(笔写本)之后收藏了'誊写本'。'誊写本'的

---

1 张忱石，《永乐大典史话》(中华书局，1986，北京)，附录2，〈现存永乐大典卷目表〉(133页)标明卷8782,8783藏于'南朝鲜旧京李王职文库'。

〈照片1〉

〈封面〉

(1)《永乐大典》卷之八千七百八十二，
  （卷之八千七百八十三）

〈封面内页〉

(2) 图书号码: 大 017? 43 [?为模糊部分-笔者]
(3) 登记号码: 京城帝国大学图书章 165623

〈书尾内页〉

(4) 昭和十年二月由李王职所藏写本誊写
(5) 校正济（椭圆捺印-笔者）
(6) L3659 制本

价值本应不如原本，但在誊写后原本已消失不见的情况下，誊写本作为唯一能体现该书册内容的文献，其学术价值理当维持不变。

Ⅱ. 首尔大学中央图书馆「旧刊图书」书库中发现的『永乐大典』一册'誊写本'

1992年初笔者在奎章阁图书中发现日本为了夺取大韩帝国国权而强行缔结条约的过程当中所留下来的诸多证据史料，并热衷于此研究达数年。中央图书馆6层书库也曾经是笔者搜索的对象。该书库是京城帝国大学时期收集的所谓旧刊图书所藏处。有一些日子笔者经常到此处来查找可供参考的历史资料。查资料将要结束的一天，在一书架的高处看到一本古书横放在几本洋装本之上，心生好奇，便拿来垫脚凳踩在上面，取下该书一看，封面竟然写著《永乐大典》四字。笔者惊叹不已，这不就是只耳闻而未曾一睹的《永乐大典》! 〈照片1〉就在旁边还放著一张大英图书馆所藏同书异册的照片，推测是京城帝国大学的某一教授为查明此书，委托伦敦的大英图书馆得到该图书馆所藏《永乐大典》中另外一册的照片之后和京城帝国大学的原本并放在一处。我赶紧把这本书借出来放在研究室里，即使是费很长的时间也想弄清楚这个册子是否为《永乐大典》的真本之一，如果是，这样贵重的书是如何流传到京城帝国大学附属图书馆的呢?

本书前后封面上显示的著录项目如〈照片1〉所示

细说下面书志如下。(1)表示此书为《永乐大典》之卷8782。如前所述《永乐大典》大体上两卷合为一册，此书至56页为止为卷8782，自57页起为卷8783，57页标有卷之八千七百八十三之字样。(2)和(3)是京城帝国大学附属图书馆藏书用图书号与登录号。其中(2)为贴在封面上的图书号，因有部分损伤，无法完全确认其号。

(4)为书尾内页的记录，表明此书是于1935年(昭和10)2月根据'李王职'所藏'写本'而誊写的。(5)表明此'誊写'工作以经校正完毕。(6)是'誊写本'的制本标识号。如前所述《永乐大典》是手书本。不管是永乐初本还是嘉靖初本都是由善书者所手写的，并非印刷本。(4)记录的所谓李王职所藏写本就是意味著手写原本。就是说京城帝国大学附属图书馆于1935年2月按照原本'誊写'一部并作为研究用收藏此本。与此相应，当时京城帝国大学附属图书馆的〈图书原簿〉现存于首尔大学中央图书馆内。〈照片2〉即为〈图书原簿〉的照片，整理其记录内容如下:

〈照片 2〉

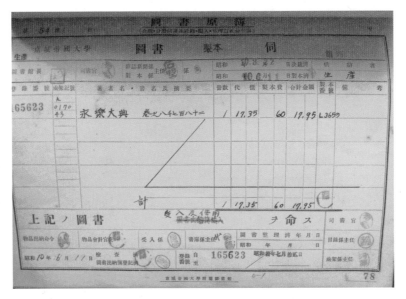

(甲) 昭和10年3月22日确认签字, 昭和10年6月11日装订完成
(乙) 供给者 生产
(丙) 登记号码 165623, 函架记号 大 0170 43
(丁) 代价 17(圆) 35(钱), 制本 60(钱) 合计金额 17(圆) 95(钱)
(戊) 制本番号 L3659

　　这些记录是关于誊写李王职所藏原本的详细信息。供给关系记为'生产', 可以推断此藏书为誊写本。〈图书原簿〉不但记录了誊写所需费用, 而且前面提到过的封面上模糊不清的图书番号也从'函架记号'(大 0170 43)得到确认。那么誊写本的价值会不会贬低?

　　《永乐大典史话》(张忱石著, 中华书局, 1986, 北京)是目前提供《永乐大典》有关信息的主要著述。该书除了介绍《永乐大典》编纂过程以外, 还追述了19世纪中期之后《永乐大典》这一巨帙编纂物散落世界各地的经过, 并且附录了现传残缺本880余册的所在地和其卷数的表格。首尔大学所藏卷8782, 8783清晰见于此表, 藏处标为"南朝鲜旧京李王职文库"。就此李王职所藏原本一册已得到确认, 但现今此原本行踪渺然。京城帝国大学附属图书馆在抄写原本之后应该是将原本还与所藏处李王职图书室, 可是图书室的后身韩国学中央研究院的王室图书馆藏书阁却没有收藏此原本。目前为止《永乐大典》卷8782, 8783的内容只能依靠首尔大学中央图书馆所藏誊写本的记录, 因此首尔大所藏誊写本虽非原本, 但作为唯一本, 自有其相当高的学术价值。

Ⅲ. 国史编纂委员会所藏中枢院·朝鲜史编修会资料中发现的'《永乐大典》残缺本'解说文

笔者于2009年2月末从首尔大学离休，　一年半之后2010年9月末被任命为国史编纂委员会委员长。熟悉业务当中，在该机关'史料馆'内日帝强占期中枢院以及朝鲜史编修会资料收藏处偶然发现题为"关于《永乐大典》残缺本(永乐大典残缺本に就いて)〉(4B6B 44)"的日语原稿资料。〈照片3〉

 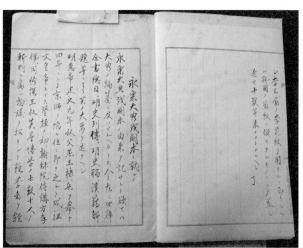

〈照片3〉

此稿即是关于前述李王职图书室所购买的《永乐大典》1册的解说文。就此我近20年的疑问皆迎刃而解。共15页的这张册子手书在印有'朝鲜总督府中枢院'机关名的米黄底红竖格纸上，封面题目下边打括号写著'记述'两字。原稿卷头加上一条另附的'添记'来说明书写此记述的前后经过。〈照片4〉

"冈田技师到内地出差时，京都的内藤教向李王家图书室推荐购买《永乐大典》之方，　回来之后职员之间议论该书为伪物，当时的长官(冈丙奭-笔者)便下命辨真伪。-前年冬天-"

从这张添记文中需要弄清的几个问题如下：

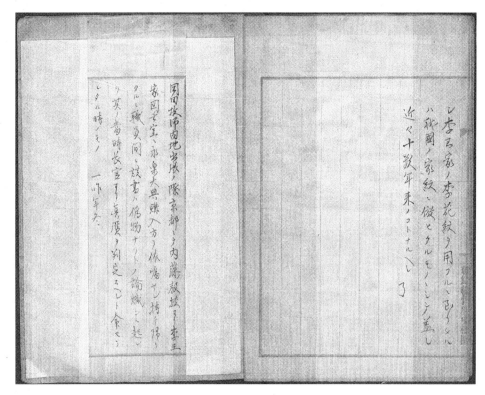

〈照片4〉

(1) 冈田技师为何人?

(2) 所谓前年为何时?

(3) 京都的内藤教授似乎为内藤湖南,内藤向李王职图书室推荐购买《永乐大典》的动因是什么?

就勤于李王职的'冈田技师'可以从纯宗皇帝实录〈附录〉(1910年8月强制合并之后关于纯宗即'李王'的记录)轻易得到确认。1914年5月27日条款有如下记录:

"下命派遣李王职技师冈田信利到东京帝国大学以及京都动物园调查并研究动物园所养动物发生疾病的原因和生育、饲养的方法。"

除非李王职有同名异人,冈田信利便是该冈田技师无疑。1914年5月27日被派出差到日本东京帝国大学和京都动物园的事实亦和添记的内容相一致。冈田去京都时,京都帝国大学的内藤湖南教授交给他《永乐大典》一册,并嘱托其说服李王职图书室购买此书。这样看来,添记上的"一

252

作年冬"指的是1914年冬天，而添记写于两年以后并附在考证从京都拿来的《永乐大典》一书真伪的调查报告-〈记述〉之前头。

纯宗皇帝实录的〈附录〉另外还有三条关于冈田信利的记录：1911年2月1日初次被任命为李王职技师；1914年5月7日奉命在京畿道境内收集野生鸟兽和鸟巢、鸟蛋一年，并将其饲养在李王职动物园，以供一般人观赏和作为学术研究资料；再后就是5月27日的日本出差回来之后，于9月15日以动物园技师资格派往水原郡花山，视察该地是否适合李王职动物园饲养野兽，其后多次出差到此处。

综合这些记录，冈田信利在设立昌庆园李王职动物园过程中起了核心作用，1914年5月27日的日本东京、京都之行也是与此相关的。9月15日冈田信利回到李王职继续执行本职业务。据添记所记载，对冈田信利受内藤湖南教授之托带来的《永乐大典》，图书室有关人员多数认为其为'伪物'，李王职的长官便命令考证真伪并整理成报告，这就是所谓〈记述〉，考证结果，该书为"隆庆元年之重录眞本"。

《永乐大典》的编纂在南京文渊阁进行并收藏于此，但因1421年(永乐9)新宫建成而迁都北京，1441年(正统6)移到北京文渊阁文楼且藏于此处。喜爱《永乐大典》的皇帝有弘治帝孝宗(在位1488~1505)和嘉靖帝世宗(1506~1566)。孝宗尤喜查找《永乐大典》的医书，而世宗则因原本好读书而近《永乐大典》。

1557年(嘉靖36)宫中发生一次大火灾，世宗首先抢救《永乐大典》保全成功甚为高兴。心悦之余开始考虑重录(制副本)《永乐大典》，于1562年(嘉靖41)秋正式决定开展重录工作。任禮部侍郎高拱、左春坊左谕德、兼侍读瞿景淳为总校官，由翰林院张居正等10人分工负责，选拔善书者109人，历经6年，终于在1567年(隆庆1，穆宗)4月重录完毕。重录本与正本格式、装帧完全相同。至此《永乐大典》有了正本和副本两种录本。前者称为永乐钞本，后者呼以嘉靖钞本，后者藏在新建的皇史筬里。[2]

〈记述〉当中所说的隆庆元年即为重录本-嘉靖钞本完成的那一年。〈记述〉的正文-〈关于《永乐大典》残缺本(永樂大典残缺本に就いて)〉称重录本完成时期-隆庆元年(1567年)为"至今347年前"，依次逆算，写〈记述〉的时期应该是1914年。添记后面所言的'前年冬天'也就是1914年的冬天，冈田技师9月15日返回首尔之后，专家考证该书的真伪，1914年底定论为重录之眞本。鉴定可能

---

2 张忱石，《永乐大典史话》(中华书局，1986，北京)，11~13页。

是用日语进行的，作为鉴定团的代表撰〈记述〉的人应该也是日本人，但具体为何人未见记录。

正文中提及"据内藤湖南教授的来翰可以断定日本入手的另外10册(《永乐大典》的其他残缺本)亦为嘉靖隆庆间的重录本无疑"，由此可知〈记述〉是由一个与日本历史学界有密切关系的李王职图书室的某一图书管理员写成的。不过封面有意写上〈记述〉两字，又说明一个人将几个人的鉴定结果综合以后记录下来的可能性。内藤湖南教授将《永乐大典》1册交给冈田技师时，似乎同附一封信来说明关于日本早已入手的另外10册的意见以供参考。[3]

Ⅳ. 韩国学中央研究院藏书阁收藏〈唐版财产目录〉与《永乐大典》一册购入证书

追踪国史编纂委员会所藏中枢院及朝鲜史编修会的资料，得出以上结果之后，笔者随即决定调查'李王职图书室'的状况。'李王职图书室'的藏书现收藏在韩国学中央研究院的'王室图书馆-藏书阁'之内。笔者首先在韩国学中央研究院的主页上-'韩国学数字档案馆'，通过电子检索发现该图书馆收藏的〈唐版财产目录〉(图书番号：142 33 1-1)中确实有关于《永乐大典》的一手资料信息。[4]

〈照片5〉

---

3 日本入手的《永乐大典》，请参照表1。

4 笔者在整理此稿的年8月24日重新搜索未有任何检索结果。

检索的〈唐版财产目录〉由〈大正3年度唐版财产目录〉、〈法帖之部〉、〈大正三年度法帖之部〉三个部分构成。第一个目录即1914年(大正3年)购买的唐版(中国古书籍)目录中就有这年11月13日以200圆的价格购买的《永乐大典》一册。

笔者在确认这个事实之后，为一睹其目录的原本访问了藏书阁。因事先告知藏书阁访问目的，工作人员便出示已经从收藏库找出来的目录原本。出乎意料的是他们说明'韩国学数字档案馆'上的目录表只是为了阅览之便而最近刚制作的，并非其目录的全部。原本唐版财产目录(〈照片5〉)是在印有'李王职'机关名的红线竖格纸上写的，其数量更多。

接过原本一看，上述三个项目之前还有一个叫〈唐板之部〉的目录共26页，比前三个11页的数量多出一倍以上。原本〈唐版财产目录(图书番号: 142 33 1-1)由〈唐板之部〉、〈大正3年度唐版财产目〉、〈法帖之部〉、〈大正三年度法帖之部〉等部分构成，'韩国学数字档案馆'的〈唐版财产目录〉是除去数量多的〈唐板之部〉以后，制成表格上传的。《永乐大典》的购买情况可以通过搜索数字档案馆，从〈大正3年度唐版财产目录〉中得到证明，而1914年11月以前也有购买同样汉籍图书的事实，则是通过〈唐板之部〉才了解到的，此番藏书阁之行真可谓万幸矣。

〈唐板之部〉的内容著实令笔者大吃一惊。朝鲜总督府就在强制合并大韩帝国之后，从1910年10月10日起至1914年3月31日的3年零5个月期间，用李王职资金购买了竟达620种的中国汉籍图书。[5]〈大正3年度唐版财产目录〉、〈法帖之部〉、〈大正三年度法帖之部〉等是在1914年4月11日到1915年2月3日期间后续购买的书籍的目录。下〈表1〉为表示这四目录书籍的表格，其总购入图书为811种，购入费用所计多达13,142圆362钱。

〈表1〉'李王职图书室'购买中国图书(唐板)情况(1910.10.～1915.2.)

项目	购入期间	书籍种数	价格 (圆)
「唐板之部」	1910.10.10.～1914.3.31.	620种	8,539.562 (8,539.492)
「大正3年度唐版财产目」	1914.4.10.～1915.2.5.	108种	2,882.570
「法帖之部」	1911.1.31.～1914.3.	70种	1,207.730
「大正三年度法帖之部」	1914.4.10.～1915.2.3.	13种	512.500
合 计		811种	13,142圆362钱

---

5 卷首记录著年3月5日购买的「明史稿」，但与其他书不同此书未记价钱。

据〈表1〉我们可以知道从1910年10月起到1915年2月为止的4年10个月的期间，李王职花13,142圆362钱购买了中国古文献唐板书籍。此中《永乐大典》一册为最高价200圆。在某一期间内集中购买某一方面的图书并非'李王家'自身独自的意图，而肯定是受了朝鲜总督府的指示。强制合并之后，大韩帝国皇室被贬低为'王家'，只让其维持命脉，在这种情况下是几乎不可能自己擅自购买的。李王职图书室事实上是在总督府的统制之下。

1910年10月以后利用李王职资金大量购买汉籍图书，其购入目的究竟是什么还需另行研究，但从其购买规模来看不可能只是为单纯藏书。不管如何1914年之秋京都帝国大学的内藤湖南教授是了解此次的图书购买计划的，因此托出差到京都的冈田信利技师，要求'李王职图书室'购买自己收藏在手的《永乐大典》这一贯重本图书。[6]

Ⅴ. 结语 - 内藤湖南的殖民主义历史学

朝鲜总督府在强制合并之后，从1910年10月起，历经近5年的时间购买的中国古文献，皆印着"李王职图书之章"的藏书印，现在大部分在韩国学中央研究院'藏书阁'内保存着。只是以最高价购入的《永乐大典》一册行踪渺然。称为〈唐版〉的中国古文献，东京帝国大学和京都帝国大学也有大规模的收藏量，但李王职的购买时期早于前者是足以引人注目的。

日本外务省为了研究中国，以义和团事件赔偿金为胎，1929年4月设立东方文化学院、东京研究所(现东京大学东洋文化研究所)和京都研究所(现京都大学人文科学研究所)，研究资料从上海、江苏的藏书家手中购入〈唐版〉古书各4万余、2万7千余。李王职图书室的'唐版财产'795种22,262册，在其规模上丝毫不比前者逊色，而且时间上又早于前者。朝鲜总督府在构筑对韩植民统治体制的初期，集中购买大量图书，肯定有其目的所在。就此我们有必要注目日本历史学者在19世纪80年代后期开始新设的名为'东洋史'的学问领域这一历史事实。

明治维新初期日本的知识分子热衷于对西洋文明知识的收容和理解，代表这种思潮的是福泽

---

6 我们不能排除此次中国文献的大量购买是内藤湖南教授主导的这一可能性。张忱石在《永乐大典史话》中谈到'有个名叫董康的官吏携带《永乐大典》册渡日贩卖'(20页)的事实，很巧这一时期正好是内藤将书交给冈田的1914年。

裕吉的〈文明开化论〉,这是众所周知的事实。到了19世纪80年代,日本摆脱'西洋'一边倒的现实,开始意识到'东洋'这个概念。在'庆应义塾'受福泽裕吉直接指教的那珂通世(1851～1908)1894年在东京高等师范学校教授科目研究会上,首次提案将历史学科的外国历史分为'西洋历史'和'东洋历史'。清日战争时候提出来的这个建议被认为是日本设立'东洋史'的始原。[7]

那珂通世对中国史的理解是'强调停滞性'的, 这一点受福泽裕吉之'脱亚论'的影响。[8] 他还受长州萩藩出身的, 攥〈幽囚录〉(1854), 高呼超越'征韩', 雄飞亚洲的吉田松阴的影响。[9] 以清日战争为契机登场的'东洋史', 为重新构筑日本天皇即将支配的'文明东洋', 给日本历史学界提供了方向,这在一开始就带著极强的侵略主义色彩因素,这种东洋史却建立在中国和朝鲜发展下来的汉学基础之上, 不能不是一个讽刺。

1914年秋向朝鲜总督府伞下的李王职图书室力荐购买《永乐大典》的内藤湖南(1866～1934)也是汉学出身者。出生于秋田县一个武士家庭的内藤, 从小受祖父的影响,而垫上了汉学基础。内藤湖南和那珂通世的家族在父代已经互相有了教育上的交流并倾倒于吉田松阴。[10] 内藤湖南毕业于秋田县立师范学校, 初以教师开始了其社会生活。1887年到东京投身于佛教运动团体-明教社,从事了几年杂志编纂工作之后, 当上了台湾总督府直属台湾日日新报的记者。之后又回东京经万朝报(1898), 在大阪朝日新闻挥舞健笔。他写的关于台湾的新闻论说比儿玉源太郎或后藤新平等官僚指导部的文章更具有侵略倾向。1899年的中国旅行成了他摆脱'杂学'而专心致志于中国问题一个重要契机, 从此他走上史学之路。[11]

1902, 1905年以满洲为中心进行中国现场视察时, 内藤调查了有关清朝史的史料。[12] 1906年辞退大阪朝日新闻社记者职, 受外务省嘱托从事于朝鲜、满洲的〈间岛问题〉以及清朝史的资料收集。这一年京都帝国大学新设文科大学,内藤作为一个无'官学'经历的言论工作者出身, 破例被聘, 经1907年的史学科讲师, 1909年评为教授。以后与同事内田银藏等一同建立'京都帝国大学文

---

7 田中正美,〈那珂通世〉, 江上波夫编著,『东洋学的系谱』, 大修馆书店, 1992, 2页。

8 同书, 5页。

9 同书, 9页。李泰鎭,〈吉田松阴和德富苏峰-近代日本侵略韩国的思想基底-〉(纪念2010韩日两国知识人共同声明学术会议发言稿)。收录于『끝나지 않은 역사』(2017年4月刊行, 太学社)

10 『东洋学的系谱』, 8～9页。

11 小山正明,〈内藤湖南〉, 永原庆二·鹿野政直编著,『日本历史家』(日本评论社, 1976), 103页。

12 以下关於内藤湖南的记述根据上述田中正美,小山正明的研究结果。

化史学的基础。所谓文化史学与政治史不同，主要通过文献资料洞察思想史的推移。以文化史的观点论唐宋变革时期发展的其'支那论'(1914)被评价是关于中国史的，最大气的谈论，无疑内藤是代表近代日本历史学的人物之一。[13] 可是他对中国史肯定性的评价并不包括对政治史方面中国未来的认同。中国的未来始终是在日本所主导的'东洋'之内。日本的所谓东洋史学以后便在否定过去中国的历史中心作用的意图下，不用'中国'之国名而喜'支那'之贬称。

内藤湖南自1902年以来在中国，尤其是在满洲地域广泛接触古书，肯定有很多仲介商造访他。1914年他向从朝鲜出差而来的冈本技师推荐《永乐大典》一册也可以从这个角度去解释。[14] 至于韩国，日本于1905年11月强迫韩国签订《第二次日韩协约》，剥夺大韩帝国的外交权，设统监府企图夺取大韩帝国对间岛的控制权，内藤就在此时负责调查，给日本帝国的韩国侵略助了学术上的一臂之力。内藤湖南与韩国的关系并不至此。正如后述，他在1910年强制合并之后，以京都帝国大学教授的身份，在朝鲜总督府以构筑'朝鲜统治'之基础为目的进行的'半岛史'、'朝鲜史'编撰过程当中也发挥了其影响力。

1910年9月出帆的朝鲜总督府为了统治'朝鲜'与'朝鲜人'，在总督府伞下设取调局和中枢院开始调查'旧惯'即韩国的风俗习惯。这个调查是通过实地调查和典籍即古图书的整理、收集、解题而进行的。古图书整理以弘文馆、奎章阁、侍讲院三大史库(赤裳山、太白山、五台山)的藏书以及'李王家'历代记录为对象进行。1913年1月为了设立图书馆，除了弘文馆、奎章阁、史库等官府所藏本之外，收集购买民间的古图书；充填缺本图书；调查寺院和乡校保管的图书目录；借两班儒生所藏图书誊写，还接受捐书。结果1916年3月为止，制作图书卡和分类目录卡完毕。[15]

这样大规模的典籍调查和整理工作，不可能与对中国汉籍造诣很深的内藤湖南无关。事实上设立图书馆的时候他在京都帝国大学史学科的弟子，文部省主办'图书馆讲习所'毕业的荻山秀雄(1909年卒业)于1914年横渡朝鲜受李王职嘱託而工作。内藤湖南捎去《永乐大典》一册正是在此时。荻山秀雄主导1922年的朝鲜总督府图书馆的设立，并至1945年为止一直一人独自担任馆长之职，实属罕见。[16]朝鲜总督府大量购买中国古文献唐版图书的时期正与以旧馆调查为目的的大

13 江上波夫编著，『东洋学的系谱』，大修馆书店，1992。

14 内藤湖南明于中国历代史书经典，可从他的著述『支那史学史』(东京弘文堂，1949)为人所知，此书是他的弟子们整理其讲义录而出版的。

15 郑尙雨，〈朝鲜总督府的'朝鲜史'编纂事业〉，首尔大学国史学科博士学位論文，2011，59页。

规模图书整理事业时期相叠而引人注目。

朝鲜总督府的首要任务是在总督-寺内正毅指导下确立朝鲜内治的基础, 但其对朝鲜之后的目标-满洲以及中国的兴趣也极大。1908年满洲历史调查部成立以后东京帝国大学研究者们所倾注的研究对象早已不止于朝鲜史而扩展到了满鲜史、满蒙史。借李王职之手大量购买〈唐版〉图书, 是不是构筑日本天皇统治'东洋'之研究基础的一个重要环节呢? 对此的研究还需仔细考察。

内藤湖南与1926年发足的朝鲜史编修会也有关系, 从1926年到1933年为止他一直担任顾问之职。这个机构虽然是东京帝国大学的黑板胜美起了核心作用, 但内藤湖南、今西龙等京都帝国大学方面也构成一个中心轴。内藤将曾经在南满洲铁道株式会社调查室工作过的, 以此积累满洲史研究经历的稻叶岩吉推荐给朝鲜史编修会当编修成员, 提高了其对该组织的影响力。其弟子李王职图书室的荻山秀雄不仅在1923年朝鲜总督府图书馆设立之时任命为初任馆长, 以后还继续参与朝鲜史编修会的课题, 1930年至1933年还受委托在今西龙之下负责编修朝鲜史第三编、第四编高丽时期部分。[17] 朝鲜史编修会至今为止一直被认为是以歪曲韩国史为目的而设立的组织, 但仔细观察当时日本历史学者通过这个机构所进行的实际活动, 其规模和范围比之其目的未免过大。为深层了解这一点, 有必要从研究日本'东洋史'的角度, 重新考察并研究'半岛史'和'朝鲜史'。

(2015. 12. 31)

16 同论文, 59页。

17 参照同文, 59页, 108页的表。内藤湖南为今西龙的『百济史研究』写了序文.「『百济史研究』序」, 1934, 『内藤湖南全集』第六卷, 1972, 筑摩书店。

〈附表〉各机关所藏《永乐大典》现存本册数

国家	所藏机关 所藏 (册数)	合计
中国	中国国家图书馆(旧北京图书馆) 280 上海图书馆 3 四川大学图书馆 1	284
台湾	中央图书馆 14 历史语研究所 7	21
越南	河内远东学院 8	8
韩国	'李王职文库' 1	1
日本	东洋文库 62 京都大学人文科学研究所 2 京都大学附属图书馆 5 天理大学图书馆 16 小川广己 2 静嘉文库 15 国会图书馆 3 武田长兵卫 2 大阪府立图书馆 2 石黑传六 2 佐藤文库 1	112
英国	牛津大学(图书馆) 31 大英博物馆 41 伦敦大学东方语言学校 9 伦敦图书馆 2 剑桥大学 5 马登(Marden)基金(香港) 2	53
德国	柏林人种博物馆 5 汉堡大学图书馆 6 德国聯邦科隆(Koeln)基莫 3	14
美国	哈弗大学图书馆 6 国会图书馆 82	88
合计		581

* 根据张忱石《永乐大典史话》(中华书局, 1986, 北京), 附录2〈现存永乐大典卷目表〉, 掌握的东西以机关(或个人)为单位合计。

260

〈唐版财产目录〉主要图书题解

柳钟守

(首尔大学东洋史系博士课程研究生)

崔桂花 译

【凡例】

1. 本文以《唐版财产目录》(以下略称为〈唐版〉)现存图书中韩国国内主要题解集还未注解的图书为题解对象。

2. 有关中国学的代表性的国内题解集有：

    ⑴ 李春植主编,《中国学资料解题》(首尔: 新书院, 2003)；

    ⑵ 延世大学校中国文学事典编译室编译,《中国文学事典Ⅰ》·著作篇(首尔: 다민, 1992)；

    ⑶ 郭鲁凤编著,《中国书学论著解题》(首尔: 다운샘, 2000)；

    ⑷ 奎章阁韩国学研究院所藏中国古书解题。

    (参考奎章阁韩国学研究院主页 http://e-kyujanggak.snu.ac.kr)

3. 本文以韩文辅音为序排列, 并遵循韩语头音规则。

《乾坤正气集》：清姚莹(1785～1853)辑, 顾沅补, 574卷。为历代文章总集, 收录从战国时代屈原到明末朱集璜等朝臣义士共101家之文章。前附各人略传及生涯以便读者理解。辑录此集旨在'乾坤正气'、'以文存人', 反映了辑录者的正统封建观念。道光年间(1821～1850)初次板刻, 以后重刊。顾沅补辑《小乾坤》20卷, 吴焕采出《乾坤正气集选钞》, 皆有传本。

《谦受堂集》：清邵大业(1710~1771)著, 15卷。嘉庆2年(1797)刻本。

《景德镇陶录》：清蓝浦著, 郑廷桂补辑, 10卷。以清代景德镇御器厂为中心, 详细说明景德镇窑

业。卷1为景德镇御器厂制作工程图说；卷2为御器厂的沿革；卷3・4是陶窑、陶工的种类，原料、制法、烧成、交易；卷5~7为历代陶窑；卷8・9是陶瓷文献；卷10收录郑廷桂的考证。

《经史辨体》：清徐与巧评辑，20册。评《周易》、《尚书》、《诗经》、《春秋》、《礼记》、《国语》、《战国策》、《史记》、《汉书》、《后汉书》。

《经学业书初编》：清朱记荣(1836~1905)辑，38卷。又称《孙谿朱氏经学丛书初编》。朱记荣爱书，以刊书、读书为业，所藏书籍庞大，精于鉴书。藏书处有'槐庐'・'行素堂'。〈唐版〉记录经学丛书'12册，藏书阁所藏本共38卷12册。

《启隽类函》：明俞安期(1650~?)编，109卷。刻于万历46年(1618)。前有职官考5卷，其后有笺・疏・表・启，分古体2卷和近体102卷，近体再分为29部。上辑诸王・宰相之文；下录丞簿・教职・婚书及募缘疏，应有尽有。

《古今书刻》：明周弘祖著，2卷。上卷载明代各地刻书，下卷录当时现存的历代碑刻。上卷分16个大区域，下卷类分176，著录2,306种刻书。尤其上卷之地域分类有助于了解明代印刷出版业的地域性全貌。

《古文析义》：清林云铭评注，16卷。〈唐版〉上有16册两部，藏书阁藏本亦16卷16册两部。

《古文渊鉴》：清徐乾学编注，64卷。〈唐版〉记录为37册。

《古瓶山牧道者究心录》：清机峻编，1册。收于《明嘉兴大藏经》。

《顾氏音学五书》：明末清初顾炎武(1613~1682)撰，38卷。清代古音学奠基之著。音论3卷，诗本音10卷，易音3卷，唐韵正20卷，古音表2卷。〈唐版〉记录为'顾氏音乐五书'12册，藏书阁藏本亦为20卷12册。

《玉图谱》：宋龙大渊著，100卷。中国最初玉器专著。700幅插图并收录南宋高宗时期(1127~1163)皇宫所藏玉器。

《顾亭林先生遗书》：明末清初顾炎武(1613~1682)著，潘耒编，10种。录顾炎武著述。〈唐版〉有'顾亭林先生遗书十种'10册和'顾亭林遗书十种'16册两部。

《古周易订詁》：明何楷著，16卷。崇祯6年(1633)完书。卷末附〈答客问〉1篇，借解释易经论时事。分〈上・下经〉6卷，〈录〉・〈象〉・〈繁辞〉诸传按卦分类，7卷之后置〈十翼〉原文，是从田何的方式。此书资料丰富，尽收汉晋以来的古说，不拘于一家之言。且言有根据，不擅自臆断。明代人注解经传多简陋牵强，此书广泛收集并采录证据，虽乱且杂，但其短处不盖长处。

《古泉汇》：清李佐贤编，64卷。首集4卷、元集14卷、亨集14卷、利集18卷、贞集14卷。各集前皆有鲍康的序、李佐贤的自序以及各家的题词，各集之后有鲍康和李佐贤的跋。专写钱币，其内容详细庞大无与伦比。

《古香斋鉴赏袖珍初学记》：唐徐坚等人奉勅而撰，30卷。〈唐版〉记录为'古香斋初学记'12册。

《郭青螺先生崇论》：明郭子章(1542～1618)著，明李衷纯辑，8卷。就各种历史现象和问题抒发己见。

《广陵通典》：清汪中(1745～1794)著，10卷。以政治史为中心叙述扬州历史，收录扬州历代建置沿革、户口数量、社会变动、都市兴亡盛衰。以编年体的笔法收录自春秋时期吴王夫差的邗沟始至唐昭宗乾宁元年(894)杨行密的事迹为止。作者原来计划写到明清交替时期史可法死守扬州之事为终，但因病死未能如愿。

《校订困学纪闻三笺》：宋王应麟(1223～1296)著，清阎若璩·何焯·全祖望笺注，20卷。王应麟的《困学纪闻》似乎完成于元咸淳年间(1265～1274)，分成〈说经〉8卷、〈天道〉·〈历数〉·〈地理〉·〈诸子〉2卷、〈考史〉6卷、〈评诗〉·〈评文〉3卷、〈杂识〉1卷，并考证评论。《困学纪闻》对清代影响很大，康熙年间阎若璩与何焯笺注，全祖望合两家笺注，删繁杂求简略，经补改，增300余条，于乾隆6年(1741)完书。

《国朝文录》：清李朝陶辑，69卷，续编70卷。〈唐版〉有'国朝文录'66册，藏书图各藏《国朝文录》69卷30册和《国朝文录续编》70卷36册。

《奇赏斋古文汇编》：明陈仁锡(1581～1636)评选，236卷。附有崇祯7年(1634)撰的序文。

《罗经解定》：胡国祯著，徐用霖等校正，7卷。详述测风水之器具-'罗盘'，颇具权威性。

《唐诗观澜集笺注》：清凌应曾编，清沈德潜选定，24卷。收录并评注唐代诗人400余人的诗。

《道言内外秘诀全书》：明彭好古著，6卷。道经总集，书名源自该书分为'道言内'和'道言外'两大部分。前者为经传、清修丹书、修真诗歌等；后者为地元外丹及阴阳修炼。此书收集关于清修·阴阳·外丹等'三元丹法'的典籍，保存了未收进《道藏》的明代以前的修真著作。

《陶斋吉金录》：清端方(1861～1911)编撰，8卷。石板印刷，图袭古式，铭文却用拓本。收商周彝器140、兵器9；秦~唐古秤32；秦~明各种器物148，六朝~隋唐造像30。

《陶斋藏石记》：清端方(1861～1911)辑。46卷。〈唐版〉记录12册两部，藏书图所藏亦46卷12册两部。

《东瀛诗选》：清俞樾(1821～1907)编，正编40卷，补遗4卷。收537人5,319首日本汉诗，诗集内容庞大。

《同原录》：清徐道等述，23卷。又名《三教同原录》或《历代神仙通鉴》，述汉族神仙祭祀。

《东坡禅喜集》：明凌濛初(1580～1644)编，14卷。前有徐长孺辑录的苏轼论佛之文，唐文献做序之后刊行，后人认为凌濛初只是稍加完备，事实上多有增补和改定。万历31年(1603)，冯梦祯与吴周游山玩水时曾拿此书在船上品评。天启元年(1621)与《山谷禅喜集》一同刊行。

《杜诗注释》：唐杜甫(712～770)著，清许宝善注释，清曹洪志参订，24卷。杜甫诗注释。

《遯盦古陶存》：清吴隐(1867～1922)辑，2卷。遯盦为吴隐号。

《遯盦古砖存》：清吴隐(1867～1922)辑，8卷。

《遯盦秦汉瓦当存》：清吴隐(1867～1922)审定，2卷。

《晚香堂苏帖》：清姚学经辑，12卷。袭用明代陈继儒收集的《晚香堂苏帖》之书名，故被世人称为'小晚香堂'，但内容与前者不同。帖中只〈烟江叠嶂图诗〉、〈与毕君札〉、〈次韵送梅诗〉及〈题画〉为苏轼作品，其余与苏轼无关而录'苏帖'，有失精确。

《明文奇赏》：明陈仁锡(1581～1636)评选，20卷。

《名山胜槩记》：作者不详，46卷。图1卷，附录1卷。〈唐版〉除此48卷48册，另有20卷20册。增补何镗之《古今游名山记》而完成。

《毛诗呁订》：清苗夔(1783～1857)著，10卷。

《毛诗订诂》：清顾栋高(1679～1759)著，8卷。附录2卷。订正毛诗，训诂各传。以《毛诗郑疏》为底，概随毛亨与郑玄之说，亦取朱熹之论。虽也采欧阳脩·王柏·李光地等说，但秦汉诸家之说却大多未采。后人便论顾栋高对秦汉之说心存偏见。

《蒙斋集》：宋袁甫著，20卷。蒙斋为袁甫之号。

《武编》：明唐顺之(1507～1560)著，12卷。与《左编》·《右编》·《文编》·《儒编》·《稗编》一同称唐顺之的'六编'。分前后二集，论用兵要旨，前集6卷由阵法、兵器、火药、军需、杂术等54门构成；后集6卷考证典故，共述97门，体例与《武经总要》大体相同。

《墨苑》：明程大约编，11卷。明末徽州墨商程大约所编的墨谱。

《文选诗集旁注》：梁昭明太子萧统(501～531)著，明虞九章订注，8卷。

《问心录周易解》：清邓子宾辑，清邓梓材等校正，22卷。

《文帝全书》：清刘体恕编辑，42卷。〈唐版〉记录为24册，但藏书图所藏本为23册，一册(卷36～38)逸失。

《美术丛书》：清笪重光(1623～1692)等著，40册。

《方舆记要简览》：清潘铎(?~1863)辑，34卷。

《白石樵真稿》：明陈继儒(1558~1639)著，清章台鼎订定，24卷。陈继儒诗集，陈继儒号白石山樵。

《古堂重考古玉图》：元朱德润(1294~1365)辑著，2卷。

《宝古堂重修考古图》：宋吕大临(1046~1092)辑著，元罗更翁考订，10卷。

《卜法详考》：清胡煦(1655~1736)著，4卷。收编当时代表性占卜书，言及中国占卜术的发展过程和方法。〈唐版〉记录为4卷4册两部，藏书阁只存一部。

《卜筮正宗》：清王维德(1660~1749)辑，14卷。以正卜筮之道为宗旨而著此书，与同时代刊行的《增删卜易》一同被看作是六爻学的重要文献。

《凤仪字汇》：明梅膺祚著，14卷。简《说文解字》的部首为214个，并收录其他字典未收的一些俗字，民俗学价值高。

《分类字锦》：清何焯·陈鹏年等奉敕纂辑，64卷。从古书中收集成语，分类编辑完成。各类按字数排列，各条之下详引原文。该书体例详细，对作文写诗十分方便。

《佛祖正传古今捷录》：清雪兆果性(1666~?)编辑，不分卷。编辑宋代僧侣密庵咸杰以后未收于传灯的元明17·18代临济宗传灯祖师的事迹·朝代·法腊·谥号·法嗣等，简述自达摩至密庵的诸师机缘·要旨等，以明确法系。

《史记选》：清储芝五选，清吴振乾等校，清储欣(1631~1706)评，6卷。〈唐版〉只标5册，藏书阁所藏为6卷6册。

《事类统编》：清黄葆真增辑，清何立中校字，93卷。

《四书朱子异同条辨》：清李沛霖等著，40卷。将朱子学类与其他儒家学说区分开来分条收录，以便于学习研究朱子学。其体例，概先录集注或章句，然后依次收《四书或问》和《朱子语类》，再其次附诸家之说，其说与朱子同者收在'同'字下；与朱子异者收在'异'字下，最后在'辨条下加上作者按说'以说破全章之义。〈唐版〉记录为30册，藏书阁现藏30卷30册，40卷30册两部。

《四书恒解》：清刘沅著，10卷。求平易质朴，不求标新立异，故书名加'恒解'。《大学》未用朱子之改本；《中庸》反而认为朱子的33章分法从前后语境和顺序来看胜于郑玄，但又主张首尾相贯之旨应随子思本意不宜跟朱子；《论语》则从何晏·邢昺之说到朱子集注章句，逐句解释其意，释原文的时候也详加注解；《孟子》则认为孟子与孔子身处时代不同，论仁义，谈心与性不同，说养气、不动心的诸说皆立于孔说之上，这丝毫无缪，但《孟子》中称门下弟子为'子'，呼诸侯王以

'谥', 作者认为这是因为《孟子》非孟子本人所编而是门下弟子所辑的关系, 此为谬论。

《事言要玄》: 明陈懋学著, 32卷。 取'提要钩元'之文章乃此书为名的意图所在。〈天部〉3卷、〈地部〉8卷、〈人部〉14卷、〈事部〉4卷、〈物部〉3卷, 但其内容较为乱杂。

《射鹰楼诗话》: 清林昌彝(1803~1854?)辑, 24卷。'射鹰楼'乃'射英楼', 即抗英之意。收录有关鸦片战争的诗歌与文章, 体现了了中国人民的爱国主义精神, 也反映了当时的社会现实。

《史存》: 清刘沅(1768~1855)辑, 30卷。编年体历史书。始于周敬王(?~B.C. 476)止于后汉。

《词学全书》: 清查继超编, 14卷。合编毛先舒《填词名解》4卷、王又华《古今词论》1卷、赖以邠《填词图谱》6卷续集1卷、仲恒《词韵》2卷, 无详考。

《词学丛书》: 清秦恩复(1760~1843)辑, 23卷。

《山海经释义》: 晋郭璞(276~324)著传, 明王崇庆(1484~1565)释义, 明董漠儒校订, 18卷。考证注释《山海经》之书。

《三峯藏和尚语录》: 明弘储(1606~1672)记, 4卷。通过此书可以了解临济宗汉月法藏禅师的随人、事、物, 变化无时展现禅机'之说。此后法藏禅师与其师密云圆悟禅师分道扬镳, 可从此书中找到其思想转折点 。

《赏雨茅屋诗集》: 清曾燠(1760~1831)著, 22卷, 外集1卷。作者以诗闻名, 清代曾与白居易·欧阳脩·苏轼相媲美。本集收诗1,540余首; 外集录骈体文42篇。其四六文文体端正, 寓意深奥, 甚有六朝唐初之风韵。据传最早版本为嘉庆9年(1804)所刻。〈唐版〉记录为'赏雨茆屋集'6册, 藏书图藏有嘉庆8年(1803)之本集19卷6册和外集。

《书经讲义会编》: 明申时行(1535~1614)著, 12卷。该书为作者在翰林院日讲时所进献的文章集, 故行文平易不难理解, 只是缺乏深奥。

《书经恒解》: 清刘沅著, 6卷。该书以详考义理为主, 并加几处考证校正。南宋蔡沈认为《书经》序文并非孔子所著并将此论附于卷尾, 且疏证有疑之处。刘沅依蔡沈体例进一步进行了考证和辨别。刘沅还主张古文非伪作, 即使有后人增入之处, 也应就义理而判断并求其可信之处, 不可附和雷同。

《西溪丛语》: 宋姚宽(1105~1162)著, 3卷。考证典籍异同, 多有可取。〈唐版〉有西溪丛话2册, 藏书图所藏亦2卷2册, 为明毛晋所订崇祯6年(1633)版本。

《西林诗萃》: 清戴玉华著, 8卷。

266

《徐文长逸稿》：明徐渭(1521～1593)著，24卷。徐渭善于诗文书画，该书为其乡人张汝霖·王思任所选录，最后一卷收录的〈优人谑〉·〈吃酸梨偈〉·〈放鸡图偈〉·〈对联〉·〈灯谜〉等著作毫无次序地分录在文集中。

《说文声订》：清苗夔(1783～1857)著，2卷。祁寯藻在校勘宋本《说文系传》时所著，将后人因不通古音而擅自删除或附加的8百余处加以订正。

《说文通检》：清黎永椿撰，14卷。'检字书'。将《说文》的篆书改写成真书，并按真书笔画依次编辑，首先将部首字按笔画顺序排列，然后部首内的字也按笔画顺序排列。并且每字下面记录其字在该部的次序，排列不易的字则列在卷尾处。是读《说文》最为方便之书。

《性理指归》：明姚舜牧(1543～?)次订，28卷。

《邵亭知见传本书目》：清莫友芝(1811～1871)编辑，16卷。大分为经·史·子·集部，并立细目详细记录书志的注记。

《续考古图》：宋赵九成著，6卷。据传作者原为吕大临(1046～1092)，后经清代陆心源考证得知作者是赵九成。著录金文之书，对今日考古学、历史学、古文字学有重要的意义。

《率祖堂丛书》：元金履祥(1232～1303)著，元许谦(1269～1337)校正，78卷。录《尚书表注》、《大学疏义》、《论语考证》，《孟子考证》。

《宋四六选》：清曹振镛(1755～1835)编，24卷。

《宋元明诗三百首》：清朱梓·冷昌言编辑。不分卷。清代刊行最广最多的儿童版诗选集。〈唐版〉记录为'宋元明诗录'。

《宋元诗选》：明潘是仁辑，20册。

《随园三十种》：清袁枚(1716～1798)编辑，198卷。自刊诗集，'随园'为袁枚之号。

《诗缉》：宋严粲著，36卷。南宋时期较有影响力的尊序派代表作只之一。与吕祖谦的《吕氏家塾读诗记》并称为南宋诗经注释善本。以毛诗为底，注解诗序和诗经各篇各章节。先简单明了释大义，然后说明音训、语义和章义。概括要点于前的方式在一般的诗经注释书中是不多见的。但总体来说，严格遵守'风雅正变'和诗经注释体系，有部分谬误。此书影响力较大，朱熹的《诗集传》，马瑞辰的《毛诗传笺通释》，唐莫尧的《诗经全译》皆见引用此书。〈唐版〉介绍为12册，藏书阁所藏32卷18册。

《诗学集成押韵渊海》：元严毅编辑，18卷。藏书阁所藏本缺1册(卷17·18)。

《新刊补订简明河洛理数》：宋陈抟(906～989)著，宋邵雍(1011～1077)述，8卷。后人收集整理从陈抟传至邵雍的河图·洛书之学问的书。〈唐版〉介绍为'河洛理数'。

《新增格古要论》：明曹昭原著，舒敏编校，王佐校增，13卷。文物珍品鉴赏辞书，详细分析鉴赏品的真伪和优劣。分为〈古铜器〉，〈古画〉，〈古墨迹〉，〈古碑法帖〉，〈古琴〉，〈古砚〉，〈珍奇〉，〈金铁〉，〈古窑器〉，〈古漆器〉，〈锦绮〉，〈异木〉，〈异石〉等13门，各门之下再立细目，多则30~40条，少则5，6条。

《十子全书》：清王子兴辑，128卷。收录顺序为老子，庄子、荀子、列子、管子、韩非子、淮南子、杨子、文中子、鹖冠子。

《仰止子详考古今名家润色诗林正宗》：清余象斗(1561～1637)辑，清李廷机校正，18卷。标题名为'诗林正宗'。

《杨诚斋诗集》：宋杨万里(1124～1206)著，清徐达源(1767～1846)选编，16卷。杨万里诗集原本为130卷，宋代版刻之后雕本消失，徐达源得抄本即吴焯的'瓶花斋钞本'的副本，纠正数百多处谬误并加以校对，且将自认为随性而作的一些作品擅自删掉。故原42卷2,687篇变成此书的16卷1,461篇，几乎删掉原本的一半以上共1,226篇作品。

《御选唐宋诗醇》：清高宗乾隆帝(1711～1799)著，47卷。收录唐李白·杜甫·白居易·韩愈以及宋苏轼·陆游等6家诗共2,500余首：李白360余首；杜甫650余首；白居易390余首；韩愈104首；苏轼530余首；陆游520余首。选诗之后下附有关评论和跋文以便理解，乾隆帝的评说用彩印。〈唐版〉有20册，24册两部，藏书阁现存47卷24册一部和47卷20册两部。

《御制盛京赋》：清高宗乾隆帝著，32册。乾隆8年(1743)秋，乾隆帝陪皇太后从皇京出发巡访故都兴京(赫图阿拉)，回顾祖宗创业并作诗赋，乾隆13年(1748)刊行。

《易经贯一》：清金诚著，22卷。由元·亨·利·贞4部构成，元部收〈略言〉6则、〈谈余杂录〉4卷、〈易学问经说〉、程子之易传序、周子的太极图说、张子的西铭以及河洛卦象的诸图和讲说。亨·利两部解释上·下经，亨部始于〈经文定本〉4卷及程子的〈篇义〉；贞部解释〈系辞〉·〈说卦〉·〈序卦〉·〈杂卦〉，用的是注疏本，故只收此四传。大体随程颐《易传》和朱子《周易本义》。

《易经蒙引》：明蔡清(1452～1508)著，24卷。主要注释朱熹《周易本义》，故与经文一同叙述《周易本义》，虽也有不同于《周易本义》之处，但说明《周易本义》，首推该书。

《易经鸿宝》：明方应祥(1560)著，12卷。

《历代舆地沿革险要图》：清杨守敬(1839～1915)著，1卷。清末著名地理学家杨守敬代表作。

《渊鉴类函》：清张英(1637～1708)·王士禛(1634～1711)等奉勅纂，450卷，总目4卷。增补明俞安期之《唐类函》未尽之处而作，成书于康熙49年(1710)。收太平御览·玉海·山堂考索·天中记等10余种儒书以及总集、子部·史书·小说等明代以前的文章故事。依照《唐类函》的体例分为45部，不同的是〈药菜部〉分为〈药部〉和〈菜蔬部〉并新增〈花部〉。各部又分为类，各类的内容又细分为：(1)解释名称、总论、沿革；(2)典故；(3)对偶；(4)摘句；(5)诗文等5个项目，项目中无内容的部分便留空缺。

《瀛奎律髓》：元方回(1227～1307)编，49卷。唐宋律诗汇编，皆收5·7言近体诗。自序里称取'十八学士登瀛洲'与'五星聚奎'之义作书名。选诗原则是提倡为以杜甫为祖，黄庭坚·陈师道·陈与义为宗之'一祖三宗'说。宋代诸多诗人律诗经此书流传下来，注释中又有许多逸话保存，可补史书之不足。〈唐版〉有瀛奎律髓刊误'之名10册一部和12册一部，藏书阁所藏为49卷12册一部和49卷10册一部。

《礼记析疑》：清方苞(1668～1749)著，46卷。融和旧说，考证诸家是是非非并畅抒己见而成。解释虽有独断之处，但无伤大雅，多有可取之处。〈唐版〉记录8册，藏书阁藏48卷8册。

《艺文备览》：清沙木著，120卷。原名《艺文通览》，分214部，按笔画顺序排列。虽有可取之处，但因作者未完全通晓音韵训诂，常有观其字猜其意，谬误颇多。〈唐版〉介绍为42册内部，藏书阁藏120卷42册一部和42卷42册一部。

《五家语录》：明圆悟编辑，2卷。收中国禅宗各祖师之语录。

《五经类编》：清周世樟(1636～?)辑，28卷。取五经文章，将其分为君道，治道，礼乐，制度，人伦，儒术，天文，地理，物产等10个篇目。

《吴梅村诗集笺注》：明末清初吴伟业(1609～1672)著，8卷。

《吴诗集览》：明末清初吴伟业著，清靳荣藩辑，20卷。靳荣藩忧吴伟业诗集20卷无注释，便著此书，收诗1,030首和诗余92首。〈唐版〉记录为16册两部，藏书阁现存20卷16册一部和62卷16册一部。

《玉井山馆文略》：清许宗衡著，2卷。

《翁氏家事略记》：清翁方网(1733～1818)编，其子翁英和校订，1卷。从明正德2年(1507)编者之高祖翁洪中应顺天乡试开始，依次记述曾祖翁溥、祖父翁麟标、其父翁希舜的事迹，一直到清嘉庆23年(1818)编者去世为止。前半部高祖和曾祖事迹较简略，后半部编者、祖父，父亲三代事迹较

详细，其中编者部分尤为仔细。

《王蓂林先生题跋》：清王澍(1668～1743)著，清温纯校正，17卷。作者为清代著名的书法家，曾为诸多金石文题跋文。

《龙池幻有禅师语录》：明圆悟等编辑，12卷。

《韵府群玉》：元阴时夫著，其弟阴中夫注，20卷。唐代颜真卿编撰《韵海镜源》不传，元代作者编辑此书。将韵字分成4声106韵，各韵采重要的一些字，一字见于多处者略记并加详注。其体例先录韵字和释文，然后收属于其韵的汉字，且各字下面用细注标明汉字的音、义、词、用以及人名、地名、诗歌的用例与出处。

《韵府约编》：清邓恺编辑，24卷。

《元诗选癸集》：清顾嗣立(1669～1722)选辑，清席守朴订补，清席世臣辑刊，10卷。顾嗣立在康熙年间编辑元代诗歌总集《元诗选》，该书分为初集·二集·三集，各集按天干之序排列，其中甲·乙·丙·丁·戊·己·庚·辛·壬集所收为广为流传的诗集诗人之诗，而癸集则相反。顾嗣立卒，书未完，其门人席守朴订补完成，但未刊行，其子席世臣根据遗稿重新修订·整理·编辑而刊印，收录清代没有流传的元代诗人2,300余家的诗。〈唐版〉介绍为16册，藏书阁所藏亦16件16册。

《元朝征缅录》：作者未详，不分卷。记录蒙古军侵征缅甸，可能成书于元代。

《月令辑要》：清李光地(1642～1718)编，24卷。

《刘礼部集》：清刘逢禄(1776～1829)著，12卷。

《类腋》：清姚培谦(1693～1766)·张卿云著，55卷。天部8卷、地部16卷、人部15卷、物部16卷。天·地两部姚培谦著；人·物两部姚培谦与张卿云共著。姚培谦认为自唐虞世南《北堂书钞》和宋欧阳脩《艺文类聚》以来虽出了不少儒书，但谬误渐多，有必要另自编撰儒书。其读书时必找出处，不依靠儒书，直接攒札记，不实用之处随即删掉。

《有正味斋全集》：清吴锡麒(1746～1818)著，69卷。

《六书精蕴》：明魏校(1483～1543)著，6卷。魏校在是书《自序》中谓"因古文正小篆之讹，择小篆补古文之阙"，又谓"惟祖颉而参诸籀斯篆，可者取之，其不可者厘正之"。

《阴阳五要奇书》：32卷。乾隆55年(1790)重刊本，辑术数类古籍之书。收晋郭璞(276～324)著《郭氏元经》；晋赵载著《璚玑经》；明陈复心老人著《阳明按索》；明刘伯温著《佐元直指》；元

幕讲禅师著《三白宝海》。

《义门读书记》：清何焯(1661～1722)著，蒋维钧编，58卷。作者亦称'义门先生'，校勘书籍著是书。58卷中四书6卷、诗2卷、左传2卷、公羊传1卷、谷梁传1卷、史记2卷、汉书5卷、后汉书6卷、三国志2卷、五代史1卷、韩愈集5卷、柳宗元集3卷、欧阳修集2卷、曾巩集5卷、苏统文选5卷、陶潜诗12、杜甫集6卷、李商隐集2卷。大都为宋·元旧刻，其真伪是非，因皆有题记，甚为精密。

《二曲集》：清李颙(1627～1750)著，23卷。李颙与眉县李柏、富平李因笃成'关中三李'。此书对研究作者的哲学思想教育思想和学术交流有非常重要的价值。

《李杜诗通》：明胡震亨编，61卷。

《尔雅翼》：宋罗愿(1136～1185)著，32卷。书名乃可当尔雅之补翼之意。按照《尔雅》的体例分为〈释草〉，〈释木〉，〈释鸟〉，〈释禽〉，〈释虫〉，〈释语〉6篇。书近似《埤雅》，收录解释动植物名称的词汇达407种。考证精密，体例严谨。每释一物都原原本本，既考之于书传，又参之以目验，足以解疑释惑。多引证于古书，细述动植物的形态特征以及性质功能。分析字形时引用史实，但释义有牵强附会之处，未摆脱王安石《字说》的旧习。

《二如亭群芳谱》：明王象晋(1561～1653)，30卷。介绍植物栽培之书。〈唐版〉记录为32册、26册两部，藏书阁所藏为56卷32册一部和27卷26册一部。

《笠翁一家言全集》：明末清初李渔(1611～1679)著，19卷。

《笠翁传奇十种》：明末清初李渔(1611～1679)著，20卷。.

《庄子雪》：清陆树芝辑注，6卷。《庄子》的注释书。

《庄子约解》：清刘鸿典辑注，42。

《潜邱箚记》：清阎若璩(1636～1704)著，6卷。'潜邱'乃晋即太原地区，阎若璩之乡，用在书名上表示不忘本。阎若璩的随笔札记，本未成书，后人掇拾于散逸之余，裒合成帙，此本并非其全部，然言言有据，皆足为考证之资，固不以残阙废之。记诵之博，考核之精，实罕其伦匹。虽以顾炎武之学有本原，《日知录》一书亦颇经其驳正，则其他可勿论。〈唐版〉有潜邱箚记附左汾近稿8册，藏书阁藏本亦8卷8册。

《绩语堂四种》：清魏锡曾著，不分卷。

《传家宝》：清石成金(1658～?)著，32卷。收录劝善惩恶的训诫、格言、座右铭，又有诗文，俚语，

趣闻, 小曲等文章和各种生活常识, 是劝善书、日用类书或通俗类书, 可谓一本实用民间百科全书。

《定例全编》: 清李珍编, 50卷。依次分为宗人府, 吏部, 户部, 礼部, 兵部, 刑部, 工部。

《精选故事黄眉》: 明邓景南增补, 10卷。〈唐版〉记录为'故事黄眉'5册。

《诸家全书》: 浙江书局编。327卷。收老子道德经, 庄子, 管子, 列子, 荀子, 墨子, 孔子集语, 尸子, 晏子春秋, 吕氏春秋, 山海经, 董子春秋繁露, 文子缵义, 新书, 杨子法言学行, 补注黄帝内经素问, 黄帝内经灵枢, 竹书纪年统笺, 韩非子, 韩非子识误, 商君书, 淮南子, 文中子中說等。

《诸子品节》: 明陈深辑, 50卷。杂抄诸子, 分为内品·外品·小品。内品收老子·庄子·荀子·商子·鬼穀子·管子·韩非子·墨子; 外品收宴子·子华子·孔丛子·尹文子·文子·桓子·关尹子·列子·屈原·司马相如·扬子·吕览·孙子·尉繚子·陆贾新语·贾谊新书·淮南子; 小品收说苑·论衡·中论, 亦收桓谭《陈时政疏》、崔实《政论》、班彪《王命论》、窦融《奉光武》和《责隗嚣》、贾谊《弔屈原的赋》、司马相如和扬雄的诸赋以及《喻巴蜀檄》·《难蜀父老》·《剧秦美新》等甚为繁杂。

《诸子汇函》: 明归有光(1507~1571)编, 26卷。采周代至明代的子书条目而成。其中有非子书章句而伪称子书者, 也有更换名称而怪异不合乎情理者。如称屈原为玉虚子; 刘向为青藜子; 王充为委宛子皆无所依据。〈唐版〉名'诸子类函'。

《注心赋》: 宋延寿(904~975)述, 4卷。〈唐版〉记录为'心赋注', 书表题'心赋注'版心题'注心赋'。以一心, 唯心, 无生'之初期禅宗楞伽禅旨为根本, 介绍并说明华严·法华·唯识·中观·楞严禅·涅槃·净土·密教等佛教的核心思想, 汇通其说, 阐明佛教的修证论。

《周易古今文全书》: 明杨时乔(1531~1609)著, 21卷。分为6部。《论例》2卷、《古文》2卷、《今文》9卷、《易学启蒙》5卷、《传易考》2卷、《龜卜考》1卷。虽'古今'兼称, 尊崇者唯程·朱2家。〈唐版〉记录为'占周易全书'20册, 藏书图藏21卷21册。

《周易洗心》: 清任启运(1670~1744)著, 10卷。该书认为要读破周易首先应看图录, 因此卷头附数张图, 收朱熹·邵雍, 也收清代李光地·胡煦的图。字句大都依照马融·郑玄·王弼·王肃等诸家本, 未依旧本者亦标明出处, 以存旧说。

《周易玩辞集解》: 清查慎行(1651~1727)著, 10卷。名为'集解', 实际上是作者本人的见解。以义理为主, 却未完全排除象数。

《周易姚氏学》: 清姚配中(1791~1844)著, 16卷。大旨以发明郑学为主, 郑学未备者, 则取荀爽、

虞翻诸家以补之，与张惠言等以虞翻为主者大相径庭。荀、虞诸家所未及者，则附加案语以阐述，有所发明。

《周易义海摘要》：宋李衡(1100～1178)著，12卷。神宗时期房审权认为易家诸说不尽相同，各只取其所好而注释周易，因此集郑玄至王安石共100家学说编撰《周易义海》100卷，李衡嫌《周易义海》繁杂，便删略整理，取其精要，增补'杂论'及苏轼・郑颐・朱震3家的易说而著此书。

《周易函书约存》：清胡煦(1655～1736)著，约存18卷，约注18卷，别集16卷，共52卷。参酌汉学与宋学释'易'，因此于朱熹之《周易本义》，大有不同。〈唐版〉上有三部。

《重修政和经史证类备用本草》：金张存惠撰，30卷。以前唐慎微合编《嘉祐本草》与《本草图经》，于元丰5年(1082)著述《经史证类备急本草》，收1,558种药草，其中唐慎微新收录476种。处方4千余条，保存丰富的民间处方经验和大量的典籍资料，反映了宋代本草学的最高成就。大观2年(1108)仁和县尉艾晟修订该书并改名为《大观经史证类备急本草》而刊行全国。政和6年(1116)提举医学曹孝忠等奉敕校正且更书名为《政和新修经史证类备用本草》。绍兴29年(1159)经王继先等的修订又改题为《绍兴校订经史证类备急本草》。最后金朝大定29年(1189)张存惠合编寇宗奭的《本草衍义》增订为《重修政和经史证类备用本草》，张本流传最广。

《增删卜易》：清野鹤老人著，清李文辉校正，6卷。六爻预测学的重要著作。〈唐版〉记录为'卜易'。

《持静斋书目》：清丁日昌(1823～1882)编，4卷。编者感情丰富，尤其精于校勘。书目按四部排列，各部各一卷，记录书名、卷数、版本、撰者；印刷样式、题跋、印章责加注记录，并附大略的说明。

《集古印谱》：明王常辑，明顾从德校，6卷。顾氏乃上海医生之家人，所藏文物丰富。此书包括作者本人的收藏及他人所藏的印章，其中收录的玉印150余枚，铜印1600枚。此前的印谱大都临摹翻刻，有失真貌，而顾从德的《集古印谱》在题列编排、用笺规格、译文考证等方面都极其细致，拓本尤为精巧，为以后的印谱形制奠定了基础。

《昌黎先生诗集注》：唐韩愈(768～824)著，清顾嗣立(1665～1722)删补，11卷。现存最初的韩愈诗专门注释书，掀起了清代人争先注释韩愈诗的风潮。

《苍霞草》：明叶向高(1559～1627)著，12卷。叶向高文集，收录明末政治・社会各方面的丰富史料。其中〈拟朝鲜国谢赐勅昭雪宗系表〉记载李成桂宗系辨诬过程，《太祖实录》和《大明会典》误记李成桂为高丽权臣李仁任之子。〈朝鲜考〉主要站在明的立场上记述李成桂因惧明而决

定威化岛回师，并强调恭愍王和祸王废位是大义所趋，朝鲜建国亦为正当之举。

《天目中峰和尚广录》：元慈寂编辑，30卷。归根结底禅僧推崇的思想就是'禅净双修，教禅一致'。

《千甓亭古塼图释》：清陆心源(1834～1894)，20卷。陆心源将自己收藏的汉代至元代的古砖石印而出版。

《铁云藏龟》：清刘鹗(1857～1909)著，不分卷。刘鹗为初期甲骨收藏家之一，藏甲骨5,000片以上，其中选1,058片，编撰此书。〈唐版〉介绍为'铁云藏龟藏陶'10册，藏书阁藏本不分卷19册中，第1~6册为此书。

《铁云藏陶》：清刘鹗撰，3卷。著录先秦陶片568枚。〈唐版〉记录为'铁云藏龟藏陶'10册，藏书阁藏本不分卷10册中，第7~10册为此书。

《楚辞句解评林》：汉刘向(B.C. 77～B.C. 6?)编集，汉王逸(89?～158)章句，明冯绍祖校正，17件。评论楚辞之书。

《草韵汇编》：清陶南望辑，26卷。陶南望按佩文的韵目收集汉代至明末的草书，数十年的努力终于刊行'平上去声'部分而卒。其子陶锟收集'入声'部分2卷，重新校订而成。〈唐版〉记录为5册，藏书阁所藏27卷5册。

《秋坪新语》：作者未详，12卷。清代志怪小说集。作者可能是乾隆年间(1736～1795)人物。多采奇闻异事，内容丰富多彩，大部分为荒唐猎奇之事。有灾异灵验，因果报应; 也有妖神鬼怪，妖道怪僧; 还有孝子烈女。描写生动，栩栩如生。〈唐版〉上是8册，藏书阁所藏7册，可知1册消失。

《退庵金石书画跋》：清梁章钜(1775～1849)著，11卷。以题跋的形式著录梁章钜本人收藏的金石书画。

《八代四六全书》：明李天麟辑，16卷。

《彭文敬公全集》：清彭蕴章(1792～1862)著，46卷。其中诗集《松风阁诗钞》26卷收诗1,500余首。

《评注才子古文》：清金圣叹(1608～1661)原选，清王之绩评注，22卷。〈唐版〉记录为'才子古文'。

《避暑录话》：宋叶梦得(1077～1148)著，2卷。 该书主要记载名胜古迹、前朝及当代的人物行止出处，抒发野居逸趣，偶尔杂以经史议论。在北宋末年到南宋前半期宋室南渡初，叶梦得藏书多达3万余卷，是当时数一数二的巨儒，通晓古今，言言有据。南宋初世人论北宋之灭亡，多责王安石的变法和蔡京的专横，叶梦得曾为蔡京门客却未排斥。

《郝氏丛书》：清郝懿行(1755～1823)编辑，44卷。收《山海经笺疏》、《补宋书刑法志》等著作。

《谐声品字笺》：清虞德升著，14卷。其书以字韵之学向来每分为二，不相统摄，因取六书谐声之义品列字数。

《湖海文传》：清王昶(1724～1806)编，75卷。王昶于嘉庆8年(1803)编《湖海诗传》，卒前一年嘉庆10年(1805)出本书。选收康熙中叶至嘉庆初的100余家文人的700余篇作品。鉴别取舍严谨稳健，是一部颇受称赞的清初至清中叶的散文总集。

《皇朝灵器图式》：清允禄(1695～1767)等纂，18件。依次收录祭器，仪器，冠服，乐器，卤簿，武备等。

《钦定同文韵统》：据传清和硕亲王允禄著，实为广慈国师章嘉胡土克图所著，6卷。成书于乾隆15年(1750)。该书将梵文字母、藏文字母与汉语字母作比较来证明三者实属同源。

《钦定授时通考》：清鄂尔泰·张廷玉等奉敕撰，78卷。奉乾隆帝的敕令，历经5年编撰而成。书名取统治者'敬授民时'之义。历代农业资料汇编。由〈天时〉·〈土宜〉·〈谷种〉·〈功作〉·〈劝课〉·〈蓄聚〉·〈农余〉·〈蚕余〉等8门构成。

《钦定诗经传说汇纂》：清王鸿绪(1645～1723)等著，21卷，诗序1卷。康熙帝御纂书之一，与唐代《毛诗正义》，明代《诗传大全》一样，具有国家主导的编撰事业成果的性质。以《诗集传》为主，所以本质上是袭朱熹之说。训解首引朱熹《诗集传》对该章的解释，以示尊崇，前冠以"集传"二字。再博采汉以来其他诸儒对此章的解释，前冠以"集说"二字。然后引历代学者与"集传"、"集说"不同的见解，凡言之有据、说之有理者前冠以"附录"二字。这种'诗集传-集说-附录'形式的三层结构，除了表示对《诗集传》的尊崇之外还广收260余家的诗经注解资料，摆脱了《诗传大全》之类只录朱熹，不收异说之弊端，有其重要的意义。清代以前诗经学研究成果的大集成。雍正年间刊行，被认为是当时官学诗经研究的标准。〈唐版〉有24册、16册两部。

参考资料

1. 史料

《困学纪闻》([宋]王应麟著, [清]翁元圻等注, 乐保群·田松青·吕宗力校点, 上海: 上海古籍出版社, 2008).

《广陵通典》([清]汪中著, 田汉云点校, 扬州地方文献丛刊本, 扬州: 广陵书社, 2004).

2. 研究书籍

崔焕, 《汉·中类书文化概观》, 庆山: 岭南大学校出版部, 2008.

沈津, 《美国哈佛大学哈佛燕京图书馆中文善本书誌》, 上海: 上海辞书出版社, 1999.

宁稼雨, 《中国文言小说总目提要》, 济南: 齐鲁书社, 1996.

刘江, 《中国印章艺术史》, 杭州: 西泠印社出版社, 2005.

李学勤·吕文郁主编, 《四库大辞典》, 长春: 吉林大学出版社, 1996.

张林川等编著, 《中国古籍书名考释辞典》, 郑州: 河南人民出版社, 1993.

中国道教协会·苏州道教协会, 《道教大辞典》, 北京: 华夏出版社, 1994.

陈远·于首奎·梅良模等主编, 《世界百科名著大辞典》(社会和人文科学), 济南: 山东教育出版社, 1992.

黄卓越·桑思奋主编, 《中国大书典》, 北京: 中国书店, 1998.

阿辻哲次, 《漢字學-說文解字の世界-》, 神奈川: 东海大学出版会, 1985(沈庆昊译, 汉字学-说文解字的世界-, 首尔: 宝库社, 2008).

3. 研究論文

金秀玹, 〈清代石成金传家宝插画'快乐图'和器物图案〉, 汉文学论集42, 2015.

金镐, 〈藏书阁所藏本楚辞句解评林〉, 中语中文学43, 2008.

金镐, 〈韩国学中央研究院藏书阁所藏《新刊补订简明河洛理数》的文献价值〉, 中国文学研究39, 2009.

金镐, 〈朝鲜后期中国文集的朝鲜流入和受容情况一考－以叶向高《苍霞草》为中心-〉, 中国语文学志34, 2010.

唐润熙, 〈对《四书朱子异同条辨》的朝鲜流入和影响一考〉, 中国语文学志40, 2012.

苏岑, 〈钦定诗经传说汇纂对徐滢修和徐有榘诗经解释的影响〉, 汉文学论集38, 2014.

崔鹤根, 〈关于乾隆帝的满文'御制盛京赋'〉, 国文学论集2, 1968.

段惠子, 〈翁方网著作研究-以经学・金石学・书学为中心〉, 复旦大学博士学位论文, 2011.

李德锋, 〈唐顺之"六编"编纂体系的思想解构〉, 淮北煤炭师范学院学报(哲学社会科学版) 2008-6.

张家振, 〈清嘉庆本《杨诚斋诗集》与日刻本《杨诚斋诗钞》敍录〉, 江西教育学院学报 1993-1.

川边雄大, 〈東瀛詩選〉編纂に関する一考察-明治漢詩壇と日中関係との関わりを中心に-〉, 日本汉文学研究8, 2013.